히스토리아, 쿠오바디스

히스토리아, 쿠오바디스

탈근대, 역사학은 어디로 가는가

초판 1쇄 발행 2016년 3월 20일 ＼**초판 2쇄 발행** 2017년 11월 1일
지은이 김기봉 ＼**펴낸이** 이영선 ＼**편집 이사** 강영선 김선정 ＼**주간** 김문정
편집장 임경훈 ＼**편집** 김종훈 하선정 유선 이현정 ＼**디자인** 김회량 정경아
독자본부 김일신 이호석 김연수 손미경 박정래 김동욱

펴낸곳 서해문집 ＼**출판등록** 1989년 3월 16일(제406-2005-000047호)
주소 경기도 파주시 광인사길 217(파주출판도시) ＼**전화** (031)955-7470 ＼**팩스** (031)955-7469
홈페이지 www.booksea.co.kr ＼**이메일** shmj21@hanmail.net

이 도서의 국립중앙도서관 출판시도서목록(CIP)은 e-CIP 홈페이지(http://www.nl.go.kr/ecip)에서
이용하실 수 있습니다.(CIP제어번호: CIP2016005706)

이 저서는 2010년 정부(교육부)의 재원으로 한국연구재단의 지원을 받아 수행된 연구임(NRF-2010-
812-A00001)

히스토리아, 쿠오바디스

탈근대, 역사학은 어디로 가는가

김기봉 지음

서해문집

차례

4장 역사와 매체

5장 문자 밖의 역사

들어가는 말

이 책은 탈근대라는 조건에서 "역사란 무엇인가"에 대해 다시 생각해 보려는 목적으로 집필됐다. E. H. 카의《역사란 무엇인가》는 근대라는 조건 속에서 역사의 정체성과 목적에 대한 탐구였다. 그는 역사는 하나의 과학으로서 정체성을 가져야 하며, 진보를 목표로 삼아야 한다고 주장했다. 근대의 키워드가 과학과 진보였다면, 탈근대는 이 두 거대담론의 종말을 선언하는 시대정신이다.

탈근대란 용어의 등장은 근대가 현재가 아닌 과거가 됐다는 징표다. 탈근대는 '기획으로서 근대'의 역사화가 필요하며, 또 이제는 그래야 한다는 주장을 내포한다. 그런데도 E. H. 카가 근대라는 조건 속에서 "역사란 현재와 과거의 끊임없는 대화"라고 한 답은 여전히 역사에 대한 가장 일반적인 정의로 통용된다. 탈근대라는 조건 속에서도 카의 정의는 유효하다. 하지만 그 의미는 완전히 다르다는 것이 이 책의 테제다. 이 책에서는 탈근대라는 현재의 시점에서 이제는 과거가 된, 카가 내린 역사의 정의와의 대화를 통해 "역사란 무엇인가"에 대해 다른 답을 제시한다.

탈근대라는 조건 속에서 재정의되는 "역사란 무엇인가"에 대한 답의 특징은 다음 네 가지로 요약할 수 있다.

첫째, 근대에서는 역사가 과학의 한 분과 학문으로 자리를 잡는 것이 과제였다면, 탈근대에서는 과학으로서 역사의 정체성 대신에 담론과 서사의 전통으로 회귀하는 경향이 나타난다. 탈근대에서 과학은 세계와 인간을 설명하는 유일한 지식 체계가 아니라 여러 메타담론 가운데 하나가 됐다. 근대란, 리오타르의 말처럼, "이런 종류의 메타담론에 근거해서 스스로를 정당화시키고, 모종의 대서사(grand discourse)에 공공연히 호소하는 과학"을 토대로 해서 성립했다.[1] 탈근대라는 관점에서 보면, 근대는 메타담론의 진원지인 모든 형이상학을 종식시킨 것이 아니라 과학이라는 또 다른 형태의 형이상학을 정립시킨 거대담론시대인 셈이다.

둘째, 근대가 과학이 지식의 헤게모니를 가진 시대인 만큼 전문 역사가가 역사의 정체성을 규정했다면, 세계와 인간에 대해 이야기하는 담론들 가운데 하나로 역사를 재인식하는 탈근대에서는 역사지식 생산자인 역사학자보다는 소비자인 대중이 생각하는 "역사란 무엇인가"가 더 중요해졌다. 사극, 다큐멘터리, 만화, 게임, 광고 등에서 역사콘텐츠는 유용

---

[1]   장 프랑수아 리오타르, 유정완 외 옮김, 《포스트모던의 조건》, 민음사, 1992, 33쪽.

하게 재사용되고, 박물관에서 보는 역사에 대한 대중의 관심도 많이 증대했다. 서울역사박물관과 대한민국역사박물관을 비롯한 여러 역사박물관이 건립됐고, 지자체는 물론 새로 조성된 도시들에서도 역사박물관 건립이 추진되고 있다. 이 같은 추세 속에서 대중이 소비하는 역사문화를 도외시하고 역사가의 전문 연구와의 관련 속에서만 "역사란 무엇인가"에 대해 말하는 것은 지양해야 한다.

오늘날 역사학은 위기지만, 대중문화에서 역사는 전성시대를 구가한다. 이 같은 모순적 현상을 보면서, 키스 젠킨스Keith Jenkins는 "왜 전문 역사가는 … '역사란 무엇인가'라는 질문에 대한 적절한 답을 혼자만 동떨어져서 결정하는 것처럼 보이는가?"²라고 물었다. 근대 역사담론의 특징인 역사의 과학화는 역사학자가 역사지식을 생산하는 독점권을 갖는 역사학 체계를 구축했다. 그 결과는 역사학자들끼리만 소통하는 역사지식의 생산관계를 강화하고 대중을 소외시킴으로써 역사학 위기를 초래했다.

역사의 과학화를 통해서 지식으로서 역사만을 의미 있는 것으로 인정하던 근대에서는 역사지식의 생산자와 소비자는 분리됐다. 근대 역사학은 역사학자가 생산한 역사지식을 비전문가들은 소비만 하는 것으로 역사지식의 생태계를 조성했다. 하지만 탈근대에서는 생산과 소비가 분화되지 않고 융합하는, 앨빈 토플러가 말하는 '프로슈머prosumer' 시대가 도래했다.³ 이제는 역사지식 생산자가 아니라 '프로슈머'의 관점에서 "역사란 무엇인가"에 대한 새로운 정의를 모색해야 한다.

---

2   K. Jenkins, *Refiguring History*, London: Routledge, 2003, p.38.
3   앨빈 토플러·하이디 토플러, 김중웅 옮김, 《부의 미래》, 청림출판, 2006, 223~298쪽.

"역사는 역사가들에게만 맡기기에는 너무나 중요하다"는 말처럼, 오늘날 역사의 '참정권(enfranchisement)'[4]을 역사학자가 아닌 역사에 관심 있는 모든 사람에게 확대하지 않고는 역사 전성시대에서 역사학 위기가 발생하는 모순을 해소할 수 없다. 근대에서는 역사지식 생산자인 전문 역사가의 관점에서 "역사란 무엇인가"에 대한 답을 내렸다면, 탈근대에서는 대중이 소비하는 역사, 곧 '공공의 역사(public history)'와의 연관성 속에서 역사를 재규정하려는 노력을 해야 한다.

셋째, 역사가 탄생한 이래로 역사지식을 생산해 소통하는 매체가 주로 문자였다면, 멀티미디어시대인 탈근대에서는 문자역사를 대체하는 새로운 역사서사들이 등장하고 있다. 글자(text) · 그림(photo image & graphic) · 도표(chart & table) · 목소리(voice) · 음향(sound effect & music) · 애니메이션(만화) · 동영상(video) 등이 디지털 기술을 통해서 복합적으로 구성되는 멀티미디어 시대를 맞이해 역사를 재현하는 방식과 더불어 소비하는 패턴에서도 큰 변화가 일어난다.

스티브 잡스가 아이팟, 휴대전화, 모바일 인터넷이 가진 주요 기능을 결합해 발명한 아이폰은 멀티미디어의 총아다. 스마트폰 세대는 문자를 읽는 시각형 인간이 아니라 복수 감각형 인간이다. 사극제작자로 대표되는 역사 '프로슈머들'이 소비해 생산하는 역사는 문자매체로 서술된 것이 아니라 영상과 이미지로 그려진 역사다. 그들이 멀티미디어로 구현하는 역사는 공부를 통해 알아야만 하는 지식이라기보다는 문화생활이고 레저

---

4   역사 '참정권/참여권한 확대' 개념에 대해서는 제롬 드 그루트, 이윤정 옮김, 《역사를 소비하다 : 역사와 대중문화》, 한울아카데미, 2014, 123쪽을 참조.

다. 우리 시대, 이처럼 보고 즐기는 역사를 가장 많이 모아서 전시해 놓은 곳이 박물관이다. 그런데 오늘날 유물과 유적 그리고 다른 시각자료의 전시를 통해 과거와 소통하는 방법에 정통한 역사 전문가는 많지 않다.

"현재와 과거와의 대화"란 현실에서는 불가능한 상상의 소통이다. 그것은 머리보다는 가슴으로 해야 한다. 그런데 근대 역사학은 역사적 상상력을 통제하고 배제하는 방향으로 나아갔다. 탈근대 멀티미디어시대에서 서사의 부활은 역사학의 종말이 아닌 과학과 예술 사이에 위치하던 역사의 본래 자리로 회귀하는 징표다.

디지털 기술 문명은 역사콘텐츠의 생산력과 생산관계 그리고 소통매체와 소통관계에 일대 혁명적 변화를 가져올 뿐 아니라, 역사연구의 새로운 영역을 열어 준다. 역사자료의 디지털화를 통해 빅데이터big data가 생겨남으로써, 이전에는 생각할 수 없던 연구를 가능하게 만든다. 우리나라 디지털 역사학 분야의 연구 현황을 보면, 대표적 빅데이터로 '한국역사종합정보시스템(www.koreanhistory.or.kr)'이 있다. 여기에는 개항기부터 1945년까지 잡지 자료와 신문 들이 입력돼 있을 뿐 아니라, 국사편찬위원회, 독립기념관, 한국고전번역원(구 민족문화추진위원회), 서울대학교 규장각 한국학연구원 등이 구축한 디지털 자료가 연계돼 있다.

역사가들에게 사료는 과거로 시간여행을 할 수 있는 타임머신이다. 일명 '역통'이라 불리는, 위에서 언급한 빅데이터는 도보여행 수준이던 과거로의 여행을 비행기를 타고 여러 곳을 돌아 볼 수 있게 해 주는 역사연구의 획기적인 진보를 선사한다. 빅데이터 활용은 전문 역사가들의 연구보다는 오히려 사극제작자와 역사소설가와 같은 '프로슈머' 역사가들의 창작에 더 많은 자극과 영감을 불어넣는다. 이들에게 특히 《조선왕조실록》은 스토리텔링의 보물창고다.

앞으로 자료의 데이터베이스화는 기존의 개별 문헌과 문집을 디지털화하는 차원을 넘어서 그야말로 전체를 총망라함으로써 집합적 구조를 읽어 낼 수 있는, 이른바 빅데이터 사료를 더 많이 양산할 것이다. 이 가능성을 실현한 가장 유명한 예가 '구글 북스 라이브러리 프로젝트Google books library project'다. 구글은 2004년부터 10년 동안 구텐베르크의 인쇄술 발명 이후에 제작된 전 세계 책 1억 3000만 권의 4분의 1에 해당하는 3000만 권 이상을 디지털화하는 사업을 추진했다. 에레즈 에이든Erez Aiden과 장바티스트 미셸Jean-Baptiste Michel은 이렇게 디지털화한 책들을 기반으로 7년에 걸친 끈질긴 집념과 열정으로 구글을 설득하고 빛나는 창의력으로 온갖 법적인 장애와 공학적 난제를 극복해 구글 엔그램 뷰어Google Ngram Viewer를 세상에 출시했다.

구글 엔그램 뷰어의 유용성은 이전에는 파악할 수 없던, 장기간에 걸친 거대한 변화의 추이뿐만 아니라 단편적 사료로는 알 수 없는 미세한 변화까지도 읽어 낼 수 있는 역사적 관찰의 망원경과 현미경을 동시에 제공한다는 점이다.[5] 예컨대 우리는 이 같은 디지털렌즈를 통해 19세기 말 니체의 "신은 죽었다"라는 선언이 과연 역사적 사실이며 돌이킬 수 없는 추세인지를 확인하는 실험을 할 수 있다. 한번 '신(god)'이라는 단어를 구글 엔그램 뷰어 프로그램에 넣고 돌려 보면, 19세기 초까지 1000단어당 1회 정도 언급되던 인기 단어였는데, 19세기 말경에는 검색 횟수가 절반 이하로 줄어든 것을 그래프의 추이로 확인할 수 있다. 또 그래프상의 각

---

5   에레즈 에이든·장바티스트 미셸, 김재중 옮김, 《빅데이터 인문학 : 진격의 서막》, 사계절, 2015, 14쪽.

지점을 클릭하면 구체적인 숫자가 나온다. 이러한 숫자의 감소는 세속화의 경향성을 가시적으로 보여 주는 지표다.

과거에 대한 모든 정보가 역사는 아니듯이 아무리 많은 정보를 주는 빅데이터라도 그 자체로는 역사가 아니다. 데이터 앞에 '빅'을 붙인 빅데이터라는 말이 등장한 때는 2010년 무렵이다. 그 전에는 '데이터마이닝 data-mining'이라는 말이나 '유비쿼터스 컴퓨팅'이라는 단어를 쓰다가, '다루기에 너무 큰(too big to handle)' 데이터가 만들어지면서 '빅데이터'란 신조어가 생겨났다.

이전에는 역사연구를 위한 자료가 없다는 것이 문제였다면, 빅데이터 시대에서는 오히려 너무나 많아서 문제다. 이런 자료 과잉 시대에서는 어떤 데이터가 과거로부터의 신호이고, 어떤 데이터가 잡음인지를 구분하는 역사가의 능력이 어느 때보다 중요하다. 이 같은 시대에서 역사가들에게 요구되는 능력이 '디지털 리터러시digital literacy'다. 따라서 디지털과 멀티미디어시대에서 새롭게 제기되는 문제들에 대응하기 위해서는 "역사란 무엇인가"라고 묻고 대답하는 방식에 대한 사고의 전환이 필요하다.

넷째, 1970년대에 이미 헤이든 화이트Hayden White가 역사가는 사료를 읽으면서 역사적 사실을 발견하는 만큼 발명한다고 주장했듯이,[6] 탈근대에서는 역사의 정체성이 과학에서 문학으로 복귀하는 경향성이 나타난다. 무엇이 역사적 사실인지를 선택하고 그것들을 하나의 서사로 구성하

6　Hayden White, *Metahistory: The Historical Imagination in Nineteenth-Century Europe* (Baltimore & London: The Johns Hopkins University Press), 1973; 헤이든 화이트, 천형균 옮김, 《19세기 유럽의 역사적 상상력 - 메타역사》, 문학과지성사, 1991.

는 메타역사란 사실이 아니라 허구다. 개념 없는 인식이 있을 수 없듯이, "역사란 무엇인가"를 선험적으로 규정하는 역사개념에 해당하는 메타역사를 전제로 하지 않는 역사서술은 없다. 메타역사라는 허구의 플롯에 의해 과거의 사실들이 역사적 사실로 변환되어 일관성 있는 이야기로 구성됨으로써 역사라는 서사가 만들어진다. 그렇다면 이렇게 생겨난 역사라는 서사는 사실일까, 허구일까? 엄밀히 말해, 역사적 사실들의 술이부작述而不作으로 구성된 역사서사는 사실과 허구가 결합한 '팩션faction'이다.

탈근대에서 역사가들의 시대착오를 가장 잘 보여 주는 것이 사극 논쟁이다. 역사가들은 끊임없이 사극의 역사왜곡을 비판한다. 비판의 잣대는 사실인 역사는 진실인데 반해, 허구인 사극은 거짓이라는 근대 사실주의 문법이다. 하지만 결국 일종의 '팩션'인 역사서사가 얼마나 진실일까?

2013년 말과 2014년 말에 한국현대사를 그리는 두 영화가 1000만 관객을 돌파했다. 〈변호인〉과 〈국제시장〉이다. 둘 다 역사가 아닌 드라마다. 하지만 문제는 두 영화를 둘러싸고 역사논쟁이 벌어진다는 점이다. 전자는 좌파 영화고, 후자는 우파 영화로 인식되어 이념논쟁을 벌였다. 대한민국 역사의 위대함은 제국주의 식민지로부터 해방되어 국가를 수립한 신생국들 가운데 산업화와 민주화라는 근대의 이중 목표를 동시에 이룩한 거의 유일한 국가라는 사실이다. 두 영화는 이 두 가지 위대한 업적을 피와 땀으로 이룩한 사람들에 관한 이야기다.

역사가의 눈으로 보면, 두 영화는 역사가 아니다. 하지만 대중은 영화에서 한국현대사를 본다. 이 같은 시각차를 어떻게 봐야 하는가? 대중의 역사의식 결핍으로 보는 것은 역사가의 오만이고 시대착오다. 허구인 사극은 대중의 역사의식을 일깨우기보다는 역사감정에 호소해서 공감을 불러일으킨다. 의식은 반성적이고 이성적이지만, 감정은 직접적이고 무의식적이다. 머리로 이해하는 역사와 가슴으로 느끼는 역사는 다를 수 있다. 머리는 차갑고 냉철하게, 가슴은 뜨겁고 열정적으로 사는 사람처럼, 역사를 읽고 사극을 볼 수는 없는가?

이 책에서는 이 둘을 실재와 상상, 현실과 꿈, 로고스와 미토스, 과학과 신화의 관계로 보고, "역사란 무엇인가"의 문제를 두 대척점을 융합해서 답하려는 시도를 한다.

탈근대라는 조건 속에서 근대 거대담론 역사의 역사화를 통해 "역사란 무엇인가"에 대한 새로운 답을 추구하는 이 책은 총 다섯 장으로 구성된다.

1장에서는 한국인의 역사관 형성에 '숨은 신' 역할을 한 E. H. 카의 《역사란 무엇인가》와의 대결을 통해서 탈근대 역사담론에 대한 일반적 논의를 전개한다. 첫 번째 절에서는 탈근대에서 카의 "역사란 무엇인가"를 넘어서야만 하는 이유에 대해 논증한다. 두 번째 절에서는 그러한 논증을 토대로 탈근대 역사개념의 특징을 설명하고, '과거로서 역사'에서 '역사로서 과거'로의 인식론적 전환이 가져온, 과학에서 서사로 역사의 정체성 변화가 갖는 의미에 대해 고찰한다. 그러한 변화를 통해 역사란 기본적으로 스토리텔링임을 밝히는 것이 세 번째 절이다.

2장은 인간이 "역사란 무엇인가"라는 물음을 제기하는 근본적 이유와 목적을 성찰한다. 인간 존재의 가장 근원적 질문은 "우리는 어디서 왔고,

누구며, 어디로 가는가"이며, 역사란 이 세 질문質問에 대한 답을 추구하기 위해 만든 서사라고 말할 수 있다. 첫 번째 절에서는 "우리는 어디서 왔고, 누구며, 어디로 가는가"라는 인간의 과거, 현재, 미래에 대해 묻는 역사의 3문問에 대해 고찰한다. 인간 삶의 수수께끼에 해당하는 이 세 문제를 이야기로 풀어 가는 방식은 "태양에 바래면 역사가 되고, 월광에 물들면 신화가 된다"라는 말처럼 두 가지 길이 있다.

두 번째 절에서는 이 두 갈래 길과 연관해서 "한국인은 어디서 왔고, 누구며, 어디로 가는가"를 탐구하는, 한국사 연구에서 가장 중요한 사료로 인용되는 《삼국사기》와 《삼국유사》를 검토한다. 인간이 역사와 신화라는 두 방식으로 인간 존재의 기원과 정체성 그리고 삶의 목적과 방향을 탐구하는 이야기를 구성하는 까닭은 인간이 현실과 꿈의 두 세계 사이에서 살기 때문이다. 《삼국사기》가 현실의 역사라면, 《삼국유사》는 현실 역사의 결핍을 보상하는 꿈의 서사다. 이른바 삼국시대 우리 조상들은 누구며 어떤 삶을 살았는지를 알기 위해서는 그들의 역사현실뿐 아니라 그들이 꿈꾼 세상도 이해할 필요가 있다.

종래에는 "역사란 무엇인가"에 대한 답을 현실 역사의 차원에서만 추구했다. 하지만 인간은 현실의 역사를 척박하고 메마른 사막처럼 느낄수록 꿈꾸는 역사를 오아시스처럼 갈망한다. 꿈꾸는 역사에 대한 열망과 갈증은 오늘날 사극 열풍으로까지 이어진다. 프로이트는 무의식으로 들어가는 문을 열어서 "인간이란 무엇인가"에 대한 혁명적 이해를 가능케 하는 심리학이라는 새로운 학문 분야를 개척했다. 마찬가지로 본 장에서는 인간 존재의 가장 근원적 질문인 역사의 3문問에 대한 답을 추구하는 두 가지 방식 가운데 하나로서 꿈꾸는 역사라는 무의식적 역사로까지 인식지평을 확대해서 "역사란 무엇인가"에 대해 탐구할 수 있는 길을 열고자한다.

3장에서는 한국사와 한국인 정체성의 상관성을 고찰한다. 태초부터 한국인이 있어서 한국사가 생겨난 것이 아니라, 오히려 반대로 계속해서 다시 만들어지는 자국사의 주형으로 우리의 정체성이 변형되어 주조되어 온 것이 사실이다. 오늘날과 같은 글로벌시대이자 다문화사회에서 한국인 정체성은 다시 중요한 문제로 부상했다. 20세기 역사담론을 지배한 민족사적인 한국사 패러다임으로는 우리가 당면한 역사문제를 풀 수 없다는 것이 새로운 한국사 개념과 한국사 서술 방식이 요청되는 이유다. 세계에서 가장 빠르게 고령화되고 있지만 출산율은 가장 낮기 때문에 단일민족국가라는 허상에서 벗어나 이민국가로 변모하지 않으면 장차 한국인이 사라지는 심각한 문제에 대처하기 위해서는 누가 한국인인지를 재규정하는 한국사 서술이 필요하다.

실제로 한국사학사를 살펴보면, 각 시대 나름대로 자국사를 정의하고 서술하는 방식이 있었다. 전통시대 역사서술의 1차적 목적은 왕조의 정통성 확보였다. 이는 왕조의 계보를 어떻게 구성하느냐의 문제였고, '위로부터의 역사'에 의거해서 집단 정체성의 코드가 결정됐다. 왕조사가 아니라 민족사로서 '국사'를 서술해야 한다는 역사의식을 각성하면서, 우리의 집단 정체성을 민족을 코드로 해 통사적으로 재구성하는 한국사가 탄생했다.

한국 근대 역사학 체계에서 한국사의 위상을 결정지은 것은 한국사·동양사·서양사라는 3분과 체제다. 첫 번째 절에서는 3분과로 편성된 역사 지식체계의 계열화에 내재해 있는 유럽과 근대중심주의를 드러내는 한국 역사학에 대한 계보학적 성찰을 한다. 21세기 글로벌시대에 부응하기 위해서는 무엇보다 먼저 3분과 체제를 해체하고 '한국사로서 세계사'를 쓸 수 있는 방법을 모색해야 한다. '한국사로서 세계사'란 우리 역사를 '세계사 속의 한국사'의 시각으로 서술하는 것이 아니라, 우리의 관점과 문제의식으로 한국사·동양사·서양사라는 구분과 경계를 넘어서 하나의 역사, 곧 '글로벌 한국사'로 쓸 수 있는 모델을 의미한다.

모델 개발을 위해서 2007년 역사교육과정에 신설된 교과목인 '동아시아사'는 자국사의 틀을 깨고 안과 밖의 접변의 역사를 서술할 수 있는 가능성의 역사공간을 열어 준다. 한국 역사연구의 분류체계를 규정하는 한국사·동양사·서양사가 하나의 역사공간을 인위적으로 삼분해 병렬한 것이라면, 역사교육 체계가 재설정한 한국사·동아시아사·세계사는 역사인식 범주의 동심원적 연계를 통해 역사지식을 계열화한다. 계열화는 자국사 프레임에 갇혀 있던 한국사의 인식지평을 동아시아사와 세계사로 확대하는 효과를 낳을 수 있다. 세계사와 한국사를 매개하는 '글로컬glocal 히스토리'로서 동아시아사는 21세기 우리 역사가 어디로 나아가야 하는지에 대한 해답을 구하는 '글로벌 한국사' 개념 정립과 모델 개발을 위한 디딤돌이 될 수 있다.

두 번째 절에서는 그동안 우리 역사서술의 역사에서 한국인 정체성을 어떻게 규정해 왔는지 살펴보고, 글로벌시대 다문화사회에서 그리고 통일시대를 맞이하여 '한국인은 누구인지'를 공화국 시민정체성의 코드로 이야기를 풀어내는 '글로벌 한국사'의 가능성과 서술방식을 모색한다.

4장은 "현재와 과거의 끊임없는 대화"라고 정의되는 역사란 기본적으로 소통이라는 관점으로, 매체가 결정지었던 대화의 방식과 내용의 문제를 다룬다. 소통(communication)에 대한 가장 일반적인 정의는 라스웰Harold Lasswell이 내린 "누가(Source) 무슨 메시지(Massage)를 어떤 경로(Channel)를 통해서 누구(Receiver)에게 얼마만 한 효과(Effect)를 갖고 전달하느냐"다. 소통을 위해서는 매체가 필요하다. 사라진 과거와의 대화라는 불가능한 소통의 가능성을 열고 역사의 소통을 할 수 있는 수단으로 사용되는 필수불가결한 매체는 두 가지다. 첫 번째가 과거와의 시간여행을 할 수 있는 교통수단을 제공하는 사료라면, 두 번째는 그 역사가가 시간여행을 통해 얻은 정보와 지식을 다른 사람들에게 전달하기 위해 쓰는 여행기다. 전자가 역사연구의 매체라면, 후자는 역사서술의 매체다.

첫 번째 절에서는 "매체가 메시지다"라는 매클루언Marshall Mcluhan의 말대로, 역사의 소통관계를 결정하는 매체가 가지는 메타역사적 역할과 의미를 고찰한다. 매클루언은 인류 문명사의 발전 과정을 주도하는 매체가 바뀌는 변화로 설명했다. 이 같은 '매체적 전환'의 문제의식과 관점으로 역사서사의 역사로서 사학사를 고찰하는 것이 4장의 두 번째 절이다. 디지털과 같은 전자매체시대에서 문자역사의 정체성을 여전히 고수하는 역사학의 운명은 바람 앞의 등불처럼 위태롭다. 이 문제를 역사학 밖의 역사들을 거울로 삼아 성찰하는 것이 마지막 장이다.

5장 '문자 밖의 역사'에서는 영화와 텔레비전의 사극과 연극의 한 장르로서 역사극의 관점에서 "역사란 무엇인가"를 고찰한다. 구텐베르크시대의 종말과 디지털시대의 도래와 함께 과거를 재현하는 매체로서 문자는 헤게모니를 상실함으로써, 역사학은 위기에 처해 있다. 이에 반해 역사와 드라마의 복합장르로서 사극은 전성시대를 구가한다. 사극 열풍의 힘은 무엇보다도 역사적 사실의 재현이 아닌 드라마적 허구에서 기인한다. 이에 따라 역사와 드라마의 조합방식은 역사에 의해 드라마가 종속당하는 '역사드라마'에서 드라마가 역사의 지배로부터 해방을 추구하는 '드라마역사'로 바뀌었다.

첫 번째 절에서는 사극의 형태 변화를 사극의 진화로 볼 것인지, 아니면 사극의 종말로 봐야 하는지를 다룬다. 두 번째 절에서는 연극 무대로 올라간 역사인 역사극이 무엇인지 고찰하고, 세 번째 절에서는 역사극과 역사뮤지컬의 대표작들이 구현한 탈근대 역사개념을 살펴본다. 역사극에서도 사극과 비슷한 경향성이 나타남으로써, 연극사에서 역사극의 개념과 범주를 어떻게 재규정하느냐를 둘러싸고 여러 논의가 있었다. 우리 시대 사극과 역사극 그리고 역사뮤지컬이란 무엇인지, 그 정체성을 둘러싼 문제제기는 결국 탈근대에서 "역사란 무엇인가" 하는 문제로 귀결된다.

탈근대란 인간이 역사를 만드는 주체라는 자의식을 갖고 등장한 근대라는 새로운 시대(die Neuzeit)가 이제는 실현시켜야 할 미래가 아니라 과거로 사라지고 있다는 선언을 함축하는 담론이다. 탈근대에서 역사학은 어디로 가고 있는가? 《히스토리아, 쿠오바디스Historia, Quo Vadis》에는 이 물음에 대한 올바른 답으로서 정답(right answer)은 없다. 단지 이 책은 오늘날 역사학이 그 물음을 화두로 삼아야만 하는 문제 상황에 대해 해명하고, 그것을 타개할 수 있는 어떤 문제풀이 방식이 가능한지에 대한 해답(solution)을 모색하려는 목적을 가진다.

탈근대에서 역사란 무엇이며, 역사학은 어디로 가야 하는가에 대한 답을 찾기 위한 열쇠는 역사가들에게만 있는 것이 아니라, "우리는 어디서 왔고, 누구며, 어디로 가는가"의 답을 역사에서 구하고자 하는 모든 사람들에게 있다. 이 책을 읽고 독자들이 그것을 깨닫는다면 내가 추구하는 소통의 가장 중요한 목표를 이룬 것이리라.

HIS-
TO-
RIA,
QUO
VADIS

1장

우리 시대, 다시 묻는 "역사란 무엇인가?"

1

E. H. 카의
"역사란 무엇인가"를

넘어서

과거와 역사

과거는 사라졌지만 존재했던 실제 세계다. 이에 비해 계속해서 다시 써지
는 역사는 창작된 서사다. 역사란 과거에 일어난 모든 사실에 대해서가
아니라 그 가운데 현재의 우리가 기억할 만한 가치가 있다고 여기는 것들
만을 이야기로 구성해서 쓴 것이다. 그래서 역사를 쓸 때 가장 중요한 문
제는 과거의 무수한 사건과 현상 가운데 무엇을 기억할 만한 가치가 있는
역사적 사실로 기록하느냐다. 그러한 가치 판단의 능력을 키우는 결정적
요인이 역사의식이다. 대개 인간이 가장 초보적인 수준에서 역사의식을
형성하는 시점은, 오늘이 어제의 연속이고 내일로 이어짐으로써 내 인생
이 전개된다는 사실을 깨달을 때다.

　어제, 오늘 그리고 내일로 이어지는 시간적 계기 속에서 자아를 실현

하고 자기 삶의 주인공으로 살도록 가르칠 목적으로 초등학생에게 부과하는 숙제가 일기쓰기다. 일기란 내가 기록하는 나의 역사다. 일기를 쓰는 과정을 통해 초등학생은 과거를 역사로 기록하는 초보적 형태의 역사의식을 각성한다. 아이가 밤에 자겠다고 말할 때 엄마는 묻는다. "너 일기는 쓰고 자니?" 아이는 말한다. "아 참, 깜빡했네. 근데 뭘 쓰지? 엄마, 나 오늘 뭐했어?" 엄마는 대답한다. "네가 한 일을 네가 알지 내가 아냐? 근데 너 오늘 누구하고 뭐했잖아." 그러면 아이는 "아 맞다. 그걸 쓰면 되겠네." 아이와 엄마의 대화에서 드는 의문은 왜 엄마는 당사자인 아이보다 일기에 뭐를 써야 하는지를 더 잘 아는가다. 중요한 차이는 엄마가 지나간 과거를 역사로 인식할 수 있는 능력, 곧 역사의식을 갖고 있다는 점이다.

과거의 사건은 하늘의 별처럼 많다. 밤하늘을 수놓는 별빛 모두는 과거다. 하늘의 별 가운데는 멀리 떨어져 있어서 작게 보이는 별이 있는가 하면 그 자체가 너무 커서 멀리 있지만 뚜렷이 보이는 별도 있다. 과거의 사건도 시간의 원근법에 따라 크게도 보이고 작게도 보이는 법이고, 또 먼 과거에 일어난 일이지만 지금까지 영향을 미치는 사건도 있다. 과거는 실재하지 않지만 별빛처럼 존재한다. 크게 생각하면, "있느냐, 없느냐"의 문제는 차원과 관점의 문제다. 내 존재 안에 우주 전체의 역사가 담겨 있다고도 말할 수 있다.

빅뱅 이론에 따르면, 인류의 고향은 별이다. 빅뱅 이후에 별이 생겨났고, 소행성이나 유성이 지구로 가져온 유기물로부터 생명체가 발생했고, 그것의 진화로 인류가 탄생했다는 것이다. 이처럼 우주역사의 인식지평에서 인류역사를 탐구하는 것이 빅히스토리big history다. 이에 따르면, 역사란 과거 우주에서 일어난 모든 사건과 현상과의 연관관계 속에서 인류가 탄생하고 문명을 건설한 과정에 대한 이야기다.

과거에 있던 것들은 사라졌지만 없는 것은 아니다. 과거 조상들의 실재가 우리 몸 안에 유전자의 형태로 남아 있는 것처럼, 현재의 우리를 형성하던 과거는 어떤 방식으로든 존재한다. 모든 것은 우주의 별처럼 어딘가에 다른 차원으로 존재한다고 말할 수 있다. 우리는 서로 다른 곳에 그리고 서로 다른 시간대에서 빛을 발하는 별들을 연결시켜서 별자리로 이야기한다. 이야기를 통해 별들은 서로 연결되어 사자, 처녀, 목동이 된다. 다시 말해 하늘의 별들이 실제로 사자, 처녀, 목동의 형태로 존재하는 것이 아니라, 우리가 그런 형상을 갖고 하늘의 별들을 연결시켜 보기 때문에 그런 별자리가 생겨났다. 마찬가지로 역사가들도 과거 사실들 가운데 어떤 것들을 선택해 하나의 역사적 사건이나 현상으로 이야기를 만들어 낼 때 의식적이든 무의식적이든 어떤 형상을 갖고 작업을 한다.

"역사란 무엇인가"라는 물음은 결국 역사가가 역사를 연구하고 서술할 때 선험적으로 갖고 있는 형상, 곧 플라톤이 이데아idea라고 부른 것에 관해 묻는 질문이다. 예컨대 한 점에서 같은 거리에 있는 점들의 집합으로서 원이라는 형상은 실제 세계에는 존재하지 않지만 원에 대한 개념 정의를 가능케 하는 관념이다. 마찬가지로 "역사란 무엇인가"에서 '역사'란 없고 실제로 존재하는 것은 개개의 역사적 사실들이지만, 그것들을 역사로 인식할 수 있도록 만드는 것은 "역사란 무엇인가"를 선험적으로 규정하는 범주로서의 역사개념이다.

역사가란 기본적으로 역사를 쓰는 사람이다. 역사를 쓰기 위해서는 무엇보다도 먼저 역사개념을 갖고 있어야 한다. 개념으로서 역사란 과거를 역사로 인식하는 것을 선험적으로 규정하는 역사서술 너머의 역사, 곧 메타역사(meta-history)라고 할 수 있다. 하지만 일반적으로 대부분의 역사가는 자신의 역사인식을 결정하는 메타역사에 대한 성찰 없이 역사를 연구하고 쓰는 경향이 있다. 특히 과거에 있은 사실 그대로를 역사로 기술할 수 있다고 믿는 실증사학자들에게 메타역사에 대한 성찰은 불필요한 것으로 여겨졌다.

한국 역사학의 '숨은 신'으로서 E. H. 카

실증사학자들의 역사철학적 성찰의 결핍을 문제로 지적하고 개념으로서 역사란 무엇인가라는 물음을 본격적으로 진지하게 제기한 가장 유명한 역사가가 E. H. 카다. 그는 1960년 영국 공영방송 BBC에서 행한 "역사란 무엇인가"라는 연속 강연을 통해서 역사가들이 망각하고 무시한 역사개념에 대한 자신의 견해를 밝혔다. 이 연속 강연 원고가 1961년 《역사란 무엇인가》라는 책으로 묶여 출간됐다. 이 책의 우리말 번역본은 고故 길현모 교수에 의해 1966년에 처음 나왔고, 그 이후 한 세대를 지나오는 동안 10여 종의 번역본이 출판됐다. 아마 역사학 분야에서 우리 사회에 가장 큰 영향을 미쳤고 가장 많이 읽힌 책일 것이다.

대학의 사학과에서도 필수로 '역사학 개론'이나 '역사학 입문'을 가르치고, 그 과목의 교과서로 카의 책이 50년 넘게 애용되고 있다. 물론 그동안 국내 역사학자들에 의해 집필된 "역사란 무엇인가"를 주제로 한 여러 권의 책이 나왔다.[1] 하지만 대부분의 책은 카의 역사개념을 전제로 해서 집필된 해설서다. 카의 《역사란 무엇인가》는 거의 반세기 동안 한국인의 역사의식을 지배한 역사 성경이라 말해도 과언이 아니다. 카는 한국 역사학에서 '숨은 신'이었다. 그의 역사철학을 신봉하는 사람은 역사학자를 비롯해 지식인과 대중 독자에 이르기까지 광범위하게 퍼져 있다.

한국현대사의 '숨은 신'으로서 카의 존재를 새삼 확인시켜 준 영화가 2013년 말 개봉해 화제와 논쟁을 일으킨 〈변호인〉이다. 카의 《역사란 무엇인가》는 1980년대 운동권의 필독서였다. 일기쓰기가 초보적인 수준에서의 역사의식을 각성시키는 학습과정이라면, 카의 책은 한국사회의 변혁운동에 적극적으로 활동한 사람들에게 혁명 교과서 역할을 했다. 1982년 카는 죽기 직전에 쓴 《나폴레옹에서 스탈린까지》에서 소련의 볼셰비키혁명(The Bolshevik Revolution)이 한국과 같은 제국주의에서 해방된 신생 국가들에게 혁명의 복음이 될 수 있음을 다음과 같이 말했다. "나는 (볼셰비키혁명이) 그 첫 단계였던 세계혁명, 그리고 자본주의의 몰락을 완성시킬 세계혁명은 제국주의 탈을 쓴 자본주의에 대항하는 식민지 인민들의 저항이 되리라는 가설(카는 이것을 1978년 9월에 내세웠다)을 진지하게 고찰해야만 한다고 생각한다."[2]

오늘날 볼셰비키혁명과 스탈린주의는 역사의 진보가 아닌 재난을 낳은 것으로 비판을 받는다. 하지만 "역사란 현재와 과거의 끊임없는 대화"라는 명제로 요약되는 그의 역사개념은 좌파 진영을 넘어 한국인들 일반의 역사의식을 지배하는 담론으로서 지속적으로 영향력을 행사한다.

---

1   대표적인 것으로 김현식, 《포스트모던 시대의 '역사란 무엇인가' : E. H. 카와 역사의 벗에게 띄우는 15통의 편지》, 휴머니스트, 2006 ; 허승일, 《다시, 역사란 무엇인가?》, 서울대학교출판문화원, 2009 ; 조지형, 《E. H. 카가 들려주는 역사 이야기》, 자음과모음, 2008 등이 있다.
2   E. H. 카, 김택현 옮김, 《역사란 무엇인가》, 까치, 1997, 275쪽 ; 인용은 책의 부록으로 R. W. 데이비스가 쓴 "E. H. 카의 자료철에서 : 〈역사란 무엇인가〉 제2판을 위한 노트".

이 책에선, 니체가 "신은 죽었다"라고 선언했듯이 '숨은 신'으로서 E. H. 카라는 한국 역사학의 우상에서 벗어나는 것을 일차 목표로 설정했다. 물론 카의 책이 한국인의 역사의식을 각성시키고 한국사회의 진보에 미친 지대한 영향력을 부정할 수는 없다. 하지만 문제는 오늘 우리 삶의 현실인 탈근대에서도 여전히 그의 근대적 역사개념에 의거해서 "현재와 과거의 대화"를 해야만 하는가다.

《역사란 무엇인가》의 백미는 카가 유명한 역사의 정의를 결론으로 도출했던 제1장 '역사가와 그의 사실'이다. 제1장의 주제는 역사적 사실이란 무엇인가다. 역사가란 무엇이 역사적 사실인지를 밝혀서 이야기로 엮어 내는 일을 직업으로 하는 사람이다. 그래서 카는 역사적 사실이란 과거의 사실이 아니라 역사가의 사실이라고 말했다.

과거의 사실이 역사가의 사실로 선택되어 역사적 사실로 전환되는 과정은 '뉴턴의 사과'라는 일화와 연관해서 설명할 수 있다. 사과나무에 달려 있는 사과가 언젠가는 떨어진다는 것은 누구나 다 아는 상식이다. 그것은 뉴턴이 왜 떨어지는가라는 문제를 제기하기 이전까지는 하나의 일상적 사실에 불과했다. 뉴턴이 사과의 낙하에 대해 의문을 제기하면서 그것은 물리학적 사실로 재인식됨으로써 연구대상이 됐다. 모든 사건에는 인과관계가 있고, 뉴턴은 사과의 낙하라는 결과에 대한 원인을 규명하는 과정에서 만유인력법칙을 발견했다. 만유인력법칙은 뉴턴의 정원에 있는 사과뿐 아니라 지구상에 존재하는 모든 사과는 물론 모든 물체에 적용되는 보편적 사실이다.

물리학자가 찾고자 염원하는 것은 시공간을 초월해서 존재하는 보편적 사실이다. 그 사실은 만유인력법칙처럼 하나의 이론으로 정립되는 방식으로 소통된다. 하지만 이론이란 실재 그 자체가 아니라 인간의 머리로 구성한 공식이므로 변화한다. 아인슈타인의 상대성원리는 만유인력법칙으로 설명되던 우주의 시공간 개념을 바꾸는, 토마스 쿤Thomas Samuel Kuhn이 말하는 패러다임 전환을 이끌었다. 그렇다면 물리학이란 보편적 사실을 이론으로 정립하는 것이 아니라 이론으로 보편적 사실임을 입증하는 작업을 하는 과학이다. 요컨대 괴테가 "모든 사실은 이미 이론이다"라고 말한 것처럼, 이론 없는 사실은 없다.

역사가가 추구하는 역사적 사실은 시공간을 초월해서 일어나는 보편적 사실이 아니라 특정 시간과 공간에서 일회적으로 발생한 개체적 사실이다. 뉴턴의 사과가 발견한 보편적 사실과 대비되는 것이 오 헨리의 소설 〈마지막 잎새〉에 나오는 개체적인 주관적 사실이다. 사과나 잎새가 일정한 시점에 떨어진다는 것은 기정사실이다. 그런데 소설에서 문제는 여주인공이 죽어 가는 자신과 떨어지는 잎새를 동일시했다는 점이다. 이것은 물리학적 사실이 아니라 문학적 사실, 곧 허구다. 하지만 허구이기 때문에 무의미하다고 말하는 것은 모든 문학이 무용하다고 말하는 것과 같다. 여주인공이 잎새와 자기를 동일시하는 것은 물리학적 사실의 인과관계로 설명해야 할 대상이 아니라 여주인공이 자의적으로 부여한 의미의 연관관계로 이해해야 할 사태다.

물리학이 사실의 보편적 연관관계를 설명해 내고자 한다면, 문학이나 역사학은 개체적인 의미의 연관성을 이야기한다. "자연과학자가 세상이 원자로 구성되어 있다고 생각하는 사람이라면, 소설가나 역사가는 세상은 이야기로 되어 있다고 믿는 사람이다." 단지 문학과 역사학의 차이는 전자가 허구를 창작한다면, 후자는 실제 일어난 과거의 사실에 대해 말한다는 점이다. 그런데 문제는 우리가 과거의 사실을 직접 알 수 없고 사료라는 매체를 통해서만 알 수 있다는 점이다.

사료에 기록되어 있는 것은 과거에 대한 정보다. 그 정보 모두가 역사적 사실이 되는 것은 아니다. 정보로서의 사료적 사실이 역사적 사실이 되기 위해서는 역사가의 작업이 필요하다. 역사가는 사료 비판과 해석을 통해서 과거에 대한 정보를 수집하고 편집해 이야기를 엮어 냄으로써 역사적 사실이라는 지식을 만들어 낸다.

여기서 우리는 세 개의 사실을 구분할 수 있다. 과거의 사실이 실재(reality)라면, 사료란 그에 대한 정보(information)이며, 역사적 사실은 역사가의 지적 능력과 과거와의 소통과 공감 능력을 통해 생산된 지식(knowledge)이다. 정보는 역사가인 수신자와 관계없이 존재하는 객관적인 자료다. 그 정보 가운데 역사가가 의미 있다고 판단하는 것만이 자신이 만드는 역사이야기의 구성요소로 선별되어 활용됨으로써 역사적 사실이라는 지식 형태로 가공된다. 역사적 사실이란 지식을 카는 현재와 과거의 대화에서 나온 결과물이라고 표현했다. 하지만 실제로는 역사가가 과거 사실을 해석해 현재의 우리에게 전달하는 메시지다. 이렇게 생성된 메시지는 역사가가 발견한 사실이라기보다는 그의 해석으로 만들어진 의미라고 말할 수 있다. 따라서 역사적 사실이란 그 자체가 과거의 사실이기 때문에 의미를 갖기보다는 역사가가 의미를 부여함으로써 과거부터의 메시지로 전달되는 것이다.

다음의 사례는 역사가가 과거 사실의 의미를 찾아내기보다는 현재적 의미 부여를 통해 역사적 사실을 만드는 작업을 한다는 사실을 잘 이해할 수 있게 해 준다. 술병에 술이 반 정도 남아 있는 상황을 상상해 보자. 그

때 술을 좋아하지 않는 갑은 "술이 반이나 남았다"라고 싫어한 반면, 애주가인 을은 "술이 반밖에 안 남았네"라고 아쉬워했다. 여기서 반병의 술이 남아 있었다는 것은 과거의 사실이지만, 각자의 주관적 의미를 담아 이야기로 전달된 것은 역사적 사실이다.

역사가가 이처럼 역사적 사실을 만들어 내는 행위는 앞서 어린아이가 오늘 일어난 일들 가운데 자기가 의미 있다고 생각하는 것만을 일기에 쓰는 것과 크게 다르지 않다. 일기가 개인의 하루를 기록한 것이라면, 신문이란 특정 집단, 특히 한 사회의 어제를 알리는 매체다. 베네딕트 앤더슨Benedict Anderson은 근대의 공적 매체로서 신문은 그것을 함께 읽는 의사소통공동체를 형성해서 민족이라는 상상의 정치공동체를 만들어 내는 데 결정적 기여를 했다고 말했다.[3]

개인이 일기를 쓰는 과정을 통해 자아정체성을 형성한다면, 우리는 신문을 읽으면서 자기도 모르는 사이에 사회와 민족의 집단정체성을 내면화한다. 전자의 일기가 사적 사실들의 기록인 반면, 후자의 신문은 공적 사실을 전달하는 매체다. 신문은 어제 일어난 일들 가운데 가장 가치가 있는 사실을 1면 톱기사로 뽑는다. 그런데 각 신문사가 발행하는 신문마다 1면 톱기사가 다를 뿐 아니라 동일한 사실에 대한 기사의 내용도 상이하다. 어제의 사실은 하나지만, 신문의 사실은 신문사마다 다르게 보도된다. 어제의 사실이 과거의 사실이라면, 신문의 사실은 역사적 사실에 해당한다. 각 신문사에는 어제의 사실을 신문의 사실로 취재하고 편집해 기사화하는 나름의 관점과 이데올로기가 있다. 관점과 이데올로기

3   베네딕트 앤더슨, 윤형숙 옮김, 《상상의 공동체 : 민족주의의 기원과 전파에 대한 성찰》, 나남출판, 2004.

가 역사학의 경우에 개념으로서 역사에 해당한다. 관점과 이데올로기가 단수가 아닌 복수며 주관적인 것처럼, 개념으로서 역사도 하나가 아니고 당파적이다.

카는 역사적 사실이란 무엇인가를 화두로 해서 자신의 역사개념을 두 테제로 정의했다. 첫째는 "역사는 과학이다", 둘째는 "역사는 진보한다"는 것이다. 과학과 진보는 근대의 전형적인 거대담론이다. 탈근대 역사이론가들이 집중적으로 공격 목표로 삼은 것이 바로 이 두 거대담론이다. 이 두 거대담론을 해체하고 "역사란 무엇인가"를 재정의해야 한다는 것이 탈근대 역사이론의 주장이다.

먼저 카는 "역사는 과학이다"라는 테제를 세우기 위해서 객관적인 역사서술이란 무엇이며 그것이 어떻게 가능한지를 논증하는 것으로부터 강연을 시작했다. 서구에서 역사라는 말은 과거에 일어난 사건(Geschichte)과 그에 대한 기록(history)이라는 이중의 의미를 갖는다. 과거에 일어난 사건은 신도 어쩌지 못하는, 결정된 것이므로 객관적 역사를 써야 한다는 것은 하나의 요청이다. 하지만 모든 역사적 사실은 역사가의 사실이므로 주관성을 배제할 수 없다. 이 같은 당위와 현실의 불일치가 역사를 과학의 한 분야로 정립하는 것을 어렵게 만드는 가장 큰 장애 요인이다. 근대 역사학은 이 장애 요인을 극복하기 위해 두 가지 상반된 역사인식론을 제시했다.

역사의 첫 번째 과학 모델은 일어났던 과거의 사실을 그대로 기록한 역사만이 진리가 될 수 있다는 원칙에 입각해서 역사의 이중적 의미가 내재하는 불일치를 극복하는 것으로 성립했다. 근대 역사학의 아버지 레오폴트 폰 랑케Leopold von Ranke는 이 같은 요청을 역사가의 임무는 "과거가 본래 어떠했는지"를 보여 주는 것이라는 명제로 정식화했다. 랑케가 이 명제를 원칙으로 세울 수 있던 공리는 "모든 시대는 신에 직결된다"라는 형이상학적 전제다. 그는 신은 모든 시대에 공평한 가치를 부여한다는 전제로, 각 시대의 가치는 그로부터 파생되어 나온 결과가 아니라 존재 그 자체, 곧 개체 안에 내재해 있다고 봤다. 보편적 진리에 입각해서 개체적 사실의 의미를 파악하는 것이 철학의 방법론이라면, 개체적인 것 속에 내재해 있는 신이 부여한 보편적 가치를 읽어 내는 것이 역사학 고유의 길이라는 것이다. 랑케의 이 같은 개체사상은 역사주의로 지칭되는 역사의 첫 번째 과학 모델을 정립하는 방법론이 됐다.

하지만 랑케는 과학적으로는 결코 증명할 수 없는 역사신학의 토대 위에서 역사의 과학 모델을 정립했다. 그는 개체 속에 영원한 가치를 지니는 신의 손길이 내재해 있다는 것을 증명할 필요가 없는 당연한 진리라고 믿었다. 그 이유를 그는 다음과 같이 말했다. "우리의 노력은 종교적 토대에 근거해 있기 때문이다. 우리는 신 없이는 그 어떤 것도 존재하거나 살아갈 수 없다고 믿는다. 우리는 어떤 협소한 신학적 개념으로부터는 해방될 수 있지만, 우리의 모든 노력이 보다 높은 종교적 근원에서 나온 것이라는 점을 부정할 수는 없다."[4]

두 번째 역사과학론은 랑케의 객관주의를 반대하는 안티테제로 나왔다. 랑케의 바로 다음 세대 역사가인 요한 구스타프 드로이젠Johann Gustav Droysen은 랑케의 "사실이 스스로를 말하게 하라"라는 주장은 역사를 사물화(Verdignglichung)하는 '거세된 객관성'이라고 비판했다. 그는 인식의

---

4   Ranke, "Über die Idee der Universalhistory", published in E. Kessel, "Rankes Idee der Universalhistory", in: *Historische Zeitschrift* 178(1954), S.295.

중심을 대상에서 주체로 바꾸는 칸트의 '코페르니쿠스적 전회'를 역사학에서 시도했다. 랑케와 드로이젠의 대립 구도는 독일 역사주의를 객관적 역사주의와 주관적 역사주의로 분화했다.

랑케는 역사를 역사가의 주관 밖에 정신적으로 실재하는 '존재의 세계'로 파악하는 객관적 역사주의를 지향했다. 반면에 역사를 끊임없이 움직이는 '생성의 세계'로 보는 드로이젠은 역사가의 주관을 역사를 구성하는 주체로 설정하는 주관적 역사주의를 주창했다. 랑케는 '본래 그 것이 어떠했는지'를 보여 줄 목적으로 하는 사료 비판을 역사연구의 제일 원칙으로 삼았다. 하지만 드로이젠은 "역사적 방법의 본질은 연구하면서 이해하는 것(forschend zu verstehen), 곧 해석"이라고 주장했다.[5]

드로이젠은 역사연구의 출발점은 과거 사실을 알려 주는 정보인 사료 그 자체가 아니라 역사가의 문제의식이라는 점에 착안해, 과거 사건이라는 객관적 역사와 그에 대한 서술이라는 주관적 역사 사이의 간극을 넘어서는 '개념으로서 역사'라는 제3의 역사담론에 대한 통찰을 했다. 과거 사실 없는 역사인식은 있을 수 없다. 하지만 역사가로 하여금 과거와의 대화를 시작하게 만드는 것은 현재의 문제의식이며, 그 문제의식은 기본적으로 역사가의 머릿속에 내재해 있는 역사개념에서 연유한다. 모든 역사가는 "역사란 무엇인가"의 답을 선험적으로 규정하는 역사개념을 갖고 있다. 드로이젠은 역사개념이 과거를 역사로 인식하게 만드는 프레임이라는 사실에 입각해 역사과학론(Historik)을 정립했다.

드로이젠은 역사개념을 선험적으로 규정하는 범주를 인륜적 세계(die

---

5   Johann Gustav Droysen, *Historik*, Textausgabe von Peter Leyh, Stuttgart-Bad Cannstatt : frommann-holzboog, 1977, S.22.

sittliche Welt)라고 지칭했다. 그는 인간은 자유의지를 갖고 공동으로 인류 세계를 창조하는 삶을 영위하기 때문에 인간의 유적개념(Gattungsbegriff)을 동물적인 자연이 아니라 역사로 규정해야 한다고 말했다.[6] 인간이 인류적 세계에 살고 있다는 것이 지구상에 존재하는 생물들 가운데 인간만이 역사를 갖는 이유라는 것이다. 역사란 개별적 자아의 정체성과 존재 이유를 공동체와 연관시킬 목적으로 만든 서사며, 이 같은 역사라는 서사를 통해 인간은 인류적 세계라는 특유한 삶의 공간을 창조했기 때문에, 국가와 문명을 건설하는 존재가 될 수 있었다는 것이다.

"인간은 역사적 존재다"라는 명제는 인간은 역사를 만드는 존재면서 동시에 역사를 통해 인간으로서 자의식을 각성한다는 이중의 의미를 갖는다. 인간이 만든 역사에 따라 인간의 정체성이 각인된다는, 인간과 역사의 변증법이 일어나는 장소가 인류적 세계다. 인간은 아무런 관성이 없는 무중력상태에서 역사를 만드는 것이 아니라 인류적 세계라는 중력장 속에서 역사를 만든다. 인류적 세계는 인간의 역사인식과 역사적 행위를 선험적으로 조건 지우는 역사개념을 배태하는 자궁이다. 드로이젠은 인류적 세계에서 개인들의 역사적 행위의 내적 필연성을 강제하는 요인을 인류적 힘들(die sittliche Mächte)이라고 지칭했다. 랑케의 객관적 역사주의가 "모든 시대를 신에 직결시켰다"면, 드로이젠의 주관적 역사주의는 "모든 시대를 인류적 힘들에 직결시켰다."

E. H. 카에게는 진보가 모든 시대를 직결시키는 최고의 인류적 힘이다. 카는 현재와 과거와의 대화를 하는 목적은 어디까지나 미래의 진보를

---

6 앞의 책, S.17

위해서라고 했다. 과거를 해석하는 궁극적인 목적이 미래의 진보를 이룩하기 위해서기 때문에 진보가 과거 해석의 열쇠라고 했다. 이에 따라 그는 "현재와 과거의 대화"라는, 책 제1장에서 내린 정의를 제5장 '진보로서 역사'에서는 수정 보완해 "과거의 사건들과 현재에 서서히 나타나고 있는 미래의 목적들 사이의 대화"라고 재정의했다.[7] 자연이 진화한다면, 인류적 세계인 역사도 진보한다는 것이 카의 주장이다. 역사를 주도하는 인류적 힘으로 진보를 설정한 그는 진보를 "역사를 과학적으로 인식하기 위한 전제"로 세움으로써 과학이면서 진보하는 거대담론 역사개념을 정립했다.

카의 진보사관에서 일차적으로 문제가 되는 것이 무엇을 진보로 볼 것인가다. 그는 진보를 "환경에 대한 인간 지배력의 확대"라고 정의했다.[8] 모든 문명사회는 아직 태어나지 않은 세대를 위해 현재 살고 있는 세대가 희생하는 것으로 발전했으며, 이러한 역사의 진보에 이바지해야 한다는 근대인의 삶의 태도가 중세인이 삶의 목적을 신의 섭리를 실현시키는 것이라고 믿던 것과 같은 기능을 한다고 보았다. 카는 진보를 하나의 신앙처럼 믿은 근대주의자였다.

하지만 무엇이 진보인지는 역시 역사적으로 정의해서 답해야만 하는 문제다. 카는 1896년 《케임브리지 근대사》의 편집을 맡은 액턴과 그로부터 60년 후 두 번째로 책 간행 편집을 맡은 조지 클라크의 서문을 비교하면서 "역사란 무엇인가"라는 질문을 던져야만 하는 이유에 대해 논증하는 것으로 첫 강연을 시작했다. 액턴은 빅토리아시대의 긍정적인 신념을

---

7   E. H. 카, 위의 책, 186쪽.
8   E. H. 카, 위의 책, 177쪽.

반영해 분명한 자신감을 표방하는 서문을 썼다. 이에 비해 클라크는 비트 세대의 방황과 혼란의 소용돌이 속에서 회의주의를 표방하는 서문을 썼다. 그렇다면 두 서문 가운데 어떤 것이 역사의 진보인가?

같은 책에 대한 서로 다른 서문의 예를 통해 카는 "역사란 무엇인가"의 정의 자체가 역사성을 가진다는 사실을 지적했다. "우리가 '역사란 무엇인가'라는 질문에 대답하려고 할 때, 우리의 대답은 의식적이든 무의식적이든 우리 자신의 시대적 위치를 반영하게 되며, 우리가 살고 있는 사회에 관해서 어떤 견해를 가지고 있는가라는 더욱 폭넓은 질문에 대한 대답의 일부가 된다."[9] 역사가가 역사를 만드는 만큼 역사는 역사가를 만들기 때문에, 각 시대의 역사가는 자기 시대정신을 반영하는 역사개념을 갖고 역사를 연구하며 쓴다.

역사개념 자체가 시대와 연관해서 변하는 것이라면 카의 진보로서 역사개념 또한 그의 시대의 산물이다. 그렇다면 1960년대 냉전시대 러시아 혁명이 역사의 진보라고 믿은 카의 역사관이 1990년 소련과 동유럽 사회주의 국가들이 붕괴한 이후에도 유효할까? 카의 정의대로 역사란 "현재와 과거의 끊임없는 대화"라면, 그의 현재가 우리의 과거가 된 21세기에는 그와는 다른 방식으로 현재와 과거의 대화를 해야만 한다. 다시 말해 오늘날 우리는, 탈근대라는 조건에 맞는 대안적 역사개념을 모색하는 것이 카의 역사개념에 따르는 것이라는 역설에 직면해 있다.

과거가 실재라면 역사는 현재와 과거의 대화로 재창조되는 서사다. 과거의 의미를 재현하는 역사는 서사로 구현된다. 서사는 시작과 끝이 하나

---

9   E. H. 카, 위의 책, 17쪽.

의 일관된 플롯에 의거해서 구성되는 이야기들의 의미의 연관관계로 창작된다. 예컨대 "왕이 죽었다" 그리고 "왕비가 죽었다"와 같은 것은 개별 이야기(story)다. 이 각각의 이야기를 "왕이 죽었기 때문에 왕비가 슬퍼하다가 죽었다"처럼 인과관계로 연결시킨 것이 서사(narrative)다. 과거는 사라지고 이야기만 남아서 그때 그런 일들이 일어났다는 정보를 우리에게 알려 준다. 이야기는 《조선왕조실록》 속 기사가 왕의 재위 연월일순으로 배열되어 있는 것처럼 연대기적 사건의 시간적 연속으로 존재한다. 이야기는 아직 역사가 아니며, 하나의 플롯에 따라 일관된 서사로 구성할 때 역사라고 말할 수 있다. 예컨대 《조선왕조실록》 자체는 이야기들이다. 그 이야기들을 어느 대중적인 역사가가 "안정과 질서 속에서 끊임없이 변화를 추구한 완성된 인본주의의 나라 조선"을 인식할 수 있는 서사로 구성해 《한 권으로 읽는 조선왕조실록》으로 쓰면 역사로 읽힌다.[10] 만약 또 다른 역사가가 《조선왕조실록》 속 이야기들을 '인본주의 나라 조선'과 다른 담론으로 서사를 구성하면 다른 역사가 만들어지고, 이 같은 테제와 안티테제의 변증법으로 역사서술의 역사가 전개된다.

모든 역사가는 기존의 역사서술을 대체할 수 있는 새로운 역사를 쓰려고 열망한다. 이를 위해 역사가는 이전 역사가들이 했던 방식과는 다르게 현재와 과거의 대화를 함으로써 과거의 연대기적 이야기들을 새로운 역사서사로 구성하는 작업을 시도한다. 따라서 현재와 과거의 대화를 다양한 방식으로 할 수 있다는 것이 다양한 역사서술이 나올 수 있는 조건이다.

---

10 박영규, 《한권으로 읽는 조선왕조실록》, 웅진지식하우스, 2004.

그런데 여기서 문제가 되는 것이 역사서술의 다양성과 객관성의 간극을 어떻게 극복할 수 있는가다. 전자에 중점을 두고 역사의 문학성을 주장하는 것이 탈근대 역사이론이라면, 후자에 무게중심을 두고 역사적 상대주의 문제를 극복할 수 있는 방법으로 진보를 현재와 과거의 대화를 하는 궁극적 목적으로 삼을 것을 역설한 것이 카의 근대주의 역사학이다.

　시대를 불문하고 현재보다는 미래가 더 좋은 방향으로 나아가야 한다는 것을 부정하는 역사가는 거의 없을 것이다. 문제는 미래에 성취하고자 하는 진보의 내용이 구체적으로 무엇이며, 그 내용을 채울 수 있는 현재와 과거의 대화를 어떤 형식으로 하느냐. 사회주의 사회 건설을 진보의 내용으로 규정하고 이에 근거해서 현재와 과거의 대화 형식을 정형화한 카의 역사철학은 내용과 형식 두 측면 모두에서 재검토가 필요하다.

　카는 '현재와 과거의 대화'라는 정의를 "역사란 무엇인가"라는 물음에 대한 답으로 제시했다. 하지만 그의 정의는 정답이 아니라 새로운 문제의 시작이다. 요컨대 과거와의 불가능한 대화를 어떻게 할 것이며, 불가능한 대화를 시도하는 역사가가 취해야 할 자세는 무엇이며, 어떤 목적으로 대화를 할 것인가 하는 점이다.

　카는 과거의 사실은 스스로 말하지 못하고 현재의 역사가가 말을 걸때만 말할 수 있기 때문에, 과거의 사실이란 결국 역사가의 사실이라고 말했다. 카는 사실을 과거의 사실, 역사가의 사실 그리고 역사적 사실의 세 단계로 구분했다. 과거의 사실과 역사가의 사실 사이에는 사료적 사실이 있다. 역사가는 과거 실재를 그대로 보는 것이 아니라 사료라는 매체를 타임머신으로 해서만 과거로의 시간여행을 할 수 있다. 그래서 "사료가 없으면 역사도 없다."

역사가의 역사연구는 크게 사료비판과 사료해석의 두 단계로 이뤄진다. 사료비판은 과거 사실을 증언하는 사료의 신빙성을 검토하는 작업이다. 이 작업은 텍스트로서 사료의 위조 여부를 따지는 외적비판과 사료의 내용을 이루는 콘텍스트의 일관성과 신빙성을 고찰하는 것으로 나뉜다. 사료비판을 통해서 역사가는 과거의 사실을 역사가의 사실로 전환시키는 공정을 한다.

사료비판으로 선별된 역사가의 사실에 의미를 부여해 만들어 낸 완성물이 역사적 사실이다. 카는 역사가의 사실을 역사적 사실로 전환시키는 작업을 해석이라고 지칭했다. 그는 이 해석을 "역사가와 그의 사실들의 지속적인 상호작용의 과정, 곧 현재와 과거의 끊임없는 대화"라고 설명했다.[11]

하지만 상호작용이란 엄밀하게 말하면 대화가 아니라 역사가의 독백이다. 독백이라는 증거는, 상호작용이란 결국 "역사가는 자신의 해석에 맞춰 사실을 만들어 내고 또한 자신의 사실에 맞춰 해석을 만들어 내는 끊임없는 과정"임을 카가 고백했다는 사실이다.[12] 역사가는 자신이 미래의 진보를 성취하는 길이라고 믿는 각본에 따라 과거의 인물들을 불러내 꼭두각시로 무대에 세우고 자신은 보이지 않는 곳에서 '복화술'을 통해서 그들 스스로가 말하는 것처럼 보이게 만드는 방식으로 역사를 쓰면서, 이것을 대화이자 해석이라고 카는 말한 셈이다. 과거의 죽은 사람은 말할 수 없는데 그들과의 대화를 통해서 역사를 쓴다는, 카의 역사에 대한 정의는 실제로는 실현 불가능한 수사적 표현에 불과하다.

---

11 E. H. 카, 위의 책, 50쪽.
12 E. H. 카, 위의 책, 같은 곳.

그렇다면 역사가와 그의 사실의 실질적인 관계는 무엇인가? 이 관계를 잘 보여 주는 것이 김춘수 시인의 〈꽃〉이라는 시다. "내가 그의 이름을 불러 주기 전에는 / 그는 다만 / 하나의 몸짓에 지나지 않았다 / 내가 그의 이름을 불러 주었을 때 / 그는 나에게로 와서 / 꽃이 됐다." 현재의 역사가와 역사 그리고 과거의 관계를 '나'와 '꽃' 그리고 '몸짓'의 관계로 표현했다. 과거 그 자체는 역사가에 의해 호명되기 이전에는 '몸짓'에 불과했다. 역사가에 의해 이름 불러질 때 역사적 사실이라는 '꽃'이 될 수 있다.

현재의 역사가가 과거를 호명해 '꽃'과 같은 의미를 부여하는 행위는 엄밀히 말해 과학이 아니라 문학이다. 이 같은 탈근대 역사이론의 주장이 나오기 훨씬 이전 과학으로서 역사를 부수기 위해 '망치를 든 철학자'가 프리드리히 니체다. 그는 현재를 사는 사람이 과거에 대한 이야기를 하는 것을 통해서 삶의 의미를 생산하는 방식에는 기념비적 역사, 골동품적 역사, 비판적 역사의 세 가지가 있다고 말했다.[13] 그런데 카의 진보사관은 현재와 과거의 의사소통관계를 진보라는 단 한 가지 형식이 독점하도록 함으로써 역사적 의미를 생산하는 대화의 다른 방식을 제외시켰다는 문제점을 가진다.

현재와 과거의 대화에서 둘 가운데 어느 쪽이 발언의 주도권을 가지느냐에 따라 역사적 의미를 생산하고 소비하는 방식이 달라진다. 전통시대 역사담론은 현재와 과거의 대화를 과거가 현재를 가르치는 스승과 제자의 관계처럼 하는 것으로 성립했다. 이 관계를 역전시키는 근대의 진

13　F. Nietzsche, "Unzeitgemäße Betrachtungen. Zweites Stück. Vom Nutzen und Nachteil der Historie für das Leben (1874)", Nietzsche *Werke. Kritische Gesamtausgabe*, Giorgio Colli/ Mazzino Montinari (ed.), Bd.3(1) (Berlin/New York, 1972), S.239~330.

보사관은 "역사는 삶의 스승"이라는 말로 표상되는 전통시대 역사담론과의 결별을 선언했다.[14] 그 결과는 무엇인가? 이 문제를 탐구하기 위해 우리는 다시 니체가 근대 역사학을 향해 휘두른 망치를 검토해 볼 필요가 있다.

전통시대 역사담론과 니체의 역사학 비판

전통시대 역사담론은 현재와 과거의 대화에서 과거가 주도권을 갖는 것을 특징으로 한다. 니체는 과거가 대화의 주도권을 갖는 방식을 기념비적 역사와 골동품적 역사라는 두 유형으로 분류했다. 기념비(monument)란 말의 어원은 '상기시키다', '충고하다', '경고하다'라는 뜻의 라틴어 'monere'다. 과거의 기록이 기념비가 될 수 있는 요건은 과거가 현재보다 도덕적으로 우월하고 더 가치가 있다는 전제다. 기념비적 역사 서술은 과거 조상들의 위대한 업적과 훌륭한 삶의 방식을 기억하고 기려서 우리와 후손들의 삶의 귀감으로 삼는 것을 목적으로 한다.

동양과 서양에서 역사의 탄생은 기념비적 역사담론의 생성과 연관돼 있다. 먼저 서양에서는 헤로도토스가 페르시아전쟁에서 아테네인이 승리한 것의 기념비로 'History'의 어원이 되는 《Historiai》를 씀으로써 역사의 아버지가 됐다. 그는 역사를 쓰는 의도를 책의 첫 문장으로 밝혔다. "이것은 할리카르나소스 출신 헤로도토스가 제출하는 탐사 보고서다. 그 목적은 인간들의 행적이 시간이 지나면서 망각되고 헬라스인과 비헬

---

14   이에 대해서는 라인하르트 코젤렉, 한철 옮김, 《지나간 미래》, 문학동네, 1998 참조.

라스인의 위대하고도 놀라운 업적들이 사라지는 것을 막고, 무엇보다도 헬라스인들과 비헬라스인들이 서로 전쟁을 하게 된 원인을 밝히는 데 있다."[15]

헤로도토스는 아테네인들의 페르시아전쟁에서 승리를 폴리스의 정체성을 형성하는 시민들의 집단기억으로 만들 목적으로 《Historiai》를 썼다. 이처럼 거의 모든 인간 공동체는 그 공동체의 기원과 목표를 설정할 목적으로 기념비적 역사를 만들어 낸다. 이 같은 기념비적 역사가 만들어 내는 기억을 얀 아스만은 문화적 기억이라고 지칭했다.[16] 문화적 기억이란 과거의 기억을 계속해서 현재화하는 제도적 장치 일반을 지칭한다.

고대에서 문화적 기억을 만드는 전형적인 방식은 신전이었다. 이에 비해 역사란 텍스트를 통해서 문화적 기억을 만드는 방식이다. 이 같은 기억 문화의 진수를 보여 준 민족이 유대인이다. 구약은 성경이기에 앞서 신과의 약속을 하나의 계명으로 정식화하고 그 계명을 정당화할 뿐만 아니라 전승하는 하나의 역사책이다. 유대인에게 모세 오경(토라Torah)은 집단적 자기검열(collective self-examination)의 정전이다. 유대인들은 모세 오경을 기억해 암송하는 기억 문화를 통해 고향인 이스라엘을 1000년 이상 떠나, 망명과 핍박 그리고 고난의 역사를 견디고 민족정체성을 지킬 수 있었다. 그들에게는 현재가 파국적이고 고난스러울수록 집단기억이 더욱더 강렬한 구원의 약속이 됐다. 따라서 민족의 역사적 경험을 종교적 구원으로 전화한 유대인들에게 역사란 탐구의 대상이 아니라 자기반성

---

15 헤로도토스, 천병희 옮김, 《역사》, 도서출판숲, 2009, 24쪽.
16 Jan Assman, *Cultural Memory and Early Civilization: Writing, Remembrance, and Political Imagination*, Cambridge University Press, 2011.

과 신앙의 정전이었다.[17]

과거를 숭배가 아닌 탐구의 대상으로 삼을 때 신화로부터 독립한 역사라는 새로운 서사가 탄생할 수 있었다. 하지만 공동체의 서사를 만들어내는 기념비적 역사는 여전히 신화적 기능을 유지함으로써, 과거를 박제화해 우상화하는 경향성을 낳았다. 미국의 지성사가 피터 게이Peter Gay가 한 다음의 이야기는 신화와의 결별을 통해 탄생한 역사라는 서사가 결국 신화의 자식임을 깨닫게 한다.

옛날 어떤 도시(아마 시에나일 것이다)의 한 관리가 외세의 압제로부터 시민들을 해방시키는 장한 일을 했다. 시민들은 이 관리에게 어떤 보상을 해야 하는지 매일 만나서 논의했다. 하지만 그들의 힘으로는 어떤 보상을 해도 충분치 않다는 결론에 이르렀다. 그들은 그를 도시의 영주로 삼아도 충분한 보상이 아니라고 생각했다. 그러다가 그들 가운데 한 명이 일어나 "그를 죽여서 우리의 수호성인으로 숭배하자"는 제안을 했다. 결국 그들은 로마 원로원이 로물루스에게 했던 본보기대로 그를 그렇게 했다.[18]

위 이야기에서 관리가 도시를 위해 위대한 일을 했다는 것은 실제 사실이다. 하지만 그가 도시의 수호성인이 된다는 것은 신화로서 허구다. 기념비적 역사는 사실을 신화로 만드는 역사담론이다. 관리는 도시민들을 위해 훌륭한 일을 하고도 그들에게 죽음을 당하는 희생을 대가로 수호성인으로 부활해 신화적 인물이 됐다. 만약 그가 그렇게 죽음을 당하지

17　앞의 책, pp. 268~273.
18　P. Gay, *Style in History*, New York and London, W. W. Norton and Co, 1974, pp.13~14.

않고 영주가 되어 영화를 누리며 살다 죽었다면, 아마 그는 기껏해야 훌륭한 군주로 기억될지언정 수호성인의 위치에는 오르지 못했을 것이다.

　도시민들이 그를 수호성인으로 만든 진짜 이유는 그의 업적을 영원히 기리기 위해서가 아니라 그들 공동체의 안녕과 번영을 보장할 수 있는 정치종교를 만들어 내기 위해서였다. 아무리 찬란하고 위대하던 과거의 영광도 시간이 흐르면 사라져 없어진다. 이를 아는 인간은 과거의 영광을 영원히 보존해 기억할 목적으로 역사라는 무형의 기념비를 세우고 이를 통해 공동체의 현재와 미래의 좌표를 설정한다. 결국 그 관리는 공동체적 제단에 희생물로 바쳐짐으로써 역사의 기념비가 됐다.

　역사가 정치 공동체의 존재 이유와 정당성을 옹호하는 서사로 구성되는 한에서, 모든 역사는 정치적일 수밖에 없다. 이 같은 기념비적 역사는 서양보다는 왕조의 공식 역사를 편찬하는 정사正史의 전통을 오랫동안 유지한 중국을 위시한 동아시아 역사서술에서 더욱 발달했다. 중국에서 정사의 전통을 거의 2000년 동안 지켜 올 수 있던 요건은 하늘과의 소통을 위한 안테나로서 역사의 탑을 세운다는 역사정신이다.

　이 같은 역사정신을 낳은 역사의 아버지가 사마천司馬遷이다. 그는 《사기》를 쓴 목적을 "하늘과 인간의 관계를 연구하고, 고금의 변화를 통달해, 한 학파의 학설을 이루려는 데 있었다"라고 했다.[19] 사마천은 개인적으로 의로운 일을 하다가 한漢 무제武帝의 노여움을 받아 궁형을 당하는 불행을 겪은 사람이다. 불행을 당하고 그가 화두로 삼은 질문이 역사는 과연 정의로운가였다. 이 물음에 대한 답을 얻기 위해 그는 각 시대의 본

19　《漢書》卷62〈司馬遷傳〉, "凡百三十編 亦欲以究天人之際, 通古今之變, 成一家之言."

보기가 되는 인물들을 탐구해 〈열전〉을 집필했다. 전체 130권 가운데 반 이상을 차지하는 〈열전〉은 《사기》의 백미로 일컬어진다.

〈열전〉에 첫 번째로 등장하는 인물이 백이伯夷와 숙제叔齊다. 주의 무왕이 은을 전복하고 천하를 평정하자 백이와 숙제는 수양산으로 도주해 고사리로 연명하다 굶어 죽었다. 그렇다면 역사에서 이처럼 정의가 승리하지 못했는데도 천명이 있다는 것을 믿어야 하는가? 악인은 행복하고 선인은 불행한 현실의 모순에도 불구하고 하늘의 도가 정의롭다고 말할 수 있는 근거는 무엇인가?

현실세계에서 정의가 실현되지 않는 모순을 사마천은 역사의 기념비를 세우는 것으로 극복하고자 했다. 그는 현실에서 나타난 불합리함과 부조리를 역사로 기록함으로써 현실보다 더 깊은 차원의 천도가 역설적으로 구현될 수 있다고 믿었다. "공자는 이렇게 말했다. '도가 같지 않으면 일을 도모하지 않는다.' 이는 각기 자신의 뜻을 좇아서 행해야 함을 이른 것이다. 그래서 공자는 또 이렇게 말했다. '만약 부귀를 뜻대로 얻을 수 있다면 비록 마부가 될지라도 나 역시 그 짓을 하겠으나, 얻을 수 없다면 내가 좋아하는 것을 따르겠다.' '추운 겨울이 되어서야 소나무와 잣나무의 잎이 변하지 않음을 안다.'"[20]

여기서 소나무와 잣나무가 바로 백이와 안연顏淵과 같은 성인이다. 추운 계절이 도래해야 소나무와 잣나무가 여여如如하게 있음을 깨닫듯이 현실의 불의와 부조리 속에서도 절개를 굽히지 않은 그들과 같은 의로운 사람이 있었기에 역사에서 하늘의 도가 작동하고 있음을 안다. 진흙 속에

20 사마천, 연변대학 고적연구소 엮어옮김, 《사기열전》, 서해문집, 2006, 18쪽.

서 핀 연꽃처럼 현실의 어려움과 모순을 딛고 일어난 위대한 사람들의 빛나는 이름을 기록하는 것이 청사_{靑史}다.

사마천은 백이와 같은 의로운 사람의 삶의 행적을 후세인들이 본받을 수 있는 역사의 기념비로 세움으로써 현실의 불합리함을 교정하고자 했다. 사마천은 "사람은 누구나 한번 죽지만 어떤 죽음은 태산보다 무겁고 어떤 죽음은 새털보다 가볍다"라고 했다. 인간의 삶은 일회적이고 순간적인 존재의 가벼움이지만, 천도는 영원불변한 무거움이다. 현실의 '참을 수 없는 존재의 가벼움'으로 고뇌하는 우리를 구원에 이르게 하는 것은 하늘이 부여한 무거운 짐이다.

천도와의 소통을 통해 인간 존재의 의미를 성찰하는 사마천의 역사 정신은 전통시대 동아시아인에게 역사의 비석에 이름을 새기는 것을 삶의 목적으로 만들었다. 살아서 얻은 영광과 부귀는 죽은 후 역사에 이름을 남기는 것에 비하면 하찮은 것이었다. 역사에 악인과 반역자로 낙인찍힘으로써 후손들에게 부끄러운 이름을 남기는 것을 가장 큰 수치로 여겼다. 이런 동아시아인에게 역사의 평가는 기독교인이 사후 받는다고 믿는 신의 심판을 의식하면서 사는 것과 같은 효과를 발휘했다.

초월적인 신 대신에 삶의 심판자 역할을 한 역사는 전통시대 중국인에게 모든 인간사를 하늘에 보고하는 기록으로서 의미를 가졌다. 그들은 역사를 후세에 전달해야 할 문화가치의 총괄로 여겼고, 그래서 중국은 역사 기록이 가장 풍부한 문명체가 됐다. "나라는 멸망할 수 있어도 역사는 없어져서는 안 된다(國可滅, 史不可沒, 《元史》〈董文炳傳〉)"라는 역사에 대한 신앙은 한 왕조가 무너지고 새 왕조가 건국되면 전 왕조에 관한 공식 역사를 황제의 명령으로 편찬하는 정사의 전통을 확립시켰다. 중국에는 공식 왕조사인 24부 3000여 권에 달하는 정사 이외에 개인적으로 집필한 역사서가 무수히 남아 있다.

한국사에서 사마천의 역사이념을 가장 충실히 구현한 왕조가 조선이다. 조선왕조가 500년 넘게 존속할 수 있던 생명력은 임진왜란과 같은 국난 속에서도《조선왕조실록》을 지켜 내고 실록 편찬을 멈추지 않은 투철한 역사의식에서 유래했다고 말할 수 있다.《조선왕조실록》은 조정의 일을 기록하는 단순한 연대기적 역사의 의미를 넘어서 왕과 신하로서 현존재의 존재 방식을 규정하는, 하이데거가 말하는 '역사성'의 기호로 작동했다. 그것을 편찬해야 하는 사관을 제외한 왕은 물론 어느 누구도 볼 수 없다는 것이 신격화의 효과를 낳았다. 궁극적으로 기억되는 것은《조선왕조실록》에 실리게 될 자신에 관한 기록이라는 사실로부터 조선의 왕들은 역사에 대한 외경을 가졌다.

조선시대 왕이 역사에 대한 외경을 갖지 않았을 때 일어나는 역사의 재난史禍이 사화士禍다. 봐서는 안 되는 실록의 기록을 보는 신성모독을 범한 연산군은 반정反正으로 폐위당했다. 이 같은 역사의 신성성이 실록과 같은 기념비적 역사를 편찬하는 임무를 부여받은 사관이 왕조 국가의 정통성을 수호하는 정치종교의 사제 역할을 하는 제도를 확립했다. 모든 역사는 정치적이다. 하지만 역사의 정치종교적 기능은 사관에게 현실 정치로부터 독립해 심판할 수 있는 권한을 부여했다. 요컨대 사관의 실록 편찬으로 조성되는 기념비적 역사에 의해 정치가 역사의 심판을 받는다는 것이 역사의 정치화를 통제할 수 있는 장치로 작동했다.

역사가 탈도덕화하는 것으로 성립된 과학적 역사는 도덕적 당위로 작동하는, 역사의 정치에 대한 통제 장치를 해체했다. 하지만 역사의 과학화를 통해 역사의 정치화가 종식됐는가? 게오르그 G. 이거스Georg G. Iggers는 근대 역사학의 성립 단계에서 발생한 정치와 역사의 긴장 관계에 대해 이렇게 말했다. "편견과 가치 판단에서 해방된 연구를 요구하는 역사학의 과학적 에토스와 특정한 사회적 질서를 당연한 것으로 받아들이는 역사학의 정치적 기능 사이에는 애초부터 긴장감이 존재하고 있었다."[21]

근대 역사학의 아버지 랑케는 국가 중심으로 파악하는 정치사 위주의 역사학 패러다임을 정립하는 것으로 이 긴장 관계를 해소하고자 했다. 그는 1836년 베를린 대학 정교수로 취임하면서 한 연설 〈역사와 정치의 친화성과 차이에 대하여〉에서 "역사학의 과제는 국가의 본질을 일련의 이전의 특수성들로부터 밝혀내고 그런 식으로 파악하는 것인 반면, 정치의 과제는 이렇게 얻은 이해와 인식에 따라 국가의 본질을 계속 발전시키고 완성시키는 것"이라고 말했다.[22] 그의 이 같은 국가 중심적 정치사 패러다임은 프로이센의 주도 아래 독일 통일을 이룩하는 것을 역사적 소명으로 주장한 프로이센학파 역사가들의 민족주의 역사관을 형성하는 단초를 제공했다.

독일 역사주의는 한편으로는 역사를 과학의 한 분과로 정립시키는 것을 추구하면서도, 다른 한편으로는 민족국가 형성에 이바지하는 것을 역사가의 사명으로 삼음으로써 역사의 과학화에도 불구하고 역사학을 정

---

21 게오르그 G. 이거스, 임상우·김기봉 옮김, 《20세기 사학사 : 포스트모더니즘의 도전, 역사학은 끝났는가?》, 푸른역사, 1998, 44쪽.

22 Ranke, "Über die Verwadtschaft und den Unterschied der Historie und Politik. Eine Rede zum Antritt der ordentlichen Professur an der Universität zu Berlin im Jahre 1836", in : W. Hardtwig, *Über das Studium der Geschichte*, München, 1990, S.47~50, 55.

치의 시녀로 전락시켰다. 역사의 탈도덕화를 통한 과학화는 초역사적인
것과의 소통을 단절시키고 민족주의 정치종교의 도구가 됐다는 것이 독
일 역사주의의 비극으로 대표되는 근대 역사학의 문제점이다.

독일 역사학의 문제점을 가장 통렬하게 드러낸 철학자가 니체다. 그는
역사의 과학화가 초래한 문제점을 다음과 같이 지적했다.

> 삶이 인식과 과학을 지배해야 하는가, 아니면 인식이 삶을 지배해야 하는
> 가? 양자 중에서 어느 쪽이 더 결정적인 힘을 갖는가? 이는 의심할 여지가
> 없다. 삶이 보다 높고 지배적인 힘이다. 왜냐하면 삶을 파기하는 인식은 그
> 자신을 함께 파기하기 때문이다. 인식은 삶을 전제로 하고, 따라서 모든 지
> 식은 그것의 계속적인 실존, 곧 삶의 유지에 관심을 갖는다. 그래서 과학은
> 더 높은 감독과 감시, 곧 삶의 건강론(Gesundheitslehre)을 요청한다.[23]

니체가 역사의 과학화를 문제 삼은 이유는 삶을 위한 역사여야지 과학
을 위한 역사가 돼서는 안 된다고 생각했기 때문이다. 본래 인간이 역사
라는 서사를 발명한 것은 삶을 위해서지 과학의 한 분야가 되기 위해서가
결코 아니었다. 역사를 과학의 한 분과로 정립한 첫 번째 유형은 "세계와
인간에 관한 모든 인식을 시간화"한 결과로 성립한 역사주의다. 니체는
인간 삶에는 역사화할 수 없는 초역사적이며 무역사적이고 비역사적인
것이 있어서, 이것들이 끊임없이 변화하는 인간 삶의 토대를 이루고 변화

---

23 F. Nietzsche, "Unzeitgemäße Betrachtungen. Zweites Stück. Vom Nutzen und Nachteil der
Historie für das Leben (1874)", Nietzsche *Werke. Kritische Gesamtausgabe*, Giorgio Colli/
Mazzino Montinari (ed.), Bd.3(1) (Berlin/New York, 1972), S.239~330, 인용은 p.327.

의 방향을 이끄는 나침반 역할을 한다고 보았다. 그래서 인간 삶의 모든 것을 역사화함으로써 그것들이 할 수 있는 역할이 박탈될 때, 인간 삶은 병들게 된다는 것이 니체의 진단이다. 그는 인간 삶이 다시 건강해지기 위해서는 역사적인 것이 역사화되지 않는 것, 곧 초역사적이며 무역사적이고 비역사적인 것과 긴장 관계를 형성하거나 그것들에 의해 보완되어야 한다고 주장했다.

기념비적 역사는 북극성처럼 시간의 흐름 속에서도 고정불변하게 빛을 발하는 과거를 나침반으로 삼아 현재적 삶의 오리엔테이션을 하려는 목적을 가진다. 이런 식으로 초역사적인 것을 역사의 전범으로 삼음으로써 역사주의가 초래한 병을 치유할 수 있다. 하지만 그것은 다시 역사를 종교의 차원으로 높여서 우상을 만들거나 신화화하는 부작용을 낳는다는 것이 딜레마다. 딜레마로부터 벗어나는 길은 그것과는 다른 방식으로 "현재와 과거의 대화"를 하는 복수의 역사담론을 허용해야 한다는 것이다. 인간 삶의 대부분은 초역사적인 것과 역사적인 것보다는 오히려 무역사적이며 비역사적인 것으로 이뤄져 있다는 사실이 다양한 형태의 역사담론이 필요한 근본 이유다.

인간이란 무엇인가를 의식과 자아를 넘어서 무의식이라는 새로운 차원을 발견해 재정의할 수 있게 해 준 사람이 프로이트다. 프로이트는 인간의 마음을 빙산에 비유했다. 빙산의 일부분인, 보이는 부분이 의식이라면 보이지 않는 대부분은 무의식이다. 빙산의 보이는 부분과 보이지 않는 부분은 물결의 출렁임에 따라 유동적이다. 이 변화의 구분선에 해당하는 것이 전前의식이다. 역사가 과거에 대한 의식으로 구성된 지식으로 드러난 것이라면, 무의식적인 과거는 무역사적인 것이고, 이 둘의 경계를 형성하면서 역사와 무역사 사이를 표류하는 과거는 아직은 비역사적인 것으로 잠재해 있는 전前역사에 해당한다.

역사가 의식된 삶의 표면이라면, 심층은 무역사적이고 비역사적인 것이다. 역사란 기본적으로 기억으로 성립한다. 기억되지 못한 것, 곧 망각은 역사가 아니다. 인간은 과거의 모든 것을 기억할 수 없고 기억할 필요도 없다. 과거 가운데 일부만 역사로 의식화됨으로써 기억되고, 나머지는 망각됨으로써 완전히 사라지는 것이 아니라 무의식의 영역에 잠재해 있다. 이런 식으로 기억된 과거는 역사로 드러나고, 망각된 과거는 무역사로 묻힌다. 기억과 망각으로 구분되는 역사와 무역사의 사이에 있는 것이 비역사다. 예컨대 일상과 같은 것이 비역사다. 날마다 반복되는 일상은 삶의 대부분을 이루지만 역사로 인식되지 않는다. 하지만 일상의 반복이 없다면 삶은 유지되지 못한다. 가장 기본적인 일상에 해당하는 의식주는 생존의 필수조건이다. 인간에게 일상생활은 자동기억으로 반복하는 습관이다.

일상적 습관은 의식과 무의식의 경계선상에 전前의식처럼 있다. 프로이트의 심리학이 꿈과 같은 무의식의 세계를 의식의 영역으로 포섭해 해석하는 과학이라면, 역사학에서 일상사와 심성사는 역사로 인식되지 않던 일상적 삶의 방식과 집단 정신자세에 내재해 있는 역사성과 역사적 의미를 드러낸다. 인간 삶에서 가장 변하지 않는 것이 일상이고 심성이다. 일상과 심성은 역사적 변화를 막는 관성과 같다.

한 사람의 삶이 바뀌려면 생각과 행동보다는 습관이 바뀌어야 한다고 말한다. 그래서 그리스의 철학자 헤라클레이토스는 "인간에게 습관은 신이다"라고까지 말했다. 몸의 습관이 일상생활이라면, 마음의 습관이 심성이다. 이 두 영역은 역사가 아닌 비역사로 취급됐다. 비역사적인 영역에서 역사를 발굴해 내는 것이 일상사, 심성사 그리고 미시사다. 일반적으로 신문화사로 총칭되는 세 부류의 역사서술은 일상과 심성 그리고 민중문화를 역사가 없는 곳이 아니라 역사로 아직 의식화되지 않은 전前역사로 재인식하는 방법론으로서 '아래로부터의 역사'를 지향한다. '아래로부터의 역사'는 역사와 무역사 사이의 경계선상에 있는 비역사로서의 전前역사를 가장 밑바닥에서 변화가 시작하는 곳이면서 동시에 가장 근본적인 변화를 일으킬 수 있는 가능 공간으로 역사적 의미 부여를 한다.

근대 역사학은 사료적 증거로 실증할 수 있는, 실제 일어난 과거만을 연구의 대상으로 삼았다. 이에 대해 니체는 역사학에 의해 무의미한 것으로 배제된 비역사적인 것의 중요성을 강조했고, 니체의 문제제기는 오늘날 신문화사, 그 가운데 특히 미시사에 의해 상당 부분 수용됐다.

니체의 역사학에 대한 가장 통렬한 비판은 역사의 존재 이유인 기억이, 인간을 문명을 건설한 위대한 존재가 아니라 불행하게 만드는 주범이라는 주장을 통해 무역사적인 삶의 중요성을 강조한 것이다. 그는 《반시대적 고찰》에서 물었다. 역사의 기억은 인간을 행복하게 만드는가, 아니면 불행의 씨앗인가? 이 물음에 답하기 위해 그는 역사가 없는 자연적 삶을 사는 동물과 역사적인 문명세계에 사는 인간 가운데 누가 더 행복한 삶을 사는지 비교했다. 그가 보기에 과거를 기억하지 않고 오직 현재에 몰입함으로써 역사 없는 삶을 사는 동물이 인간보다 더 행복하다. 순간의 말뚝에 묶여 우울함도 권태도 느끼지 않는 동물을 시기심 어린 눈으로 바라보는 인간은 동물에게 "너는 왜 너의 행복에 대해 내게 말하지 않고 그저 나를 쳐다보기만 하는가?" 묻는다. "그러나 동물은 이 대답 역시 곧 잊어버리고 침묵했다. 인간은 그것을 이상하게 생각했다. 그러나 그는 망각을 배우지 못하고 항상 과거에 매달려 있는 자신에 대해서도 이상하다는 생각이 들었다. 이렇게 동물들은 비역사적인 삶을 산다. 매 순간 진정 있는 모습 그대로다."[24]

니체의 통찰은 역사의 삶을 위한 이로움과 해로움에 대한 근본적인 질문을 던진 것이다. 인간은 역사의식을 갖고 있는 덕분에 개인적 삶이 갖는 시공간의 한계를 넘어서 집단 경험과 지식을 축적하고 발전시켜서 문명을 건설했다. 인간은 과거의 모든 것을 기억하는 것이 아니라 의미 있다고 여기는 것들만을 역사로 기억한다. 과거의 무엇을 기억하고 망각할지를 결정하는 것이 "현재와 과거의 대화"다.

각 시대 각 정치공동체에는 기억과 망각, 곧 역사적인 것과 무역사적인 것 사이를 가르는 나름의 문법이 있다. 문법이란, 얀 아스만의 용어로 '문화적 기억'이다. '문화적 기억'의 원형을 형성하는 것이 니체가 역사 담론의 두 번째 유형으로 말한 골동품적 역사다. 골동품적 역사는 현재와 과거의 대화에서 과거가 현재를 가르친다는 점은 기념비적 역사와 같지만 초시간적인 과거가 아니라 오래된 과거를 준거로 한다는 점에서 다르다.

골동품적 역사에서 가장 중요하게 생각하는 것은 전통이다. 역사가 기억이고 망각이 무역사라면, 전통이란 일상처럼 비역사다. 변함없이 보존되는 전통 자체는 시간화될 수 없기에 역사는 아니지만, 가장 중요한 역사적 자산으로 여겨진다. 집단기억을 형성하는 유전인자와 같은 것으로

---

24 프리드리히 니체, 이진우 옮김, 《니체 전집 2 : 비극의 탄생, 반시대적 고찰》, 책세상, 2005, 290쪽.

중시되는 전통은 무역사가 아니라 역사로 계승되어야 할 유산이다. 다시 말해 역사와 무역사 사이에 있는 전통은 프로이트가 말하는 전前의식처럼 전前역사로, 조상들이 우리에게 물려준 선물이다.

우리는 일상생활에서 "역사와 전통을 자랑하는…"이라는 말을 한다. 여기서의 전통은 역사와 동의어로 사용된다. 동의어로 사용되는 이유는 전통이 시간의 시금석을 통과한 '오래된 미래'로서의 가치를 갖기 때문이다. 전통은 마을 입구에는 서 있는 오래된 당산나무와 같다. 마을 사람들은 오랫동안 세월의 풍상을 견디고 살아 있는 당산나무에 마을을 지켜 주는 신령이 깃들어 있다고 생각해서 제사를 지낸다. 이처럼 오래된 것을 부적처럼 간직하거나 공동체의 표상으로 찬미하는 것이 전통이다. '원조'라는 단어가 붙은 식당이나 음식도 전통으로서 역사의 효과를 상품가치로 이용하는 전략이다. 기념비적 역사가 위대한 과거를 영원한 귀감으로 삼고자 한다면, 골동품적 역사는 오래되고 근원적인 것을 시간을 방부처리해서 보존해야 할 가치로 숭상하고 고향처럼 향수를 갖는다.

전근대 사회에서는 전통적인 지식이 삶을 이끄는 전범으로 통용됐기에 나이 많은 원로들이 공동체 생활을 주도할 수 있었다. 특히 문자가 발명되기 이전 원시사회에서 구전으로 전승되는 역사적 경험이 지식의 대부분을 구성하는 구조가 전통을 중시하는 문화를 형성했다. 근대 이전 전통사회에서의 현재와 과거의 대화는 주로 나이 어린 세대가 노인의 말을 경청하는 방식으로 이뤄졌다. 따라서 전통적 역사담론이 지향하는 가치는 과거를 넘어서(over the past) 미래로 향하는 진보가 아니라, 과거 안에(in the past) 머물러 변화를 막는 보수다.

기념비적 역사와 골동품적 역사가 과거가 대화를 주도하는 담론 방식이라면, 니체가 세 번째 유형으로 제시한 비판적 역사는 과거를 부정하는 역사담론이다. 비판적 역사는 과거로부터 교훈을 배우고 자신의 뿌리를 찾는 일 대신에 과거의 한계와 잘못을 드러냄으로써 과거를 극복하는 것을 목표로 한다. 이런 비판적 역사담론의 전형적인 예가 '과거청산'이다. '과거청산'은 역사학적으로는 부적절한 용어다. 이미 일어난 과거를 청산한다는 것은 불가능하다. 니체는 이 말이 난센스인 이유를 이렇게 말했다. "왜냐하면 우리는 어쨌든 이전 종족의 성과이며, 우리는 또 그들의 관심과 정열 그리고 오류뿐 아니라 범죄의 성과이기 때문이고, 이 사슬로부터 우리 자신을 완전히 해방시키는 것은 불가능하기 때문이다. 또한 우리가 그들의 과실에 유죄 판결을 내리고 스스로는 그로부터 해방됐다고 아무리 생각할지라도 우리 자신이 그로부터 유래했다는 사실은 어쩔 수 없다."[25]

비판적 역사는 부정적인 과거를 청산이 아니라 역사를 통해 극복해야 한다고 주장한다. 역사를 통한 역사의 극복은 어떻게 가능할까? 전통적 역사서술이 과거와의 연속선상에서 현재를 위치 지우는 방식으로 서사를 구성했다면, 비판적 역사는 과거를 현재의 전사前史로 자리매김한다. 후자는 과거를 현재와 미래로 흐르는 시간의 흐름 속에서 파악하는 역사의식을 통해 역사를 진보의 과정으로 서술하는 역사담론을 등장시켰다. 이 같은 진보사관에 따르면, 역사란 더 이상 단순히 과거에 대한 이야기가 아니라, 카의 말대로 과거의 사실과 과거로부터 현재로 시간이 흐르는 과정 속에서 차츰 나타나기 시작한 미래의 목표 사이의 대화로 구성되는

---

25 프리드리히 니체, 앞의 책, 266쪽.

서사다.

역사란 미래의 목표를 함축하는 과거, 곧 '지나간 미래'라는 생각은 '비동시적인 것의 동시성'을 특징으로 하는 근대 특유의 역사개념을 성립시켰다. '지나간 미래'로서 역사는 과거의 경험 공간과 미래의 기대 지평을 융합하는 하나의 운동개념Bewegungsbegriff이 됐다. 역사가 이미 일어난 과거 사실들의 집합이 아니라 미래로 향해 나가는 운동 개념이 됨으로써 만드는 역사개념이 생겨났다. 독일의 역사이론가 요른 뤼젠Jörn Rüsen은 이 새로운 역사개념을 니체의 세 가지 유형의 역사담론에 덧붙여 네 번째 유형으로서 생성적 역사genetische Historie라고 명명했다.[26] 생성적 역사는 현재와 과거의 대화가 아니라 단절을 통한 새역사 창조를 주장한다. 새역사 창조라는 말에서 '새역사'란 과거가 아니라 미래, 곧 만들고 계획하는 역사를 지칭한다. 이 같은 생성적 역사개념의 출현과 함께 역사를 통해 역사를 극복하는 것을 목표로 하는 근대 거대담론 역사가 탄생했다.

근대 거대담론 역사는 진보를 위해서는 현재가 과거보다는 미래와의 대화를 추구해야 한다고 믿는다. 과거는 더 이상 현재의 준거가 아니라 미래의 진보를 통해 극복해야 할 대상이다. 과거와의 대화를 하는 목적이 미래의 진보가 될 때, 세계사는 헤겔의 말대로 '역사의 이성'이 '역사의 심판'을 내리는 세계 법정으로 서술된다. '역사의 이성'과 '역사의 심판'이라는 말에서 '역사'는 개별적인 역사가 아닌 과거, 현재, 미래에 걸쳐 인류 삶 전체를 총괄하는 거대담론을 지칭한다.

근대 이전에 역사라는 말은 '언제부터 언제까지의 역사' 또는 '누구의

---

26 Jörn Rüsen, "Die vier Typen des historischen Erzählens", *Zeit und Sinn. Strategien historischen Denkens*, Frankfurt/M., 1990, S.153-230, S.187~188.

역사'처럼 주체와 대상이 명시된 형태로 사용됐지, 주체와 대상이 없는 '역사'라는 추상적인 집합 단수로서 대문자 역사의 용례는 없었다. 미래 새역사 창조를 주장하는 거대담론 역사는 기념비적 역사가 세운 우상을 파괴하고 골동품적 역사가 만든 전통을 타파하는 혁명을 주장한다. 이 같은 거대담론 역사의 혁명 정신의 세례를 받고 출현한 새로운 시대가 바로 근대다.

카가 "역사란 무엇인가"를 강의한 1960년대는 두 번의 세계대전을 통해 진보로서 역사에 대한 희망이 사라지고, 동서 냉전으로 세계가 양분된 시점이다. 이러한 역사의 질곡에서 카는 다시 진보로서 역사에 대한 희망을 건져 낼 목적으로 "역사란 무엇인가"라는 강연을 했다. 그는 역사의 진보를 믿지 않는 것의 대안은 회의주의와 냉소주의가 있을 뿐이라고 주장했다. 1970년경에 쓴 것으로 보이는 〈마르크스주의와 역사(Marxism and History)〉에서 그는 자본주의사회를 철폐하는 사회주의혁명이 도래할 것이라고 전망했다.

> 제2차 세계대전 이래 그 사회주의혁명(볼셰비키혁명)은 부르주아혁명이 시작조차 되지 않은 나라들에까지 확산됐다. 이제는 불필요하게 된 부르주아 자본주의혁명을 뛰어넘어 일정한 형태의 생산의 사회적, 계획적 통제를 통해 경제의 공업화와 근대화를 성취하게 될, 또한 그것이 동반하는 고도의 생산성을 성취하게 될 미래사회에 대한 전망은 오늘날 서유럽 국가 지역의 밖에 있는 세계 전체를 지배하고 있다.[27]

---

27 E. H. 카, 위의 책, 268쪽.

사회주의혁명의 도래에 대해 카가 낙관적 전망을 한 지 10년이 지난 1990년대, 근대 거대담론 역사의 기획은 현실사회주의 국가들의 몰락으로 믿음을 상실했다. 코젤렉의 개념사 연구에 따르면, 거대담론 역사 개념이 탄생한 시점은 1780년대 프랑스혁명이 발발한 무렵이었다. 프랑스혁명은 진보를 위한 역사의 실험실이었다. 이 같은 실험의 위험성을 경고한 사상가가 영국의 정치 사상가이자 휘그당 의원인 에드먼드 버크Edmund Burke다. 그는 미국혁명은 지지했지만 프랑스혁명을 신랄하게 비판했다. "자신을 보호하던 억압과 감방의 유익한 어둠에서 탈출해 빛과 자유를 즐기는 자리로 돌아간 광인狂人을 축하해야 하는가? 타고난 권리를 되찾자마자 감옥을 탈출한 노상강도이자 살인자에게 축하 인사를 건네야 하는가?"[28]

버크는 혁명이 발발한 직후인 1790년 11월에 이미 프랑스혁명의 폭력적 본질을 간파했다. 그가 혁명이 테러로 변질될 것을 간파한 이유는 이성의 이름으로 전통적 가치를 부정하고 폭력적 방법으로 새 질서를 세우려는 기획은 결국 독재정치를 초래한다는 점을 통찰했기 때문이다. 영국혁명에서 왕의 처형은 내란의 끝이었다. 하지만 프랑스혁명은 테러와 공포정치로 이어질 폭력적 혁명의 시작이었다. 전통적 가치와 질서를 부정하는 거대담론 역사가 낳은 재난은 러시아혁명에서 재연됐다. 프랑스혁명 발발 200주년이 되는 해, 동유럽의 현실사회주의 체제가 붕괴하는 시점에서 프랑스혁명의 수정주의 해석의 교황이라 불리는 프랑수아 퓌레Francois Furet는 "프랑스혁명은 끝났다"라고 말했다. 이 말은 프랑스혁

---

28 Edmund Burke, *Reflections on the Revolutions in France: A Critical Edition*, ed. J. C. D. Clark, Cambridge, 2001, p.151.

명이 낳은 거대담론 역사의 종말을 선언한 것이다.

거대담론 역사의 종말 이후에 '역사란 무엇인가?' 21세기에 인류는 근대화의 기획이 역사의 진보가 아니라, 울리히 벡Ulrich Beck의 말대로 위험사회를 초래한 결과를 성찰할 수 있는 새로운 역사담론을 요청한다. 이같은 근대 이후의 문제 상황을 총칭하는 용어가 탈근대다. 다음으로 탈근대 담론이 문제 제기하는 맥락에서 "역사란 무엇인가"에 대해 알아보자.

2

탈근대

역사개념

탈근대는 역사의 두 가지 의미인 과거의 사건과 그에 대한 기록 모두에 대해 새로운 개념을 형성하는 조건이 된다. 20세기 인류는 에릭 홉스봄이 '극단의 시대'라고 일컬은 것처럼 이전 시대에서는 성취하지 못한 문명의 진보와 더불어 파국을 경험했다. 근대의 두 얼굴을 본 이후에는 기획으로서 근대가 더 이상 성취해야 할 미래의 목표가 아니라 문제라는 생각이 대두하고, 이 같은 문제의식을 반영해 이제는 과거가 된 근대를 역사화하는 탈근대 역사담론이 등장했다.

역사의 두 번째 의미인 과거에 대한 기록으로서 역사의 정체성을 과학의 한 분과가 아니라 서사의 전통을 부활시켜서 재정의하려는 경향성이 생겨났다. 하지만 탈근대에서 '이야기체 역사의 귀환'은 전통적 역사담론을 부활시키는 것이 아니라, 과거와 역사의 인식론적 관계를 재설정하는 방향으로 나아갔다. 탈근대 역사이론은 과거를 재현하기 위해 역사를 이야기하는 것이 아니라 역사로 이야기되기 때문에 과거에 대해 알 수 있다는 발상의 전환을 했다.

탈근대 역사개념이 초래한 혁명적 변화가 크면 클수록 역사에 대한 전망은 불투명하고 역사학 위기는 심화된다는 것이 오늘날 우리가 처한 딜레마다. 위기란, 구질서는 종말을 고했지만 새로운 질서는 아직 오지 않은 상태에서 나타나는 현상이다. 위기를 초래하고 심화시키는 탈근대 역사담론은 답은 제시하지 않고 대안 없는 비판만을 양산한다는 역비판을 받는다.

하지만 역사를 국정교과서로 만들어야 한다는 생각을 하는 것처럼 역사에 정답이 있다는 믿음이 오히려 역사에 대한 우상을 만들어 내는 것은 아닌가? 역사란 "현재와 과거의 대화"라는 E. H. 카의 정의에 따르면, 역사란 과거에서 정답正答을 찾는 게 아니라 현재의 문제를 해결할 수 있는 해답解答을 만들 목적으로 인간이 만들어 낸 서사다. 해답은 하나가 아니라 복수이기 때문에 오히려 더 의미가 있다고 주장하는 것이 탈근대 역사이론이다. 역사교육에서 중요한 것은 주어진 답을 습득하는 것이 아니라 문제를 제기하는 능력이다. 다시 말해 학생들이 과거의 사례에 비추어 오늘의 문제를 푸는 해답을 찾아내 내일의 새역사를 창조할 수 있는 이야기를 스스로 구성하는 능력을 키우는 게 역사교육의 제일 목표가 되어야 한다.

탈근대 역사이론이 역사학과 역사교육에 미친 영향은 지대하다. 역사에 정답은 없다는 사실을 인정하고 그것을 전제로 삼고 역사란 무엇인가라고 끊임없이 물어야 한다는 것이 근대 거대담론 역사의 종말 이후에 우리가 처한 현실이라면, 오직 '부정의 변증법'으로 이미 주어진 역사의 해답을 해체하는 새로운 문제를 끊임없이 제기하면서 오늘 우리의 현재를 치열하게 살아야만 하는 것이 탈근대 인간의 운명임을 깨달아야 한다. 따라서 탈근대에서 "역사란 무엇인가"를 다시 묻는 궁극적인 목적은, 칸트가 계몽을 정의했듯이, 자기 스스로가 책임이 있는 (역사에 대한) 미성숙한 사고로부터 탈피하는 근대 계몽주의 이후의 계몽을 추구하는 것이라고 말할 수 있다.

역사개념의 빅뱅, 미시사와 거대사

　　탈근대란 근대의 기획을 회의하고 반성하는 시대정신을 반영해 나타난 담론이다. 우리는 포스트모더니즘, 포스트마르크스주의, 포스트구조주의, 포스트콜로니얼리즘 등 '포스트post'라는 접두사가 붙은 사조와 주의가 범람하는 시대를 산다. 탈근대는 '포스트'를 징표로 하는 시대다. '포스트'라는 기표의 기의는 장례식과 졸업식의 비유로 설명될 수 있다.

　첫째, 홉스봄의 말대로 '포스트'라는 접두사는 그 뒤에 붙는 개념이 지칭하는 현실이나 사상의 죽음을 선언하는 장례식의 기호다.[29] 삶 이후 죽음의 세계에 대해서 우리가 아무것도 모르듯이, '포스트'라는 접두사는 기존의 것은 붕괴됐지만 그 다음에 대해서는 어떤 전망도 할 수 없는 불투명한 상황을 상징한다. '포스트' 담론의 범람은 부정과 비판은 하지만

29　에릭 홉스봄, 이용우 옮김,《극단의 시대 : 20세기 역사》하, 까치, 1997, 400쪽.

대안은 제시하지 못하는 위기의 증후군이다.

둘째, '포스트'란 말은 대나무의 마디처럼 한 과정을 매듭지음으로써 새 출발을 할 수 있는 계기를 열어 주는 의식인 졸업식과 같은 기능을 한다. 영어로 졸업식은 'Commencement'다. 이 단어는 시작과 졸업이라는 이중의 의미를 지닌다. "모든 종말은 새로운 시작이다"라는 것이 기독교 종말론의 본래 의미다. 세상의 종말은 최후의 심판으로 이어지고, 이를 통해 메시아가 세상을 지배하는 지복천년이 시작된다.

종말과 동시에 새로운 시작을 하는 현재는 카오스이면서 새로운 질서의 탄생을 예정하는, 들뢰즈가 말하는 카오스모스chaosmos의 시간이다.[30] 카오스모스의 계기인 탈근대에서 나타나는 혼돈의 시간에는 서로 모순되는 주장들과 역사서술의 경향성들이 나타난다. 새로운 밀레니엄을 앞둔 20세기 말 역사의 종말을 주장하는 정반대의 역사담론이 출현했다. 첫째, 프랜시스 후쿠야마는 소련과 동유럽 사회주의 국가들의 멸망과 함께 서방의 자유민주주의가 승리함으로써 진보의 과정으로서 역사가 완성되는 역사의 종말에 이르렀다고 주장했다. 하지만 냉전 이후의 세계사는 한 방향으로 수렴하는 질서가 아니라 '문명의 충돌'과 같은 혼란에 빠짐으로써 후쿠야마의 전망은 틀렸다고 판명 났다.

둘째, 지구온난화와 생태계 파괴가 진보로서 역사에 대한 가치를 전도시켜서 '성찰적 근대화'로의 방향 전환을 촉구하는 역사담론이 나타났다. 오늘날 인류에게 진보는 더 이상 모든 인류가 추구해야 할 보편사적 목표가 아니며, 지금까지 인류가 이룩한 문명의 바벨탑을 한순간에 무너

---

30 질 들뢰즈, 김상환 옮김,《차이와 반복》, 민음사, 2004, 146쪽.

뜨릴 수 있는 위험(risk)을 내재했다고 재인식된다. 미래의 진보를 위해 현재를 희생시킬 것을 강요하는 근대 거대담론 역사는 '인간의 역사'를 이야기하는 것 대신에 '역사의 인간'이 되라고 가르쳤다. 이 같은 근대의 역사이념은 인간을 역사의 주체가 아니라 노예로 전락시키는 '계몽의 변증법'을 초래했다. 이에 대한 반성으로 '아래로부터의 역사'라는 기치를 들고 나타난 역사서술이 미시사다.

미시사가 등장하는 배경에는 리오타르가 거대담론의 종말이라고 특징지은, 탈근대라고 불리는 시대정신이 있었다. 우리의 현실과 세계가 불투명하고 불확실해질수록, 종래의 거시적인 인식 패러다임에 대한 회의는 점점 커졌다. 대안을 모색하려는 노력으로 작은 것들 또는 미시 세계들에 대한 관심이 증대했다. 따라서 역사현실의 소우주를 현미경적으로 관찰해 큰 것들 위주로 서술된 '위로부터의 역사' 이념이 은폐하고 배제한 '역사들'을 발굴하려는 미시사가 등장했다.

종래의 역사학은 연구대상과 연구관점이 비례한다고 믿었다. 물론 큰 시야로 봐야 넓게 볼 수 있으며, 높이 나는 자가 멀리 볼 수 있다. 하지만 미시사가 주장하는 것은 연구하는 대상이 작다고 연구의 성과물도 작은 것은 아니라는 점이다. 중요한 것은 대상의 크고 작음이 아니라 작은 대상에서도 큰 의미 연관을 발견해 낼 수 있는 시각과 방법론이다. 미시사는 거대담론 역사의 해체를 통해 카오스 이론이 '나비효과'라고 지칭한 것과 같은, 작은 '역사들'이 촉발한 중대한 변화들을 규명하고자 했다.

21세기 역사학의 화두 가운데 하나가 유럽중심주의 극복이다. 터키 태생으로 중국현대사를 전공한 아리프 딜릭은 이 문제를 화두로 해서 1999년 〈유럽중심주의 이후 역사학은 존재하는가〉라는 논문을 발표했다.[31] 세계의 지역을 나누고 시대를 구분하고, 사회 변동을 설명하는 거의 모든 개념은 유럽의 근대 역사학이 만든 것이다. 역사학이란 학문 자체가 유럽중심주의라는 기의(signified)를 내포하고 있는 '근대의 기호(a sign of the modern)'로 만들어진 것이라면, 유럽중심주의 바깥에서 역사를 연구하고 서술하는 것이 과연 가능할까?

이 같은 문제의식으로 탈식민주의와 지구사라는, 겉보기에는 상반된 새로운 역사서술이 나타났다. 탈식민주의는 중심으로서의 유럽을 해체해 유럽을 지방화하고 유럽적인 것의 혼종적 기원을 밝히는 작업에 집중한다.[32] 이에 반해 지구사는 전 지구화되고 있는 현실에 대한 역사학적인 대응으로 나타난 새로운 세계사다.[33] 역사현실은 지구상의 거의 모든 인류가 국가의 경계를 넘어 하나의 '지구촌'에 살게 된 시대로 변모했지만, 역사학에서는 유럽중심주의적인 세계사를 극복할 수 있는 대안을 모색해야 한다는, 통합과 해체의 모순을 지양한다는 문제의식으로 지구사가 탄생했다. 결국 이 둘을 변증법적으로 종합할 수 있는 역사이념으로 탈식민주의에 기초한 '아래로부터의 지구사'가 등장했다.[34] '아래로부터의 지구사'는 민족 국가의 구성원으로서 개인(the individual)이나, 근대나 세계화와 같은 보편을 전제로 하는 특수(the particular)가 아니라, 특이성(the singular)을 의미 단서로 해 대립적인 차이(difference)가 아닌 관계적인 차연

---

31 Arif Dirlik, "Is There History after Eurocentrism?: Globalism, Postcolonialism, and the Disavowal of History", *Cultural Critique*, no. 42(Spring 1999), pp. 1~34.

32 릴라 간디, 이영욱 옮김, 《포스트식민주의란 무엇인가》, 현실문화, 2000.

33 조지형·강선주 외, 《지구화 시대의 새로운 세계사》, 혜안, 2008 ; 조지형·김용우 엮음, 《지구사의 도전 : 어떻게 유럽중심주의를 넘어설 것인가》, 서해문집, 2010.

34 안젤리카 에플, 〈새로운 지구사와 서발턴 연구의 도전 : 아래로부터의 지구사를 위한 변호〉, 《로컬리티 인문학》 제3호, 부산대학교한국민족문화연구소, 2010, 141~161쪽.

(différance)을 해명하고자 한다.

근대를 해체하는 방식은 한편으로는 작은 것으로 쪼개는 미시사를 통해, 다른 한편으로는 유럽중심주의를 타파할 수 있는 오늘날 세계화의 전사前史를 이룬 맥닐 부자가 '휴먼 웹'이라 지칭한, 전 지구적인 관계망을 재발견하는 것으로 시도됐다.[35] 이 두 경향성은 기본적으로 유럽중심적인 근대 거대담론 역사에 대한 대안을 아래로부터 접근하는 '상향식(bottom-up)' 방법론이다.

하지만 과연 '상향식' 방법론으로 지난 100년 동안 인류가 46억 년 지구 역사를 근본적으로 바꿔 놓은 문제들에 대한 해결책을 제시할 수 있는가? 우리의 가까운 과거인 20세기 역사의 특이성을 맥닐은 한마디로 "하늘 아래 새로운 것은 있다(Something New Under The Sun)"라는 말로 표현했다. 이는 "태양 아래 새로운 것은 없다"라는 《구약성경》의 말을 뒤집는 말이다. "《구약성경》에 따르면 신은 창조의 다섯 째 날에 인간을 만들고 지상의 모든 생물을 다스리라고 명령했다고 한다. 인류역사의 대부분 동안 우리 생물종은 이 명령을 제대로 지키지 못하며 살아왔는데, 노력하지 않았다기보다는 그럴 힘이 없었다. 하지만 20세기에 이르러 화석연료를 마음대로 사용하고 미증유의 인구 성장을 기록했으며 또한 온갖 기술적 수단을 확보함으로써 그 명령을 충실히 지키는 것이 거의 가능해졌다."[36]

오늘날 지구상에서 인간의 위치는 지구환경의 지배를 받는 노예에서 환경을 변화시키는 정복자로 변모했다. 인류가 지구환경의 중요 결정자가 되는 신기원을 열었다는 우리 시대의 특이성에 착안해 네덜란드의 노

---

35 존 맥닐·윌리엄 맥닐, 유정희·김우영 옮김, 《휴먼 웹 : 세계화의 세계사》, 이산, 2007.
36 J. R. 맥닐, 홍욱희 옮김, 《20세기 환경의 역사》, 에코리브르, 2008, 548쪽.

벨화학상 수상자 크뤼천Paul J. Crutzen은 '인류세(anthropocene)'라는 새로운 지질시대 용어를 제안했다.[37] 지질시대를 연대로 구분할 때 기紀를 더 세분한 단위가 세世라면, 지구의 운명이 인류에게 달려 있는 현재에서 인류라는 말이 붙은 새로운 시대 개념이 만들어진 것이다.

지구상에 정말 수많은 생명체가 손님처럼 왔다 갔지만 인류만큼 지구의 잠재 에너지를 소비하고 생태환경을 변화시킨 종은 여태껏 없었다. 현재 지구 인구 70억은 지구 동물 총량의 0.5퍼센트 미만이지만 일차생산자의 호흡을 뺀 초과 생산량을 지칭하는 순일차생산량(net primary production)의 24퍼센트를 소비한다. 이 같은 소비량은 광합성으로 유기물질을 만들어 낼 때 필요한 태양에너지와 같은 양이다. 인류는 지구에서 사용 가능한 에너지를 줄이는 엔트로피를 가속도로 증가시키는 것을 대가로 해서 문명을 발달시켜 왔다.

근대 이후 인간은 과학혁명을 토대로 해서 이룩한 산업혁명으로 맬서스주의(Malthusianism)가 한계로 설정한 성장의 마의 장벽을 넘어 비약적인 진보를 이룩했다. 하지만 이제는 이 같은 문명의 패러다임을 바꾸지 않으면 자연의 복수를 통해 파국에 이를 지경에 이르렀다. 제러미 리프킨Jeremy Rifkin은 인류세에서 인간의 역할을 이렇게 말했다. "인류 앞에 놓인 임무는, 처음으로 우리는 하나의 종으로서 우리 자신의 역사에 도전해야 하고, 에너지를 소비하면서 새롭고 상호의존적인 문명을 만들어야 한다. 그 방법은 공감을 계속 성장시키고 글로벌 의식을 확장시켜 가는 길뿐이다. 그래서 더 이상 지구를 쓰다 버린 에너지로 채울 것이 아니라

---

37 Paul Crutzen, "The Geology of Mankind," *Nature*, Vol. 415, (3 January 2002), p.23.

동정과 아량으로 채워야 한다. 그렇게 하려면 우리의 의식이 장구한 역사를 거치면서 어떻게 발전해 그 어느 때보다 더 복합적인 에너지 소비 문명을 이어받게 됐는지부터 알아야 한다. 지난 세월 인간의 의식을 재발견함으로써 우리는 앞으로 나아갈 의식의 향방을 재정립할 수 있는 중요한 실마리를 잡을 수 있다."[38]

21세기에 인류는 '인류세'라는 문명사적인 임계지점(threshold)에 도달해 있다. 이 같은 큰 문제에 답하기 위해서는 작은 것으로부터 큰 것으로 올라가는 '상향식' 접근방식이 아니라, 문제로 해결해야 할 중요한 목표들이 먼저 무엇인지부터 설정한 다음 그것들의 해결을 위해 필요한 조건들을 찾아내려 가는 '하향식(top-down)' 접근방식이 필요하다. 이 같은 문제의식으로 등장한 것이 거대사(Big History)다. 데이비드 크리스천David Christian에 의해 1980년대 세계 역사학계에 처음 등장한 거대사는 역사인식의 지평을 우주의 차원으로까지 확대해서 인류문명이 어디로 가야 하는지 성찰한다.[39] 역사의 인식 범위를 인간이 상상할 수 있는 가장 큰 공간인 우주로까지 확장하고, 시간의 차원 또한 우주가 탄생하는 137억 년 전 빅뱅Big Bang까지 거슬러 올라가는 거대사는 철학, 생물학, 물리학, 천문학 등 이 세상에 존재하는 모든 지식을 총망라하는 새로운 융합의 역사학이다.

탈근대 역사서술의 지형도는 작은 역사 이야기인 미시사와 가장 큰 이야기인 거대사에 이르기까지 매우 다양하고 복잡해졌다. 탈근대 역사서술의 다양성과 복잡성은 혼돈이 아니라 그 자체가 경향성이다. 미시 세

---

38 제러미 리프킨, 이경남 옮김, 《공감의 시대》, 민음사, 2010, 223쪽.
39 데이비드 크리스천, 김서형·김용우 옮김, 《거대사 : 세계사의 새로운 대안》, 서해문집, 2009.

계와 거시 세계는 서로 분리되어 있는 것이 아니라 카오스이론의 '나비효과'가 말하듯이 복잡한 연관관계로 연결되어 있다. 따라서 미시사와 거대사는 방법론과 서술 방식은 완전히 다르지만, 내용 측면에서 문제의식의 연관성은 21세기 역사학이 풀어야 할 화두를 공유한다.

'과거로서 역사'에서 '역사로서 과거'로의 인식론적 전환

서양 역사의 아버지 헤로도토스 이래 역사서술의 변하지 않는 원칙은 실제 일어난 과거라는 원본을 복사하는 것으로 역사를 써야 한다는 것이었다. 과거에 대한 지식으로서 역사를 어떻게 구성하느냐가 역사인식론의 근본문제였다. 이에 반해 탈근대 역사개념은 과거와 역사의 불일치를 객관적 지식을 생산하는 과학성의 결핍이 아니라, 역사서사를 재구성할 수 있는 계기로 보는 사고의 전환을 통해 역사서술의 역사에서 하나의 공리로 인식되던 전제를 해체하는 혁명을 가져왔다.

미국의 역사이론가 먼슬로Alun Munslow는 과거와 역사의 관계를 설정하는 방식의 차이에 따라 역사인식론 모델을 재구성주의(reconstructionism), 구성주의(constructionism), 해체주의(deconstructionism)라는 세 유형으로 구분했다.[40] 먼저 전통적 역사인식론은 랑케의 "역사가의 임무는 '본래 그것이 어떠했는지'를 보여 주는 것"이라는 말로 대변되는 재구성주의다. 재구성주의 역사인식론의 선험적 전제는 과거와 역사를 일치시킬 수 있다는 믿음이다. 재구성주의는 인식 주체로서 역사가의

---

40 Alun Munslow, *Deconstructing History*, London : Routledge, 1997, pp. 18~26.

x

x

x

x

x

x

x

x

x

x

x

72

위상을 둘러싸고 실증사학과 현재주의로 분화되어 대립을 벌였다.

실증사학은 사료를 통해서만 과거가 실제로 어떠했는지에 대한 인식에 도달할 수 있다고 믿는 반면, 현재주의는 역사가의 주관을 떠나서는 사료의 해석은 물론 과거의 현재적 의미를 해석해 낼 수 없다고 보았다. 실증사학의 원조는 랑케다. 기본적으로 랑케는 신의 공평성과 섭리를 믿는 역사신학을 메타역사로 해서 역사적 사실주의를 주장하는 관념론자였다. 하지만 랑케를 원조로 해서 성립한 실증사학은 신이라는 메타역사적 전제를 인정하지 않고 사료라는 증거에 입각한 실증적 사실만이 객관적 역사를 보증할 수 있다고 믿는 경험주의로 인식론적 토대를 바꿨다.

현재주의의 계보는 앞서 언급한 드로이젠부터 크로체Benedetto Croce와 콜링우드Robin George Collingwood로 이어졌다. E. H. 카도 엄밀한 의미에서는 현재주의에 속한다고 봐야 한다. 실증사학과 현재주의는 근대 인식론의 양대 산맥인 경험론과 합리론의 토대 위에서 성립했다. 경험론이 관찰과 실험으로 얻어 낸 경험적 자료에 근거해 지식을 추출한다면, 합리론은 주체의 이성 능력에 따른 논리적 추론으로 인식에 도달할 수 있다고 믿는다. 실증사학과 현재주의는 인식 주체인 역사가의 위상에 관해 상반된 입장을 견지했지만, 역사란 기본적으로 사료 조각들을 퍼즐로 해서 과거 실재의 그림을 맞추는 것이라고 믿은 점에서 동일하게 재구성주의를 지향했다.

구성주의와 재구성주의의 차이는 결국 사료 조각들을 모아서 과거 실재의 퍼즐을 맞출 때 특정 설계도를 갖고 하느냐 없이 하느냐다. 구성주의는 설계도에 따라 사료 조각을 맞추고 또 부족한 조각의 공백을 메우면서 과거 실재의 전체 모습을 복원한다. 사료가 증언하는 것은 당시의 부분적 현실이다. 사료는 나무에 대해서만 말할 뿐 숲 전체를 보여 주지 못한다. 숲 전체에 대한 지도를 그릴 수 있게 만들어 주는 것이 이론과 개념이다. 예컨대 사회사가 과거 실재 재현의 이론적 모형으로 사용하는 근대화이론과 마르크스주의 사회구성체론 및 계급론이 그런 지도에 해당한다. 구성주의는 이론과 개념 및 모델을 발견 학습적(heuristic) 도구로 삼아 개별적인 사실로는 파악할 수 없는 구조와 과정에 대한 인식에 도달할 수 있다고 주장한다. 독일 사학사에서 역사주의에서 사회사로의 패러다임 전환은 역사학의 사회과학화를 통해 일어났다. 개체적인 과거 사실들의 나무들이 모여서 역사라는 숲을 이룬 것에 대한 집합적 인식을 가능케 하는 이론, 개념, 모델은 가치중립적이지 않고 특정 이데올로기와 당파성을 내재한다. 그렇기 때문에 문제는 그것들에 입각해서 과거 현실을 역사 서사로 구성하는 것의 객관성을 어떻게 확보할 수 있느냐다.

20세기 한국 역사학에서 과거를 역사로 재구성하거나 구성하는 데 결정적인 역할을 한 키워드는 실증, 민족, 계급이다. 먼저 실증을 키워드로 하는 실증사학은 철저한 사료비판을 통해서, 일어난 그대로의 과거를 역사로 재구성할 수 있다고 믿는 역사학 패러다임이다. 20세기 후반 한국의 실증사학을 대표한 역사가는 《한국사신론》을 쓴 이기백이다. 이기백 역사학의 제일 목표는 같은 세대 한국 역사가들이 화두로 삼은 식민주의 사관에서 탈피해 한국사학의 과학성을 정립하는 것이었다.

실증사학과 대척적인 현재주의를 지향한 대표 한국사학자는 강만길이다. 1970년대 말 그는 "모든 역사는 현대사"라는 역사의식에 근거해서 1945년 이후의 한국현대사를 '해방 후의 시대'가 아니라 '분단시대'로 시대를 구분하고, 민족통일을 역사연구의 제일 목표로 설정하는 분단극복사학론을 주창했다. 분단극복사학론은 가치중립이라는 진공상태에 빠진 실증사학의 대안을 찾고자 한 젊은 역사학도들을 한국사회 변혁운동에 이바지하는 실천적 역사학의 길로 인도했다. 분단극복사학이 실증에 대한 민족의 안티테제였다면, 여기에 계급 문제를 접합해 진화한 것이 민중사학이다. 민중사학은 민중적 민족주의를 메타역사로 해서 한국근현대사를 구성했다. 먼저 내재적 발전론에 입각해 조선 봉건사회의 해체 과정을 설명하고, 개항 후 제국주의 세력의 침략에 저항하는 반제국주의 반봉건 민족운동의 발전을 민중운동의 성장으로 의미 부여하는 서술로 한국 근현대사를 재인식했다. 1980년대 말까지 풍미한 민중사학은 앞서 지적했듯이 기본적으로 E. H. 카의 진보사관에 근거했다.

현실사회주의의 몰락과 성찰적 근대화 담론의 대두는 근대 거대담론에 의거해서 역사를 구성하는 방식에 대한 일대 반성을 낳았다. 이 반성을 반영해 탈근대 해체주의 역사인식론이 나타났다. 해체주의는 사료 조각들만 갖고 하든 발견 학습적 도구의 도움을 받든 과거라는 실재의 퍼즐을 맞추는 것이 역사라는 생각에 발상의 전환을 가져왔다. 비유하자면 해체주의는 사료를 퍼즐이 아니라 주어진 물감으로 보았다. 해체주의자들은 역사를 사료라는 주어진 물감으로 상상력을 발휘해서 그리는 그림과 같다고 인식했다.

앞의 재구성주의와 구성주의 역사인식론은 이미 일어난 과거를 재현하는 것을 역사서술의 목표로 삼았기 때문에 과거의 역사에 대한 존재론적 우위를 전제로 해서 성립했다. 이에 반해 해체주의는 서술된 역사가 없다면 과거 자체가 존재했다는 것조차 알 수 없기 때문에, 역사의 과거에 대한 인식론적 우위를 주장했다. 요컨대 해체주의 이전의 역사인식론이 '과거로서 역사(the-history-as-past)'에 입각했다면, 해체주의는 반대로 '역사로서 과거(the-past-as-history)'를 주장하는 '인식론적 전환(epistemological turn)'을 했다. '인식론적 전환'을 통해 역사란 과거 실재의 모사가 아니라 담론적 구성물이라는 '언어적 전환(linguistic turn)'이 새로운 패러다임으로 등장했다.

역사를 쓰는 문법을 과학이 아니라 담론으로 바꾸는 '언어적 전환'은 역사가의 역사지식 생산력과 생산관계에 대한 새로운 사고를 낳았다. 구성주의와 재구성주의 역사학에서 역사와 과거의 관계 설정을 결정하는 코드는 '유사성(resemblance)'이다. '유사성'은 과거라는 원본과 역사라는 복제 사이의 닮음 관계를 지향한다. '유사성'은 아리스토텔레스 이래로 서양미술사를 지배해 온 모방(mimesis) 이론에 근거한다.

그런데 실제로 역사가들은 과거를 모방하는 것으로 역사를 쓰는가? '과거로서 역사'를 (재)구성할 때는 유사성이 원칙이 되지만, '역사로서 과거'를 그리는 창작을 한다고 생각할 때 의미를 만들어 내는 것은 차이다. 대부분의 역사가는 그 이전 다른 역사가가 썼던 것과는 다른 역사를 쓸 수 있기를 열망한다. 역사가들이 그런 열망을 충족할 수 있는 계기는 기존의 역사서술과는 구별되는 많은 차이를 드러내 부각시키는 역사를 쓸 때며, 그런 경우에 의미 있는 역사지식을 더 많이 생산한 것으로 평가를 받는다. 다시 말해 역사서술의 차이가 새로운 역사의 진실이 차이를 발견했다는 칭송을 듣게 한다. 여기서 차이란 어디까지나 과거와 역사가 아니라 역사와 역사 사이의 관계를 대상으로 한다. 바로 이 점 때문에 탈근대 역사이론은 역사가 과학이라기보다는 예술로서의 정체성을 가진다고 주장한다.

현대 예술은 모사의 관계를 중요시하는 '유사성'이 아니라 차이를 만들어 내는 '상사성(similitude)'을 추구한다. 푸코는 〈이것은 파이프가 아니다〉라는 르네 마그리트가 보낸 드로잉을 매개로 해서 '유사'와 '상사'의 차이를 다음과 같이 설명했다.

> 마그리트는 유사와 상사를 분리해 내고, 후자로 하여금 전자에 반대하게 만드는 것 같다. 유사에게는 주인이 있다. 근원이 되는 요소가 그것으로서, 그로부터 출발하여 연속적으로 복제가 가능하게 되는데, 그 사본들은 근원으로부터 멀어질수록 점점 약화됨으로써, 그 근원요소를 중심으로 질서가 세워지고 위계화된다. 유사하다는 것은 지시하고 분류하는 제1의 참조물을 전제로 한다. 반면 비슷한 것은 시작도 끝도 없고, 어느 방향으로도 나아갈 수 있으며, 어떤 서열에도 복종하지 않으면서, 조금씩 퍼져 나가는 계열선을 따라 전개된다.[41]

'유사성'은 원본의 존재를 전제로 해서 그것의 재현에 복무하는 것을 목표로 하지만, '상사성'은 굳이 원본의 존재에 얽매이지 않고 "복제와 복제 사이의 닮음과 차이"에 주목한다. '상사성'은 기존 텍스트로 존재하는 역사와의 차이를 드러내면서 닮음의 관계를 반복하는 방식으로 새로운 역사적 의미를 만들어 내는 창조적 계기다. 원본과의 일치를 추구하는 '유사성'의 미학에서 원본과 모사품은 종적인 관계를 갖지만, 차이를 중시하는 '상사성'의 미학은 원본과 모사품 사이의 위계적 권력관계를 해

---

41 미셸 푸코, 김현 옮김, 《이것은 파이프가 아니다》, 민음사, 1995, 72쪽.

체하고 모사품과 모사품 사이의 횡적인 평등관계를 설정한다.

이처럼 '유사성'이 아니라 '상사성'을 코드로 해 현재와 과거의 대화를 시뮬레이션하듯이 자유롭게 시도하는 장르가 사극이다. 역사와 드라마의 복합 장르인 사극은 역사가 아닌 드라마의 계보에 속한다. '상사성'을 코드로 해 차이와 반복을 생성문법으로 하면 정통 사극의 계보를 잇는 것이다. 하지만 기존 사극과의 차이만을 극대화시켜서 시대착오를 범해서는 안 되는 규정이 아니라 오히려 그것을 유희로 즐기면 '퓨전 사극' 내지 '픽션 사극'으로 분류되며, 이는 더 이상 역사가 아닌 드라마의 장르에 속한다.

사극과 역사의 관계에 대해서는 나중에 집중적으로 다루기로 하고, 일단 여기서는 '유사성'에서 '상사성'으로 역사 생산 방식의 변화가 역사의 정체성을 과학에서 스토리텔링으로 바꾸는 경향성을 낳았다는 사실에 주목한다. 그렇다면 다음으로 스토리텔링으로서 역사란 무엇인지 살펴보자.

3

스토리텔링으로서

역사

'호모 나랜스', 이야기하는 인간

《신약성경》〈요한복음〉은 "태초에 말씀이 계시니라 이 말씀이 하나님과 함께 계셨으니 이 말씀은 곧 하나님이시니라"로 시작한다. 태초란 천지 창조의 시간이고, 그 이전에 세상을 창조한 신이 먼저 존재해야 하는데, 그 신의 존재 방식이 말씀이라는 것이다. 《신약》 이전 《구약》에서의 신의 존재 방식에 대한 표현은 모세가 야훼에게 그의 이름을 물었을 때 "I Am that I Am"라고 대답한 것에서 처음 나온다. 언제 어디서나 있는 존재가 바로 신이므로 신의 이름이 "I AM"이라는 것이다.

말씀이 신이고 그 신의 이름이 "나는 있다"라면, 말씀이 곧 "나는 있다"라는 삼단논법이 성립한다. "나는 있다"라는 말씀이 세상을 창조했다. 이 말씀이란 이야기 중의 이야기다. 그런데 인간은 이 말씀을 어기고 선악과를 따먹는 원죄를 범함으로써 신과의 소통을 상실했다. 인간이 더 이상 신과 이야기하는 존재가 되지 못했을 때 에덴동산에서 추방됐다. 인간이 이야기하는 존재, 곧 '호모 나랜스homo narrans'임을 알려주는《구약》의 다른 이야기가 바벨탑에 관한 것이다. 하늘에 닿으려는 인간의 오만에 대한 징벌로 신은 인간들이 사용하는 언어를 서로 다르게 만들었다. 언어 소통이 안 되어 서로 이야기가 통하지 않게 됨으로써 인간들 사이의 분쟁과 갈등은 끊이지 않게 됐다는 것이다.

인간에게 가장 소중한 것이 이야기를 나누는 일임을 가르쳐 주는 또 다른 이야기는 괴테가 창작한 우화다.[42] 금으로 만든 왕이 뱀에게 묻는다. "금보다 더 찬란한 것이 무엇이냐?" 뱀이 대답한다. "빛입니다." 왕이 다시 묻는다. "빛보다 좋은 것이 무엇이냐?" 뱀이 대답한다. "대화죠." 다 아는 상식이지만 인간만이 대화를 하며, 이를 통해 이야기를 만들어 내는 유일한 동물이다. 인간이 스토리텔링을 하는 방식은 말, 문자, 책 그리고 전화와 인터넷과 같은 전자매체 등 다양하며, 이 같은 매체의 진화를 통해 인류는 지식과 정보를 비약적으로 축적하고 유통시킴으로써 문명을 발전시켰다. 요컨대 이야기로 세상은 창조됐으며, 창조된 세상에서 인간은 이야기 덕분에 지구의 지배자가 될 수 있었다.

인간에게 이야기는 타자와 소통할 수 있는 매체인 동시에 삶의 목적이 되기도 한다. 인간 삶의 여정은 이야기로 이어지고 전해지며, 인간은 이야기하기 위해 산다고 말할 수 있다. 인간에게 이야기와 삶은 동전의 양면이다. 이를 잘 알려 주는 이야기가 《아라비안나이트》다. 이야기꾼 세

---

42 Johann Wolfgang von Goethe, *Goethe's Fairy Tale of the Green Snake and the Beautiful Lily*, D. Maclean, trans. Grand Rapids, MI : Phanes Press, 1993, p.16.

혜라자데는 밤마다 이야기를 이어가면서 아침에 거행될 자신의 처형을 1001일째까지 연기했다. 그 사이 그녀는 왕의 세 아들을 낳았다. 마침내 모든 이야기를 끝냈을 때 그녀는 세 아이를 어미 없는 고아로 만들지 않기 위해서라도 살려줄 것을 간청했다. 왕은 그녀의 이야기를 듣는 동안 마음이 정화됐고 지혜를 되찾을 수 있었다.

《아라비안나이트》에서 이야기는 한 여인의 목숨을 구했을 뿐만 아니라 왕비의 부정한 행위를 목격한 충격으로 생겨난 왕의 트라우마를 치유함으로써 나라와 백성을 구했다. 이야기는 인간을 구원하고 행복하게 만들 수 있다. 하지만 인간에게 이야기는 불행의 씨앗이 되기도 한다. 왜냐하면 이야기는 인간 삶을 통제하는 매트릭스matrix로 기능하기 때문이다. 이야기를 통해 나는 누구이며 무엇을 위해 살아야 하는지 의식화하는 인간에게 이야기는 매트릭스로 작용한다. 매트릭스가 되는 가장 대표적인 이야기가 역사다. 국가는 역사교육을 통해 학생들에게 "우리는 어디서 왔으며, 어디에 있으며, 어디로 가야 하는가"를 주입하고자 한다.

역사교육의 도구가 되는 한국사교과서를 둘러싸고 논쟁이 끊이지 않는다. 역사교육의 정치화는 결코 바람직하지 않다. 그런데도 정부가 역사교육을 역사학자들과 역사교육 담당자들에게 일임하지 않고 자꾸 개입하는 이유는 역사가 역사가들에게만 맡기기에는 너무나 중요하다고 판단하기 때문이다. 하지만 이 같은 판단으로 역사교과서에 대한 논쟁을 학문적 담론 투쟁이 아니라 정치 투쟁으로 하는 것은 역사를 정치의 시녀로 만드는 결과를 초래한다.

결국 문제는 어떻게 생산적인 역사교과서 논쟁을 벌이느냐다. 역사란 기본적으로 담론으로 만들어지는 스토리텔링이다. 역사를 스토리텔링으로 이해한다면, 역사의 정답이란 있을 수 없기 때문에 역사를 국정교과서로 만드는 것이 역사교육의 정상화가 아니라 오히려 비정상화를 초래한다는 것은 명확한 사실이다. 한국사교과서란 기본적으로 우리는 누구인가에 대한 스토리텔링을 목적으로 서술되는 텍스트다. 따라서 한국사의 스토리텔링을 구성하는 데 필요한 사회적 합의를 해 나가는 과정으로 역사교과서 논쟁을 할 때, 역사의 정치화라는 악순환에서 벗어나 생산적인 토론을 할 수 있다.

스토리텔링의 힘

인간에게 스토리텔링이 가지는 의미는 다음과 같이 다섯 가지로 정리할 수 있다.

첫째, 인간은 스토리텔링을 통해서 공감하는 존재(homo emphaticus)가 될 수 있다. 제러미 리프킨은 공감이란 "우리가 다른 사람의 삶의 일부가 되어 의미 있는 경험을 해 줄 수 있게 해 주는 심리적 수단"이라고 정의했다.[43] 인간이 공감하는 존재가 될 수 있던 것은 무엇보다도 상징적인 의미를 창조하는 언어를 구사할 수 있는 능력 덕택이다. 인간은 사물·행위·상황에 일반적으로 통용되는 이름을 부여하고, 그것을 매개로 해 서로 이야기를 나누면서 합의된 의미의 세계를 구축할 수 있다. 일반적으로 문화라 불리는 이 같은 의미 체계에서 인간은 이야기를 통해 자기 경험을

---

43   제러미 리프킨, 위의 책, 29~30쪽.

타자에게 전달하고 또한 타자의 경험을 공유함으로써 공감할 수 있는 범위를 확장시킨다.

"공감의 확장은 갈수록 복잡해지는 사회적 교류와 인프라를 가능하게 하는 사회적 접착제"다.[44] 접착제가 만들어 낸 커뮤니케이션 망의 거미줄을 맥닐 부자는 휴먼 웹이라 지칭했다.[45] 사람들을 서로 이어 주는 연결장치인 '웹'을 매개로 해서 각 지역 세계의 문명권이 형성됐다. 지역 세계의 문명권은 서로 협력하고 경쟁을 벌이기도 하면서 영향을 주고받으며 교류한 것의 결과로 마침내 전 지구적 차원의 휴먼 웹이 형성됐고, 이러한 세계화의 과정을 이야기하는 것이 세계사다.

'호모 나랜스'로서 인간만이 시공간을 초월해 소통할 수 있으며, 이 같은 소통 능력 덕택에 지구상의 생명체 가운데 유일하게 환경의 지배를 받는 존재에서 환경을 지배하는 존재로 도약했다. 20세기에 인류는 E. H. 카가 진보라고 정의한 "환경에 대한 인간 지배력의 확대"를 최고도로 성취했다.[46] 하지만 진보의 결과는 무엇인가? 인류가 지난 세기에 이룩한 문명의 성과는 "하늘 아래 새로운 것은 없다"라는 성경 말씀을 수정하는 중대한 결과를 낳았다. 이 같은 인류의 업적에 주목해 차크라바르티는 지구역사는 홍적세(pleistocene)와 완신세(holocene)를 거쳐 새로운 지질학 시대인 인류세(anthropocene)로 접어들었다고 말했다. 과거 홍적세와 완신세로의 전환기에 거대 포유류가 멸종했다. 인류세란 인간 자신의 의지와 결정을 통해 지구환경의 중요 결정자가 된 시대를 지칭한다.[47] 하지만 최근

---

44 세러미 리프킨, 위의 책, 54쪽.

45 존 맥닐·윌리엄 맥닐, 위의 책.

46 E. H. 카, 위의 책, 177쪽.

47 디페시 차크라바르티, 〈역사의 기후 : 네 가지 테제〉, 조지형·김용우 엮음, 위의 책, 348~387쪽.

날로 심각하게 나타나는 기후변화와 지구온난화에 따른 전 지구적 재앙은 인류문명의 존립을 위협한다. 오늘날 인류에게는 만인의 만인에 대해 투쟁하는 역사 대신에 인간들 상호간뿐만 아니라, 영화 〈아바타〉가 그려내듯이 다른 생명체와도 공감하는 존재에 대해 이야기하는 탈인간중심주의 생태학적 역사를 요청한다.

둘째, 인간의 위대함은 지식과 정보를 기억하는 능력에서 비롯하며, 이 같은 메모리 능력은 일차적으로 스토리텔링에 근거한다. 인공지능과 멀티미디어의 상호작용을 연구한 로저 샌크Roger C. Schank는 수단과 방식에 상관없이 스토리텔링이 인간들 사이의 관계에서 중추적 역할을 한다는 사실을 밝혀냈다.[48] 인간의 개별 경험은 이야기 형태로 저장된다. 인간이 일상적으로 하는 정형화된 행동은 스크립트script라고 불리는 사상事象의 연쇄 형식으로 정식화할 수 있는데, 이는 유동적인 이야기들이 저장된 창고와 유사하다.[49]

인간이 이야기와 관계를 맺는 최초의 경험은 일반적으로 동화다. 동화를 들으면서 아이들은 인생이 하나의 드라마임을 깨닫고, 이야기의 형태로 인간 삶의 자취가 기억된다는 것을 인지한다. 동화를 통해 아이들은 나는 어떤 존재인지 생각하며, 나는 어떻게 살아야 하는지에 대해 성찰한다. 아이는 자기가 들은 동화에 동화同化되는 가운데 자의식을 형성한다.

---

48 로저 샌크, 신현정 옮김, 《역동적 기억》, 시그마프레스, 2002, 93쪽.
49 예컨대 쇼핑의 스크립트를 예로 들면 그것들 각각이 하나의 이야기로 머릿속에 저장돼 있는 사상들의 연쇄로 이뤄진다. ㉠어떤 사람이 상점에 들어간다. ㉡물건을 손으로 집는다. ㉢물건에 대한 소유권이 상점에서 그에게로 이전된다. ㉣돈에 대한 소유권이 그로부터 상점으로 이전된다. ㉤그가 상점을 떠난다.

자의식이란 "자신의 느낌과 자신의 관점과 자신의 스토리로 다른 사람을 고유한 개인으로 경험하고 공통의 정서적 기반을 찾아내는 능력이다. 이 때 이야기는 공감적 고통을 공감적 참여로 바꾸는 데 중요한 역할을 한다."[50]

인간은 이야기를 통해 남의 인생을 그저 소비하는 것이 아니라 공유하면서 함께 참여한다. 이 같은 공감적 참여를 하는 과정에서 이야기를 듣는 존재에서 이야기를 하는 존재로 자동 전환이 일어난다. 스토리텔링은 주변에서 일어나는 일에 대한 우리의 정서적 반응을 연결하고 통합해 주는 매체이자, 다른 사람들에게 자신의 인생사를 의미 있게 표현하는 수단이다. 우리는 이야기를 하면서 스스로의 경험을 재구성하며, 이런 과정에서 자기 삶의 의미를 발견한다. 따라서 이야기는 인생을 이해하는 방법이면서 동시에 인생을 사는 방법을 제공한다.[51]

셋째, 과거가 역사로 기억되는 것은 스토리텔링을 통해서다. 기억된 과거만이 역사가 된다. 기억한다는 것은 과거, 현재, 미래의 관계를 세우는 시간성의 성찰을 함축한다.[52] 이야기를 인간의 역사적 실존의 시간성을 재구성하는 구조로 이해한 철학자가 폴 리쾨르Paul Ricoeur다. 그는 과거 자체는 달력에 표시되는 연대기적 시간으로 존재할 뿐이며, 이것이 체험된 시간으로 바뀌기 위해서는 담론과 관련된 언어적 시간을 거쳐야만 한다고 말했다. 물리적 시간으로서의 현재는 존재하지 않으며, 현재란

---

50   제러미 리프킨, 위의 책, 233쪽.
51   제러미 리프킨, 위의 책, 233~234쪽.
52   전진성,《역사가 기억을 말하다》, 휴머니스트, 2005, 47쪽.

이야기 구성을 통해 과거화하고 미래화하면서 생겨나는 시간성이다.[53] 인간은 과거, 현재, 미래와 같은 시간 개념을 이야기를 통해 의식화하며, 이 같은 시간의 흐름 속에서 인간사의 모든 문제와 갈등이 생겨나고 해결된다는 것을 이야기를 통해 인식한다. 이 같은 이야기 가운데 하나인 역사란 실제로 일어난 인간사를 기억하고 그 문제들을 해결하려는 목적으로 발명된 서사다.

넷째, 과거는 신도 못 바꾸는 고정된 실체지만 역사란 스토리텔링을 통해 끊임없이 재구성되는 서사다. 인간은 과거사를 반복해서 역사로 재구성함으로써, 그 시점에 맞는 집단정체성을 만들어 내는 존재다. 역사를 쓰기 위해서는 과거로의 시간여행을 해야 하며, 이 여행을 가능케 하는 교통수단이 이야기다. 선조들의 '기억'으로 구성된 이야기가 단절된 세대 간의 시간과 경험을 연결시켜 주는 매체임을 리쾨르는 다음과 같이 표현했다. "'조상들의 입에서 얻어들은 이야기'를 통해 죽은 자들의 시간, 선조들의 시간이라는 역사적 과거와 '기억' 사이에 다리가 놓이고 그 기억들의 고리를 거슬러 올라가 역사의 연속선상에서 보게 되면, '나'와 관련이 없이 '너'였던 선조들이 '우리'라는 관계로 변하게 된다."[54] 과거의 '그들' 가운데 누가 '우리'인가는 이 같은 이야기를 채널로 해 "현재와 과거의 대화"를 어떤 식으로 하느냐에 달려 있다.

다섯째, 인간이 유한한 시간과 공간 속에 존재한다면, 이 같은 '참을

---

53 폴 리쾨르, 김한식 옮김, 《시간과 이야기 3 : 이야기된 시간》, 문학과지성사, 2004, 212쪽.
54 폴 리쾨르, 앞의 책, 223쪽.

수 없는 존재의 가벼움'에서 벗어나게 해 주는 것이 이야기다. 인간은 이야기를 통해 죽은 자들과 만나며, 자기 삶의 여정이 이야기됨으로써 죽음 이후의 망각을 초월할 수 있다. 그래서 "이야기는 모든 시대, 모든 장소, 모든 사회에 존재한다. 이야기는 인류의 역사와 함께 시작됐고, 이야기 없는 민족은 어디에도 없다. … 이야기는 범세계적이고, 초역사적이며, 초문화적이다. 그것은 삶 그 자체처럼 그저 거기에 존재한다."[55] 역사란 존재의 가벼움을 깨달은 인간이 자신의 존재를 집단적 정체성과 연관지어서 과거와 미래로 연장하기 위해 만든 이야기다.

르 고프Jacques Le Goff는 자신이 왜 역사가가 됐는지를 이렇게 말했다. "역사란 죽음과 대항한 싸움이다. 역사가는 죽음과 떨어져서 과거에 잠겨 있기 때문에 자신이 좀 더 오래 의식적으로 살기를 바란다."[56] 이는 역사의 기능과 연관해서 이야기꾼으로서 역사가의 역할을 단적으로 표현한 말이다. 과거 인간들의 삶에 대한 지식을 전해 주는 역사가 현재 우리 삶의 거울이 되는 이유는 우리로 하여금 '메멘토 모리memento mori'할 수 있게 각성시켜 주기 때문이다. '죽음의 춤(danse macabre)'이 모든 것을 허무하게 만듦에도 역사로 기록되면 망각을 극복할 수 있기 때문에 인간은 역사라는 이야기를 위해 살다가 가는 존재다.

---

55 Roland Barthes, "Introduction to the Structual Analysis of Narratives", *Image-Music-Text*, (ed.) S. Heath, London : Fontana, 1977, p.79.

56 피에르 노라 엮음, 이성엽·배성진·이창실·백영숙 옮김, 《나는 왜 역사가가 되었나》, 에코리브르, 2001, 295쪽.

스토리텔링 역사의 부활

하이데거의 말대로 인간이 언어의 집에 사는 '세계 내 존재'라면, 그 세계란 이야기로 구성된 세계다. 자연과학자가 세계는 원자로 구성돼 있다고 보는 반면, 역사가는 이야기로 이뤄져 있다고 믿는다. 역사가가 과거에서 찾아내는 것은 과거의 사실 그 자체가 아니라 이야기의 구조다. 역사가는 과거에서 이야기의 구조를 재발견하는 것으로 역사를 다시 쓴다.

과거가 우리에게 의미를 주는 것은 스토리텔링을 통해서다. 그런데 역사를 과학의 한 분야로 정립하고자 한 근대 역사학은 이야기체 역사를 배제하는 방향으로 발전했다. 헤로도토스가 페르시아 전쟁에 대한 '탐사보고서(histories apodeksis)'의 제목을 《Historiai》라고 붙인 이래로,[57] 역사는 역사연구와 역사서술의 두 과정으로 성립한다. 전통적 역사는 후자의 역사서술에 중심을 두고 전개된 반면, 전자의 역사연구에 입각해서 역사의 정체성을 재확립하려는 노력으로 근대 역사학이 탄생했다.

하지만 역사연구는 기본적으로 역사서술이라는 목적을 달성하기 위한 수단이라는 점에서 근대 역사학의 아버지인 랑케조차도 역사의 위상을 예술과 과학 사이로 설정했다. "역사는 하나의 예술이란 점에서 다른 과학들과 구별된다. 역사는 수집하고 발견하고 통찰한다는 점에서는 과학이다. 하지만 발견하고 인식한 것을 재형성하고 묘사한다는 점에서는 예술이다. 다른 과학들은 발견한 것을 오직 그런 것으로 보여 주는 것으로 만족한다. 이에 비해 역사에서는 재창작하는 능력이 요청된다"라고

---

57   헤로도토스, 위의 책, 24쪽.

했다.[58]

역사의 문학성을 배제하고 역사를 하나의 과학으로 확립시키고자 한, 20세기 가장 유명한 역사가가 E. H. 카다. 하지만 카도 역사를 "현재와 과거의 끊임없는 대화"라고 정의함으로써 역사의 본질이 스토리텔링임을 인정했다. 과학이 아니라 스토리텔링으로서 역사의 관점에서 보면, 카가 내린 정의는 역사란 무엇인가의 답이 아니라 문제의 출발점이다. 과거 그 자체는 이야기하지 못하고 역사가가 주목하는 과거만이 인식 대상이 되기 때문에 "역사란 무엇인가"를 탐구할 때 제일 먼저 직면하는 문제는 도대체 과거의 죽은 자들과의 대화가 어떻게 가능할 수 있느냐다. 과거의 그들은 사라지고 없고 남아 있는 것은 이야기다. 우리가 과거를 아는 '인식도구(cognitive instrument)'가 이야기라면, 결국 이야기를 어떻게 하느냐의 형식이 무엇을 이야기하느냐의 내용을 결정한다.

구성주의 역사학인 사회사는 과거라는 미지의 문을 여는 열쇠로서 이야기 대신에 사회과학 이론과 개념을 인식도구로 해서 과거를 역사로 구성했다. 이런 사회사의 문제점을 각성하고 '이야기체 역사의 부활'을 선구적으로 주창한 역사가가 영국의 로렌스 스톤L. Stone이다. 그는 이론과 개념에 의거해서 과거에 대한 일관성 있는 이야기를 할 수 있다는 사회과학적 역사의 믿음이 역사연구를 활성화하는 것이 아니라 오히려 족쇄가 되고 있다고 비판했다. 또 과거가 담지하는 다양한 역사적 의미를 발굴하기 위해서는 다시 서사의 전통으로 되돌아가야 한다고 주장했다.[59]

---

58 Leopold von Ranke, "Idee der Universalhistorie", hg. v. v. Dotterweich u. W. P. Fuchs, *Aus Werk und Nachlaß, Bd. 4*, München, 1975, S.72.

59 L. Stone, "The Revival of Narrative : Reflection on a New Old History", *Past and Present* 85(November, 1979), pp.3~24.

로렌스 스톤은 분명 거리를 두었지만, 스토리텔링으로서 역사의 정체성을 확실하게 확립시킨 것은 탈근대 역사이론의 '언어적 전환'이다. '언어적 전환'은 역사적 사실이란 역사가가 그의 사실과의 대화를 통해서 탐구해 낸 성과물이라기보다는 역사가의 대화를 선험적으로 규정하는 메타역사, 곧 담론의 생산물이라고 주장한다. '언어적 전환'은 역사학의 핵심 문제를 하나의 분과학문으로서 정체성을 확립하는 것이 아니라 역사라는 서사를 구성할 때 작용하는 담론 권력을 드러내는 것으로 바꾸었다. 이 같은 패러다임 전환의 특징을 미국의 페미니즘 역사가인 조앤 스콧J. W. Scott은 "역사학은 실제로 무엇이 일어났는지를 발견해 전달하는 진리의 문제가 아니라, 우리가 과거에 대해서 아는 것, 곧 우리가 역사라고 지칭하는 지식을 생산하고 수용하는 것을 규제하는 규칙이나 관행이 무엇인지에 대한 문제"로 바뀌었다는 말로 정리했다.[60]

'언어적 전환'에 따르면, 사료란 랑케 말대로 과거가 본래 어떠했는지를 보여 주는 증거물이 아니라 특정 집단의 권력을 대변할 목적으로 만들어진 담론 권력의 반영물이다. 서구 역사학이 침묵시킨 라틴아메리카의 과거를 다시 역사로 발굴한 미셸-롤프 트루요Michel-Rolph Trouillot와 같은 역사가가 보기에, 사료란 과거의 진실을 말하는 증거가 아니라 '이야기 안의 이야기', 곧 '이야기 속의 권력'을 내재한다.[61] 역사가가 사료보관소의 가장 어두운 구석에 혼자 앉아 자료를 보고 있더라도, 그는 결코 혼자가 아니다. "자료와의 만남은 아마추어 역사학자에게마저도 역사학계와

60 J. W. Scott, "History in Crisis: The Others' Side of the History", *The American Historical Review* 94(3), 1989, p.681.
61 미셸-롤프 트루요, 김명혜 옮김, 《과거 침묵시키기 : 권력과 역사의 생산》, 그린비, 2011, 24쪽.

의 만남인 것이다."[62] 역사가와 사료와의 만남에는 그가 아는 범위 내에서 온 역사학계가 관여돼 있다. "짧게 말하자면, 사료들을 만드는 데 있어서는 생산자 선택, 증거 선택, 주제 선택, 과정 선택 등과 같은 수많은 선택 작용이 일어난다. 사료를 만드는 일은 좋게 말해 봤자 차별적인 등급을 매기는 일이고, 나쁘게 말하면 어떤 생산자들, 어떤 증거, 어떤 주제들, 어떤 과정들을 제외시키는 것을 의미한다. 권력은 이러한 과정에서 노골적으로 개입하기도 하고 혹은 은밀하게 개입하기도 한다."[63]

카도 역사책을 읽기 전에 먼저 그것을 쓴 역사가에 대해 조사하라고 말했다.[64] 역사가는 자유로운 상태에서 사실과의 대화를 하는 것이 아니라 자기 시대 역사담론이 정해 놓은 구조적 조건 속에서 대화하기 때문이다. 이 구조적 조건이 '이야기 속의 이야기'를 형성한다면, 역사연구는 그것을 먼저 드러내는 것으로부터 시작해야 한다. 사료가 없으면 역사를 이야기할 수 없지만, '이야기 속의 이야기' 없는 역사도 없다. 대부분의 새로운 역사서술은 새로운 역사적 사실이 밝혀졌기 때문이라기보다는 '이야기 속의 이야기', 곧 역사이야기를 구성하는 방식인 메타역사를 달리함으로써 이뤄진다. "우리는 결코 일어남 그 자체를 언급할 수 없고 다만 서술에 의해서만 그 일어남을 언급할 수 있다"[65]라는 것이 역사는 궁극적으로 스토리텔링이라는 테제를 성립시키는 요인이다.

스토리텔링으로서 역사의 관점에서 보면, '무엇이 일어났는가'의 역

62 미셸-롤프 트루요, 앞의 책, 106쪽.
63 미셸-롤프 트루요, 위의 책, 같은 곳.
64 E. H. 카, 위의 책, 71쪽.
65 정기철, 〈역사 이야기 이론을 위한 해석학적 고찰〉, 한국현상학회, 《철학과 현상학 연구》 제7집, 한국현상학회, 1993, 219~242쪽.

사연구는 '무엇이 일어났다고 이야기돼 왔는가'를 알려 주는 역사서술의 역사를 조사하는 것으로부터 착수해야 한다. 기존 역사이야기의 플롯을 해체하는 사학사적인 문제제기로 역사연구를 시작하며, 다른 플롯으로 이야기의 구성을 바꾸는 것으로 새로운 역사를 쓴다. 이러한 역사연구와 역사서술의 관계를 스토리텔링의 해체와 재구성으로 보는 것을 반대하고 과학으로서 역사의 정체성을 고수하려는 것이 실증사학이다.

한국사학자 가운데 실증사학의 문제점을 가장 통렬하게 지적하고 한국사의 근본적 재구성을 주장하는 역사가가 이종욱이다. 그는 오늘의 한국·한국인·한국사회·한국문화를 만든 인물이 김춘추라고 주장한다. 김춘추가 백제를 평정하고 삼한통합의 기틀을 마련한 것이 오늘의 한국과 한국인을 형성한 기원이라는 것이다. 각 시대의 역사가는 그 시대가 요청하는 김춘추에 대한 역사이야기를 구성했으며, 이 같은 방식으로 한국인의 집단정체성을 재규정했다. 사학사적인 맥락에서 이종욱은 김춘추에 대한 역사담론을 세 가지 모델로 구분했다.[66]

첫 번째 모델은 김부식의 《삼국사기》에서 유래한다. 〈신라본기〉에서 김춘추는 "당나라 군대의 위엄을 빌려 백제와 고구려를 평정하고 그 땅을 얻어 군현을 삼았으니, 융성한 시대라 이를 만하다"라는 평가를 받았다. 이런 평가는 고려와 조선의 역사가들이 공유하던 왕조사, 곧 정사의 역사담론이다.

두 번째 모델은 역사의 주체가 왕조에서 민족으로 바뀜으로써 나타났다. 1945년 해방 후 김춘추에 대한 새로운 평가로 국민의 민족주의적 역

66 이종욱, 《춘추 : 위대한 정치 지배자, 김춘추》, 효형출판, 2009, 414~421쪽.

사의식을 고취하고자 한 대표적 역사가가 당시 서울대 교수, 문교부 편수국장 및 차관을 역임한 손진태다. 그는 "해방 전 일제와 해방 후 남북한에 진주한 미국과 소련의 군대를 보며 외세를 몰아내고 남북통일을 이뤄야겠다는 생각을 했을 것"이고, "그 과정에서 춘추를 외세를 끌어들인 반민족적 행위자의 표상으로 만들어 냈다."[67] 이후 이 모델은 민족주의적 국사교육의 전형으로 지금까지 통용되고 있다. 그런데 역설적인 사실은 이 모델의 주창자 대부분이 실증사학자라는 점이다. 민족주의사학과 실증사학의 기묘한 결합으로 이 모델이 만들어졌다는 모순을 지적하는 이종욱이 대안으로 제시한 해석 틀이 《화랑세기》에서의 김춘추의 평가에 기반한 세 번째 모델이다.[68]

세 번째 모델은 김춘추를 오늘의 한국·한국인 정체성을 형성하는 데 결정적 역할을 한 인물로 본다. 일차 사료란 당대의 기록이다. 실증사학자들은 일차 사료가 과거의 진실을 가장 잘 말해 준다고 믿는다. 하지만 김춘추는 물론 당대의 신라인들은 후대에 일어날 삼한통합의 역사적 결과를 몰랐을 것이다. 그것이 만든 인과연쇄로 오늘의 한국사가 만들어졌다. 그렇다면 역사학에서 문제는 과거의 실제 사실이 무엇이었는가를 보여 주는 것이 아니라 그 연과연쇄를 어떤 플롯으로 이야기 하느냐다.

두 번째 모델은 김춘추가 외세를 끌어들여서 백제와 고구려를 멸망시켰다는 반민족적 행위와 삼한통합이 초래한 영토의 상실에 초점을 맞춰 '국사'로서의 플롯 구성을 했다. 이 플롯 구성은 해방 후 분단시대에서 자

---

67 이종욱, 앞의 책, 415~416쪽.
68 《화랑세기》18세 풍월주 춘추공의 찬에는 "세상을 구제한 왕이고, 영걸한 군주이며, 천하를 하나로 바로 잡으니 덕이 사방을 덮었다"라고 기록돼 있다"(이종욱, 위의 책, 414쪽 재인용).

주 독립의 통일된 민족국가 건설을 지상 과제로 설정한 역사담론을 반영했다.

이종욱이 제시한 세 번째 모델은 이 같은 민족사의 역사담론에 대한 안티테제다. 그는 오늘날 존재하는 한국인의 뿌리가 어디서 기원했는지를 보면 실체적 진실을 알 수 있다고 했다. 2000년 조사한 인구 및 주택 센서스에 따르면 한국에는 286개 성씨가 있는데, 그 가운데 대성大姓은 모두 신라인을 시조 또는 중시조로 한다. 백제나 고구려에서 유래한 성씨는 거의 존재하지 않는다. "당시 신라·백제·고구려인은 같은 민족이라는 생각을 가진 적이 없었다. 그들을 순수 혈통의 단일민족으로 발명해 낸 것은 해방 후 민족사를 내세운 한국의 역사가들이다. 세 나라는 각기 다른 왕국으로서 정복하느냐 정복당하느냐 하는 전쟁을 치렀을 뿐이다. 그 전쟁에서 신라가 승리했고, 백제와 고구려는 멸망했다. 그 결과, 한국의 역사에서 신라의 삼한통합 이후 백제와 고구려 사람은 물론, 역사적 유산까지 사라져 버렸다."[69] 결국 삼한통합을 이룩한 대신라가 한국의 기원이고, 대다수 한국인의 뿌리며, 그렇기 때문에 대신라를 만든 김춘추가 한국사의 영웅이라는 것이다.

한국·한국인·한국사회·한국문화의 직접적인 출발점을 만든 인물이 김춘추라고 보는 세 번째 모델은 고구려, 백제 그리고 그 이전의 고조선·부여·가야 등의 나라도 한국사임을 부정하지 않는다. 그 나라들도 한국사인 이유는 거기서 살았던 사람들이 중국인을 구성한 한족漢族뿐 아니라 숙신·여진·거란과 같은 북방민족과도 구별되는 한족韓族을 구성한 종

---

69   이종욱, 위의 책, 411~412쪽.

족들이었기 때문이다.

세 번째 모델은 단일민족의 코드가 아니라 국가의 연쇄로 한국사를 구성한다. 고조선은 그 이후 한국사에 등장하는 부여와 고구려 그리고 신라의 국가 형성의 방아쇠를 당겨 주었기 때문에 한국사 최초의 왕국이라고 말할 수 있다는 것이다. 그런데 이 같은 한국사의 계보를 형성한 결정적 계기는 삼한통합이다. 김춘추의 삼한통합이 한족韓族이라 일컬어질 수 있는 종족들을 하나로 모으는 호수의 역할을 했다. 그 호수로부터 이후 한국사의 물줄기가 흘러 나갔다는 것이 이종욱이 구성한 한국사의 계보다. 이런 계보에서 문제는 대신라와 공존한 발해다. 신라인들과 언어 소통이 안 된 발해는 말갈왕국으로 봐야 한다는 것이다. 그런데도 한국사교과서는 이 시대를 통일신라와 발해의 남북국시대로 기술한다. 그는 이런 시대구분은 오늘의 한반도 분단을 그 시대와 연관시키려는 두 번째 모델이 만들어 낸 허구라고 주장했다.

그렇다면 오늘날 북한사는 한국사인가 아닌가? 두 번째 모델에 따르면 당연히 한국사다. 하지만 민족사가 아니라 국가사의 관점으로 한국사를 기술해야 한다고 보는 세 번째 모델 관점에서 보면 그렇지 않다. 우리 사회 일각에서는 한국현대사를, 북한사를 배제한 대한민국사로 기술해야 한다고 주장하는 사람들이 있다. 대신라의 위대함으로 오늘의 한국사가 있는 것처럼, 오늘의 대한민국의 영광을 기반으로 내일의 한국사를 창조해야 한다고 본다. 그렇다면 오늘의 대한민국이 '대한국'이고, 북한은 그 '대한국'에 흡수통일되지 않으면 과거 백제와 고구려 유민들처럼 중국으로 뿔뿔이 흩어져 살아야 하는 역사의 반복이 일어날 것인가? 민족사의 매트릭스에 빠져 있는 대부분의 한국사학자는 이 물음에 대한 역사적 성찰을 하지 않고 남북통일을 역사적 당위로 설정하는 한국사의 스토리텔링만이 옳다고 주장한다.

21세기 세계화시대 다문화사회에서 밖으로 나간 해외 동포와 우리 사회 안으로 들어온 이주자들 가운데 누가 한국인인가? 오늘날 우리는 한국인이란 누구이며, 한국사란 무엇인지 재정의해야 할 과제를 안고 있다. 이 과제를 일차적으로 해결할 사람이 바로 이 시대를 사는 한국의 역사가들이다. 이어지는 2장에서는 인간이 역사의 스토리텔링을 통해 궁극적으로 답을 얻고자 하는 세 가지 물음에 대해 다룬다.

HIS-
TO
RIA'
QUO
VADIS

2장

1

역사의 3문,
"우리는 어디서 왔고, 누구며,

어디로 가는가"

우주를 탄생시킨 빅뱅이 약 137억 년 전에 일어났고 지구는 45억 년 전 무렵에 탄생했다고 추정한다. 인류의 먼 조상이 되는 오스트랄로피테쿠스는 약 300만 년 전, 현생 인류의 조상인 호모 사피엔스는 25만 년 전쯤에 출현했다. 최초의 인류는 수렵·채집인이었다. 구석기시대로 불리는 수렵·채집시대는 인류가 지구상에 등장한 시간의 95퍼센트 이상을 차지한다. 이 시대에 인류는 언어로 의사소통하면서 지식을 공유하고 공동체를 형성하는 인류사의 기초를 마련했다.[1]

수렵·채집시대는 옮겨 다니는 생활방식 대신에 일정한 곳에서 체계적으로 환경을 이용해 더 많은 자원을 수확하는 농업의 출현과 함께 저물

---

[1] David Christian, *This Fleeting World*: *A Short History of Humanity*, Berkshire Publishing Group, 2009; 김서형·김용우 옮김,《거대사 : 세계사의 새로운 대안》, 서해문집, 2009.

어 갔다. 농경시대는 1만 년에서 1만 2000년에 불과하지만, 역사시대 대부분을 차지한다. 농경시대에 인류는 동식물의 길들이기를 통해 종의 유전자 구성을 바꾸는 '문화' 생활에 돌입했다. 문화(culture)의 어원이 '재배하다', '경작하다'는 의미를 가진 라틴어 'cultus'에서 유래했다는 사실은 이 시대가 인류문명사의 본격적인 시작임을 말해 준다.

인류의 생산력을 비약적으로 성장시킨 두 계기는 신석기시대 농업혁명과 근대 산업혁명이다. 특히 후자는 과학기술의 진보를 통해 환경과 인류의 관계를 근본적으로 바꾸는 계기가 됐다. 오늘날 지구상에서 인간의 위치는 지구 환경의 지배를 받다가 환경을 변화시키는 정복자로 변모했다. 지난 100년 동안 인류는 지구의 운명을 결정하는 45억 년 지구역사에서 유일한 종으로 등장했다. 인류가 이 같은 신기원을 열었다는 의미에서 '인류세(anthropocene)'라는 새로운 시대구분이 나왔다.

인류세에서 인간은 환경의 노예였다가 주인으로 신분이 상승하는 문명사적 진보를 이룩했다. 하지만 이 도약은 역설적으로 자유를 상실하는, 헤겔이 말하는 주인과 노예의 변증법을 초래했다. '인공지능 연구의 아버지'로 불리는 영국 수학자 앨런 튜링Alan Mathison Turing은 1950년 《마인드Mind》에 발표한 〈컴퓨팅 기기와 지능(Computing Machinery and Intelligence)〉에서 "컴퓨터의 응답을 인간과 구별할 수 없다면 컴퓨터가 '생각'할 수 있는 것으로 간주해야 한다"라는 '튜링 테스트'를 창안했다. 2014년에 마침내 '튜링 테스트'를 통과한 첫 사례가 나타났다.

또한 영화 〈트랜센던스Transcendence〉(월리 피스터 감독, 2014)는 인간의 뇌 안에 있는 모든 정보를 슈퍼컴퓨터로 옮기는 '마인드 업로딩mind uploading'이 가능하면 인간은 죽음을 극복할 수 있음을 보여 줬다.

하지만 문제는 컴퓨터 속의 '나'의 정체성이다. 그 '나'는 이 세상에 존재하는 모든 정보와 지식을 업로드하여 마침내 특이점(singularity)을 넘어 거의 신적인 존재로 초월한다. 이렇게 포스트휴먼이 된 '나'는 인간들을 지배하면서 새로운 세상을 창조한다.

영화 〈트랜센던스〉 포스터

인류가 마침내 포스트휴먼post-human 시대를 맞이했을 때, 과연 행복할 것이며 제2의 에덴동산과 같은 천국에 살게 될지에 대해서는 대체로 회의적이다. 이 회의가 질주하는 과학기술시대에서 인간 삶의 방식과 존재 의미에 대해 근본적인 성찰을 해야만 하는 이유다.

성찰을 위한 화두가 되는 것이 "우리는 어디서 왔고, 누구며, 어디로 가는가"라는 세 가지 질문이다. 인간의 거의 모든 위대한 업적은 이 세 질문에 대한 답을 추구하는 과정에서 이룩됐다고 해도 과언은 아닐 것이다. 인류의 과거, 현재, 미래에 대해 묻는 이 세 질문이 역사라는 시간여행으로 진입하는 3문間이다.

오늘날 역사학은 과연 3문에 대해 어떤 답을 주고 있는가? 대부분의 역사가는 3문에 대한 탐구를 하지 않는다. 오늘날 모두가 역사를 말하지만 역사학의 의미는 희미하다. 나는 역사학자들의 역사의 3문에 대한 문제의식 결여가 이런 역설이 발생한 일차적 이유라고 생각한다. 이런 사태에 직면해 '역사학 구하기'를 할 목적으로 미국 역사학계를 대표하는 세 역사가가 공동으로 "역사에 대해 진실을 말하는 것(Telling the truth about the history)"의 의미에 대해 성찰하는 책을 썼다.[2] 그들은 사라져 가는 역사의 미래를 다시 그리기 위해서는 무엇보다도 역사가들이 3문의 문제의식을 갖고 역사연구를 해야 한다고 말했다.

> 역사는 사람들이 자기 발견에 대해 느끼는 매혹에서, 존재의 본성에 대한 지속적 관심 및 존재와 인간의 관계 맺음에서 발생한다. 남녀는 자신의 질문을 민주주의의 성장이라든가 근대성의 등장 같은 개념과 추상명사로 바꿈으로써 이 호기심을 외화하는 법을, 심지어는 스스로를 이 주제넘은 주관성과 거리를 두는 법도 배웠다. 하지만 이런 물음 배후의 계속 새로워질 수 있는 에너지의 원천은 인간이란 어떤 존재인가에 관해 알고 싶다는 강력한 갈망에서 나온다.[3]

도대체 왜 역사가들은 연구의 가장 중요한 문제들을 망각하게 됐는가? 그 문제들이 과학적 역사의 연구대상이 아니라고 여겨졌기 때문이다. 문제는 과학이다. 오늘날 인류문명의 위기는 본래 "우리는 어디서 왔고, 누구며, 어디로 가는가"를 본격적으로 탐구하기 위해 생겨난 과학이 본원적 질문을 망각하고 앞으로만 질주하는 것으로부터 발생했다고 말

---

2 린 헌트·조이스 애플비·마거릿 제이컵, 김병화 옮김, 《역사가 사라져 갈 때 : 왜 우리에게 역사적 진실이 필요한가》, 산책자, 2013.
3 린 헌트 외, 앞의 책, 402쪽.

할 수 있다.

막스 베버는 이를 근대 과학의 근본 문제라고 진단했다. 그의 학문적 유언장이라고 부를 수 있는《직업으로서 학문》에서 그는 근대 과학의 한계를 톨스토이의 말을 인용해 다음과 같이 지적했다. "과학은 의미가 없다. 왜냐하면 과학은 우리에게 가장 중요한 문제인 '우리는 무엇을 해야 하며 어떻게 살아야 하는가?'에 대해 어떤 답도 주지 못하기 때문이다."[4]

근대에선 인간이 초자연적인 힘에 기도하고 의지하는 대신 과학적 지식을 믿는 세계의 탈주술화(Entzauberung)가 일어났다. 근대 과학은 인간을, 세계를 인식하는 주체로 만드는 해방과 함께 문명의 진보를 가져다주었다. 하지만 해방과 진보의 대가는 하이데거가 말하는 '존재의 망각'이다. 하이데거는《사유란 무엇인가》에서 "과학은 사유하지 않는다"라고 했다. 과학자들은 사물을 계량하고 분석하는 것을 통해 만물의 이치를 인과적으로 설명한다. 하지만 그들은 그 같은 탐구 행위를 왜 하는지에 대해서 사유하는 방법을 배우지 않음으로써 자기 길을 묵묵히 갈 수 있었고, 이것이 역설적이게도 과학이 학문적 정체성을 지켜 내는 근거가 됐다.[5] 하지만 모든 학문적 연구에는 하나의 선험적 전제가 있다. 그것은 "알 만한 가치가 있다"는 것이다. 그렇게 말할 수 있는 근거에 대한 탐구를 과학의 영역에서 제외시켰다는 것이 탈주술화를 통해 제2의 '인식의 나무'를 먹은 근대인이 저지른 원죄다.

21세기엔 인류가 건설한 문명의 바벨탑이 지구온난화 현상으로 나타

---

4   M. Weber, "Wissenschaft als Beruf", *Gesammelte Aufsätze zur Wissenschaftslehre*, Tübingen: Mohr, 1988, S.598: 전성우 옮김,《직업으로서의 학문》, 나남출판, 2006.

5   *Martin Heidegger, Was heißt Denken?*: Vorlesung Wintersemester 1951/52, Reklame, 1992: 권순홍 옮김,《사유란 무엇인가》, 길, 2005, 57쪽.

나듯이 인간의 오만(hubris)에 대한 자연의 징벌(nemesis)로 붕괴할 위기에 처해 있다. 근대 과학은 자연을 인류를 낳은 어머니로서 존재의 고향이 아니라 정복의 대상으로 삼는 방식으로 '지식의 나무'를 재구성하는 계몽의 기획을 추진했다.[6] 하지만 계몽의 기획이 문명의 진보와 함께 파국을 초래할 위험 사회를 도래시켰다는 것이 현재 인류가 당면한 문제다.[7]

오늘날 인류문명의 딜레마는 근대 과학을 폐기 처분하고 근대 이전의 세계로 되돌아갈 수 없다는 사실이다. 질주하는 과학기술이라는 호랑이 등에서 내리지 못하고 계속 타고 달릴 수밖에 없다는 것이 21세기 인류의 운명이다. 그렇다면 인류는 이 비극적인 운명 앞에서 무엇을 해야 하는가? 결국 "우리는 어디서 왔고, 누구며, 어디로 가는가"라는 근원적인 문제의식으로 되돌아가서 과학이 삶을 지배하는 것이 아니라 삶을 위한 과학이 될 수 있도록 근대적인 삶의 방식을 바꾸기 위한 근본적인 반성을 해야 한다.

과학을 위한 삶이 아니라 삶을 위한 과학이 돼야 한다고 주장한 철학자가 니체다. 그는 역사가 과학이 되는 것을 일차적 목적으로 추구할 것이 아니라 삶을 위해 봉사하는 것을 제일 목표로 삼아야 한다고 역설했다. 그러기 위해서는 역사가 과학의 지위에 오르기 위해 배제한 비역사적인 것과 초역사적인 것을 역사탐구의 전제이자 목적으로 삼아야 한다고 했다. 세속화된 우리 시대에서도 여전히 비역사적인 것과 초역사적인 것

---

6   Carolyn Merchant , *The Death of Nature: Women, Ecology, and the Scientific Revolution*, Harper One, 1980; 전규찬·전우경·이윤숙 옮김, 《자연의 죽음 : 여성과 생태학, 그리고 과학 혁명》, 미토, 2005.

7   Ulrich Beck, *Risikogesellschaft. Auf dem Weg in eine andere Moderne*, Frankfurt am Main 1986; 홍성태 옮김, 《위험사회 : 새로운 근대(성)을 향하여 》, 새물결, 2006.

을 동시에 추구하는 분야가 문학과 예술이다. 따라서 "우리는 어디서 왔고, 누구며, 어디로 가는가"라는 인간의 실존적인 물음에 답하는 이야기를 역사가 다시 할 수 있기 위해서는 과학이 되기 위해 제거한 문학적 성격과 예술적 기능을 되찾아 와야 한다.

고갱, 〈우리는 어디서 왔는가? 우리는 무엇인가? 우리는 어디로 가는가?〉

인간의 존재 이유와 목적에 대해 묻는 3문을 서사가 아니라 그림과 같은 예술로 제기한 화가가 폴 고갱Paul Gauguin이다. 그는 유럽인이 문명의 바벨탑을 건설함으로써 잃어버린 에덴동산의 흔적을 찾아 남태평양의 타히티 섬으로 들어갔다. 하지만 그곳에서도 그는 천국을 찾지 못했다. 병마와 싸우다가 가장 아끼던 딸이 폐렴으로 죽었다는 소식을 접하고 자살을 결심했다. 죽음의 문턱 앞에서 그는 인간의 삶과 죽음에 대한 근원적인 질문을 던지는 그림을 유서처럼 남기고자 했다. 친구에게 보낸 편지에서 이 작업에 대해 "그동안 내가 해온 것들을 초월하는 것으로, 이와 같거나 이보다 더 나은 그림을 난 그릴 수 없을 것 같네. 죽기 전에 나의 모든 에너지와 고통스러운 가운데서도 열정을 다 쏟으려고 하네"라고 썼다. 이렇게 탄생한, 그의 최고 걸작으로 칭송받는 작품이 〈우리는 어디서 왔는가? 우리는 무엇인가? 우리는 어디로 가는가?〉다.

이 작품에서 고갱은 전통적 알레고리와 도상학을 완전히 무시하고, 순전히 자신의 가슴속 깊은 심연에서 분출되는 열정으로 인간의 삶과 죽음의 운명을 상징과 이미지로 표현했다. 그림은 오른쪽 하단의 자고 있는 어린 아기에서 시작해 왼쪽의 죽음을 맞이하는 늙은 여인으로 끝나는 탄생과 죽음의 인생 여정을 그렸다.

"우리는 어디서 왔는가?" 탄생 이전에 우리는 없었다. "우리는 어디로 가는가?" 죽음과 함께 우리는 다시 없어진다. 그렇다면 "우리는 무엇인가?"라는 물음은 탄생과 죽음 사이에서만 의미를 가진다. 다시 말해 우리란 "우리는 어디서 왔는가?"의 탄생과 "우리는 어디로 가는가?"의 죽음 사이에 있는 존재다. 그 존재가 무엇인가라는 물음에 대한 답을 푸는 열쇠를 쥐고 있는 인물로 고갱이 그린 것이 가운데 사과를 잡고 있는 사람이다. 여기서 사과는 인간이 탐해서는 안 되는 금단의 열매다. 그것을 따는 원죄를 범함으로써 인간의 탄생과 죽음이 생겨났다는 것이다. 여기까지는 기독교의 가르침과 일치한다.

《구약성경》에 따르면, 이브라는 여성이 그 같은 원죄를 지은 최초의 인간이다. 그런데 고갱은 그 가운데에 있는 문제의 인물을 전형적인 여성처럼 그리지 않았다. 그는 그 모습을 타히티에서 '타아타 바히네'라 불리는 남녀 양성인으로 그렸다. 왜 그랬을까? 이 물음을 모티브로 해서 소설을 쓴 작가가 페루의 노벨문학상 수상자인 마리오 바르가스 요사Mario Vargas Llosa다. 그는 《천국은 다른 곳에》에서 고갱이 유럽의 기독교 도덕률에 의해 거세당한 타히티 이교도들의 애매모호하고 신비스런 '제3의 성'에서 천국의 열쇠를 발견했다고 썼다.

원시적이고, 건강하고, 기독교를 모르고, 마냥 행복한 문화, 몸뚱이를 부끄러워할 줄 모르는 문화, 그 빌어먹을 죄의식으로 일그러지지 않은 문화, 코케 너를 남태평양까지 끌어들인 그 문화에서 이제 살아남은 것이라곤 그것

고갱, 〈우리는 어디서 왔는가? 우리는 무엇인가? 우리는 어디로 가는가?〉

밖에 없었어. 편견에 휩쓸리지 않은 곧은 사랑, 양성을 구비한 사람이든 누구든 모든 사람을, 모든 형태의 사랑을 기꺼이 받아들이는 그 지혜로운 너그러움. 그러나 그것도 얼마 가지 못할 것이다. 유럽은 머지않아 '타아타 바히네'마저 끝장내고 말 것이다. 고대의 신을, 고대의 신앙을, 고대의 관습을 끝장내 버린 것처럼. 고대에 존재했던 그 건강하고 유쾌하고 힘이 넘치는 그 문명을 끝장내 버린 것처럼 말이다."[8]

고갱은 이 그림을 통해 기독교 선교사들이 원주민에게 문명이라는 옷가지들을 강제로 입혀서 그들의 미덕과 자유와 힘을 앗아가 버리고 수치스런 노예의 낙인을 찍었다고 고발했다. 이 그림에 따르면, 금단의 열매란 순수한 자연과 원시적 가치, 곧 고귀한 야만을 말살한 기독교와 함께

---

8 마리오 바르가스 요사, 김현철 옮김, 《천국은 다른 곳에》, 새물결, 2010, 289쪽.

들어온 서구문명이다. 그렇다면 구원의 메시아는 어디에 있는가? 고갱이 삶과 죽음의 저편에 있는 가장 뒤에 있는 형상으로 그린 것이 푸른 모습의 신이다. 사후 세계의 여신 히나Hina를 표현한 것이라고 한다. 그는 인간의 탄생과 죽음 그리고 사후 세계로 삶이 순환한다는 것을 그림으로 표현했다.

고갱은 요사의 소설 제목처럼 천국은 서구 문명과는 다른 곳에 있다는 것을 그림으로 형상화했다. 하지만 그의 그림은 사실인가? 예술은 현실 밖의 다른 곳, 상상의 세계를 재현한다. 그러면 그 세계는 사실이 아니므로 거짓인가? 탈주술화된 서구문명은 과학이라는 이름으로 신화를 진실의 세계에서 추방했다. 고갱의 그림은 서구에서 추방된 신화를 찾아서 원시의 세계로 갔다.

요사는 《천국은 다른 곳에》의 프롤로그에서 "존재하지 않는 것들의 도움이 없다면, 우리는 어떻게 될 것인가?"라는 폴 발레리Paul Valéry의 〈신화에 대한 짧은 편지〉에 나오는 말을 인용했다. 역사가 '존재했던 것'을 갖고 3문에 대한 답을 추구하는 것이라면, '존재하지 않는 것'으로부터 답을 구하는 것이 예술이다.

역사와 예술은 그리스신화에 따르면 같은 뮤즈들(Muses)이다. 제우스와 기억의 여신 므네모시네Mnemosyne의 결합으로 태어난 뮤즈들은 문학, 예술, 과학의 화신으로 한 명이 아니라 여러 명의 자매 여신으로 언제나 함께 있는 것으로 그려진다.

르 쉬외르Le Sueur의 그림 〈클리오, 에우테르페와 탈리아〉에서처럼, 역사의 신 클리오Clio가 음악의 여신 에우테르페Euterpe와 희극의 여신 탈리아Thalia와 같이 있었다는 것은 역사, 예술, 과학이 지금처럼 분리되지

르 쉬외르, 〈클리오, 에우테르페와 탈리아〉

않고 같은 뿌리에서 나왔음을 알려 준다.[9]

---

9 곽차섭, 〈뮤즈들에 둘러싸인 클리오 – 세기말 서양 역사학과 문학의 라프로쉬망〉, 《문학과사회》 69호, 문학과지성사, 2005, 192~211쪽.

뮤즈들과 함께 있는 클리오

19세기 근대 역사학이 성립하기 전까지 서양에서 역사는 수사학의 한 분야로 여겨졌다. 어원적으로 서구에서 역사라는 말은 헤로도토스가 쓴 책 제목 'Historiai'에서 유래했다. '탐구·조사'를 의미하는 단수 historia의 어원은 histor다. histor는 두 가지 상반된 보고 가운데 어느 것이 맞는지 판단할 수 있는 목격자, 증인, 심판관을 지칭하는 법정 용어였다.

헤로도토스가 '역사의 아버지'로 불리게 된 연원은 로마의 키케로Cicero가 《법률론》에서 그를 '최초의 역사가(princeps genus)'로 규정했기 때문이다. 키케로는 아무런 장식 없이 단지 연대, 인물, 장소, 사건만을 기록하는 '연대기적 역사(annales)'와 장식적인 말로 치장된 '웅변적인 수사적 역사(historia)'를 구분하면서, 후자의 역사를 헤로도토스가 처음으로 썼다고 말했다.[10] 모든 서사는 이야기(fable, fabula)와 플롯(sjuzet)의 조합으로 구성된다. 사건을 병렬적으로 연결하는 '연대기적 역사'는 이야기에 불과하며, 그 이야기들의 인과관계를 특정 플롯에 따라 구성한 것이 '웅변적인 수사적 역사'다. 따라서 플롯 구성이 역사 탄생의 결정적 요인이다.

역사가 과거에 실제 일어난 사실을 탐구해 조사한 기록이어야 한다는 점에 대해서는 이론의 여지가 없다. 하지만 서사에서 중요한 것은 사실보다는 의미다. 전근대 서구에서 진실과 거짓의 구분은 사실과 허구의 이분법에 따라 이뤄지지 않았다. 진실은 보편적이어야 한다. 예컨대 현실에서 존재하는 개별적인 원은 진실이 아니다. 원에 대한 보편적 진실은 한

---

10   김경현, 〈헤로도토스를 위한 변명〉, 《서양고전학연구》 제24집, 한국서양고전학회, 2005.

점에서 같은 거리에 있는 점들의 집합이라는, 현실에는 실재하지 않는 관념이다. 마찬가지로 과거의 개별적인 사실만을 이야기하는 역사는 진실을 대변하지 못한다. 개별적 사실 자체는 카오스다. 그것들에 질서를 부여해 의미 있는 서사로 만들어 내는 것이 플롯이다.

진실의 문제가 이야기하는 내용이 사실인가 허구인가가 아니라 이야기를 구성하는 형식인 플롯에 달려 있다고 믿는 서사 전통 속에서 역사는 문학의 하위 범주에 속하거나 그보다 열등한 것으로 취급됐다. 고대와 중세에서 역사와 문학은 수사학의 일부에 속했다. 12세기 서유럽에서 역사라는 말은 '이야기' 또는 '서술'을 의미했다. 이 말은 우화, 연대기, 업적 이야기, 콩트 그리고 로망 등과 같은 의미로 사용됨으로써, history와 story는 오랫동안 동의어로 쓰였다.

13세기에 이르러 '역사'는 일반 스토리와는 구별되는 과거 사실에 관한 서사라는 고대의 어법이 부활했다. 일찍이 고대 로마인은 역사가에 의해 서술된 역사(historia)와 구분하기 위해 실제 일어난 일 그 자체를 지칭하는 라틴어 'res gestae'라는 말을 만들어 냈고, 이 구분에 근거해서 독일인은 historia를 historie로 번역하고 일어난 사건을 지칭하는 'Geschichte'라는 단어를 13세기부터 사용했다. history와 story 사이의 본격적인 구분은 15세기 르네상스시대에 생겨났다. 전자가 실제로 일어난 사건에 대한 이야기라면, 후자는 비공식적이고 상상된 사건에 대한 이야기를 의미했다.[11]

history를 story와 구분하면서 historie와 Geschichte의 간격에 대한

---

11   나인호, 〈역사개념의 역사적 변천〉, 《21세기 역사학 길잡이》, 경인문화사, 2008, 25쪽.

문제의식이 생겨났다. 역사가 과학의 한 분과로 성립하기 위해서는 무엇보다도 historie와 Geschichte 사이의 간극에서부터 발생하는 객관적 지식의 문제를 해결하는 것을 일차적 과제로 삼아야 했다. 역사적 지식의 객관성이 강조되면 될수록 역사는 수사적 전통으로부터 벗어나 과학이 돼야 한다는 강박관념을 가졌다.

그 결과는 무엇인가? 앞서 인용한 폴 발레리의 "존재하지 않는 것들의 도움이 없다면, 우리는 어떻게 될 것인가?"라는 말처럼, 문학성을 상실한 역사학은 진실에 이르는 두 가지 문인 사실과 허구 가운데 하나의 문을 차단함으로써 '절름발이'가 되는 운명에 처했다.[12] 사실의 문으로 들어가는 것이 역사라면, 허구의 문을 여는 것이 문학이다. 하지만 엄밀히 말하면, 이 두 개의 문 역시 분리된 것이 아닌 뫼비우스 띠처럼 연결되어 있다. 실제로 "우리는 어디서 왔고, 누구며, 어디로 가는가"라는 인간 삶의 수수께끼를 풀기 위해서는 《어린왕자》에서 뱀이 주는 교훈처럼, "보이지 않는 것이 중요하다."

인간은 설명할 수 없는 것도 이야기할 수 있다는 것이 문학적 상상력의 힘이다. 우리 중의 누구도 "우리는 어디서 왔고, 누구며, 어디로 가는가"에 대해 완벽하게 설명할 순 없지만, 모든 사람이 그에 대한 이야기는 할 수 있다. 따라서 역사가 다시 이 3문에 대해 이야기할 수 있는 능력을 복원하기 위해서는 다른 뮤즈들과 헤어졌던 클리오를 다시 그들과 만나게 해야 한다. 그런데 문제는 그 자매들이 어떤 방식으로 재회해서 관계를 맺느냐다.

---

12   김현식, 〈포스트모던 시대의 역사가 : 사실과 허구의 틈새에 선 '절름발이'〉, 《역사와 문화》 1호, 문화사학회, 2000, 118~140쪽.

진실로 들어가는 두 개의 문, 사실과 허구

소설가 최인훈은 2008년 11월 19일 등단 50년을 앞두고 연 기자회견에서 이런 말을 했다.

《광장》을 쓰게 한 4·19혁명은 우둔했던 사람들도 시대의 문제에 대해 눈을 뜨면서 총명해지고, 영감이 부족하던 예술가도 새로운 발상으로 예술적 결과물을 내놓던 시대였다. 나는 단지 그 시대에 그 장소에 있었던 것뿐이고 역사가 비추는 조명에 따라 내 눈이 본 것을 글로 옮긴 것뿐이다. 개인에게 닥친 큰 사건에 대해 '문학'이라는 강력한 무기를 통해 '시대의 서기'로서 쓴 것이다 … 지금까지 한국의 언어예술가들은 '역사'라는 엄처시하에서 예술을 해온 삼류 역사가나 역사기자 비슷한 존재였다.

서정주 시인이 "나를 키운 건 8할이 바람이었다"라고 노래한 것처럼, 최인훈은 4·19혁명과 같은 역사가 자신을 소설가로 만들었다고 말했다. 역사가 비춘 조명에 따라 소설을 썼다는 그의 말을 액면 그대로 믿는다면, 역사는 문학의 등불이다. 더 나아가 역사를 위해 문학이라는 무기를 들었다고 말하는 그에게 문학은 역사라는 목적을 달성하기 위한 수단이다. 이처럼 역사가 문학적 창작의 출발점이면서 목표가 될 수 있는 근거는 무엇인가?

인간이 이 세상에서 이룩한 역사는 근본적으로 이 땅에서 활동한 영웅들의 역사라는 영웅사관을 주창한 칼라일Thomas Carlyle은 "실재는 정확히만 해석된다면 허구보다 위대하며, 그래서 결국은 역사가 진짜 시"[13]라고 말했다. 여기서 역사와 문학의 관계는 전자가 원본이라면 후자는 모사가 된다. 이런 사실주의 문법에 의거해서 사실의 모방과 창작의 변주를 위해 만들어진 장르가 근대 역사소설이다. 역사소설은 어디까지나 역사학의 보조 역할을 하는 것으로 자기 위치가 정해졌다. 따라서 역사학 밖에서 역사를 기록하고자 하는 문학은 사이비 역사로서의 지위에 만족했고, 역사문제를 화두로 삼는 소설가는 삼류 역사가로서의 역할을 자청했다.

그런데 이와 같은 역사와 문학의 위계질서는 사실서사와 허구서사의 분리가 일어난 이후 일반적 경향성인가, 아니면 근대 서사학 특유의 현상인가? 칼라일이 "실재는 정확히만 해석된다면 허구보다 위대하며, 그래서 결국은 역사가 진짜 시"라고 말했을 때, 그가 의도한 것은 아리스토텔레스가 《시학》에서 제시한 테제를 뒤집는 것이었다. 아리스토텔레스는 실제로 일어난 일을 이야기하는 역사보다는 일어날 법한 일을 이야기하는 시가 진실에 이르는 더 큰 문이라는 주장을 다음과 같이 폈다.

시인의 임무는 실제로 일어난 일을 이야기하는 데 있는 것이 아니라 일어날 법한 일, 곧 개연성이나 필연성의 법칙에 따라 가능한 일을 이야기하는 데 있다. 역사가와 시인의 차이점은 운문을 쓰느냐 아니면 산문을 쓰느냐에 있는 것이 아니라(헤로도토스의 작품은 운문으로 고쳐 쓸 수도 있을 것이다. 그러나 운율이 있든 없든 그것은 역시 일종의 역사임에 변함이 없을 것이다), 한 사람은 실제로 일어난 일을 이야기하고, 다른 사람은 일어날 법한 일을 이야기한다는 점에 있다. 따라서 시는 역사보다 더 철학적이고 중요하다. 왜냐하면 시는 보편적인

13 A. Fleishman, *The English Historical Novel*, Baltimore and London: The Johns Hopkins Press, 1971, xiv.

것을 말하는 경향이 많고 역사는 개별적인 것을 말하기 때문이다.[14]

    모든 학문은 진실을 추구한다. 역사학이 사실서사를 통해 진실을 밝힌
다면, 문학은 허구서사를 통해 진실을 드러낸다. 그런데 아리스토텔레스
는 왜 이 둘 가운데 문학이 진실로 들어가는 대문(大門)이라고 주장했을까?
이순신 장군에 대한 역사서사와 문학 내지는 드라마서사의 차이를 비교
해 봄으로써 아리스토텔레스 테제의 의미를 검토해 볼 수 있다. 역사서사
는 임진왜란 당시 이순신 장군이 무엇을 했고 어떻게 죽었는지에 대한 사
실적인 이야기를 사료의 고증을 통해 하는 것을 목표로 한다. 이에 반해
〈불멸의 이순신〉이라는 소설과 드라마가 추구하는 것은 다르다. 이순신
이라는 이름은 이미 정해진 사실이고 그의 행적 또한 사료와 역사책을 통
해 이미 알려져 있다. 주어진 조건 속에서 작가가 창작하는 것은 이야기
를 구성하는 플롯이다. 역사가에게는 실존 인물이 무엇을 했는지 이야기
하는 것이 중요하지만, 극작가와 소설가가 시청자와 독자와 소통하고자
하는 것은 실존 인물에게 일어난 사실에 대한 정보가 아니라 이야기 그
자체다.
    아리스토텔레스에게 이야기란 실재의 재현이 아니라 행동의 모방이
다. 관객의 마음을 움직여 카타르시스를 불러일으키는 행동을 유발하는
것은 사실 그 자체가 아니라 이야기의 플롯이다. 이야기 속 사건들의 인
과관계를 선택하고 배치하는 것은 플롯이다. 플롯에 의거해서 과거 실재
가 이야기로 전환되어야 관객은 감정이입과 정서적 반응을 일으켜서 행

---

14   아리스토텔레스, 천병희 옮김, 《시학》, 문예출판사, 2006, 63쪽.

동을 하게 된다.

실제로 어떻게 플롯을 구성하느냐에 따라 이순신에 대한 역사는 기존의 '성웅 이순신' 이야기처럼 로맨스가 되거나 김훈의 《칼의 노래》처럼 비극이 된다. 플롯 창작은 사실성이 아니라 개연성과 가능성의 범주 속에서 이뤄진다. 역사서사가 추구하는 사실은 개별적인 것만을 말할 수 있을 뿐이다. 하지만 개연성과 필연성의 법칙에 입각해서 플롯을 새로 짜는 문학이 보편적인 것을 이야기할 수 있다는 것이 아리스토텔레스의 주장이다. 요컨대 이름으로 대변되는 개별적 사실은 기껏해야 일회적인 역사적 진실만을 말하지만, 플롯으로 구현되는 소설과 드라마는 보편적 진실을 드러낼 수 있다는 것이다.

2000년 전 아리스토텔레스가 했던 말을 역사다큐를 만드는 PD가 하는 것을 듣고 우리 시대 역사학은 위기지만 팩션 역사물은 전성기를 구가하는 것이 우연이 아니라 필연임을 깨달았다. KBS 〈한국사전(傳)〉을 제작한 장영주 책임프로듀서는 한 심포지엄에서 이렇게 말했다.

> 프로그램 제작 과정에서 가장 중요시되는 것은 스토리텔링이다. 모든 역사적 지식은 추상적이지 않은 구체적인 이야기로 제시되어야 하고 그 이야기는 재미있어야 한다. 스토리텔링이 되지 않는다면 역사지식의 나열이라는 최악의 상황에 직면하게 된다.
> 역사프로그램에서 제시되는 역사 fact는 중요하기 때문에 선택된 것이 아니라 이야기에 필요하기 때문에 선택된다. 조선 초중기의 자녀들에게 재산을 균등하게 나눠준 기록인 분재기는 단지 편지를 남긴 조선시대 부부의 사랑 이야기를 증명하는 도구로 사용될 뿐이지 분재기 그 자체는 프로그램

의 관심사가 아니다. 이것이 논문과 프로그램의 차이점이기도 하다. 대중에게 필요한 역사지식은 쉽고 효율적으로 전달되어야 한다. 그래서 수용자가 눈치 채지 못하는 사이에 그 지식이 전달되는 방법으로 스토리텔링이 주목되는 것이다. 거대담론은 개인의 경험으로 치환해서 전달해야 하고 새로운 정보는 기존의 정보에 기대고 시청자들이 알고 있는 맥락 속에서 전달되어야 하는 것이다. 그렇기 때문에 방송에서는 5·18의 역사적 의의를 직접 말하기보다는 '어머니의 노래'나 '푸른 눈의 목격자' 같은 특정한 개인의 구체적 경험으로 치환하고 스토리텔링이 가능한 구조로 변화시켜 5·18의 의의를 간접 전달하게 되는 것이다.[15]

과거가 실제 일어난 사실 그 자체라면 역사란 과거에 관한 스토리텔링이다. 스토리텔링의 메시지와 의미를 결정하는 것은 이야기 요소로서 개별적 사실이 아니라 플롯이다. 그 자체로서는 카오스인 과거 사실들에 질서를 부여해 의미 있는 이야기를 만들어 내는 것이 플롯이기 때문에 작가가 가장 고심하는 문제는 어떻게 하면 플롯 구성을 잘할 수 있는가다. 이에 대해 아리스토텔레스가 《시학》에서 제시한 제일 원칙은 "이야기가 원하는 것을 말하라"다. 사실은 스스로 말하지 못하며 실제로는 역사가나 작가가 말한다. 그럼에도 훌륭한 역사가나 작가는 자기 생각을 말하는 화자이기보다는 이야기를 전달하는 매체의 역할을 하고자 한다. 실질적으로 스토리는 플롯의 내적 필연성에 따라 전개되기 때문이다.

피카소는 예술을 '사실에 관한 진실을 말하는 허구'라고 정의했다. 역

15   장영주, 〈KBS의 역사다큐멘터리 제작〉, 《역사문화콘텐츠 산업화의 현실과 전망》(2008년 4월 30일 목포대학교가 주최한 〈문화산업 포럼〉 발표문), 11쪽.

사란 과거 사실에 관한 진실을 말하는 담론이라고 말할 수 있다. 그런데 담론이 결국 역사가에 의해 구성됐다는 점에서 허구가 아니라고 말할 수 없다. 분명 과거는 사실이고 역사는 이야기지만, 역사는 멋대로 꾸며서 흥미 본위로 하는 이야기가 아니라 과거에 대한 지식을 전달할 목적으로 하는 이야기다.

역사가 과거에 대한 지식을 생산하는 기능을 하기 때문에 역사는 과학의 한 분야로서 위치를 차지할 수 있다. 그런데 지식이란 무엇인가? 앨빈 토플러는 데이터, 정보 그리고 지식을 구분했다.[16] 그의 구분법을 역사에 적용하면, 예컨대 1894년이라는 연대 자체는 하나의 데이터다. 이 데이터가 "1894년에 전라도 지방에서 동학농민군이 봉기를 일으켰다"처럼 하나의 문맥 사이에 위치하면 정보가 된다. 이 정보가 다시 한국사 전체적 맥락과 연관해서 특정한 역사적 의미를 가지는 동학란, 동학운동, 동학혁명, 갑오농민전쟁의 이름으로 불릴 때, 그것은 지식이 된다. 정보가 지식으로 전화하기 위해서는 더 포괄적이고 고차원적인 패턴으로 배열해 다른 패턴과 연결하는 작업, 곧 역사학의 경우에는 플롯 구성이 이뤄져야 한다.

그런데 과거 사실의 의미를 규정하는 '난', '혁명', '운동', '전쟁'과 같은 담론은 엄밀히 말해 사실이 아닌 허구다. 특정 담론이 무엇이 역사적 사실이며 그것들의 인과관계를 미리 결정한다는 헤이든 화이트의 '메타 역사' 테제는 궁극적으로 플롯이 의미를 만든다는 아리스토텔레스의 주장과 동일하다. 따라서 탈근대에서 팩션서사의 등장은 역사학의 종말이

---

16 앨빈 토플러·하이디 토플러, 김중웅 옮김, 《부의 미래》, 청림출판, 2006, 154쪽.

라기보다는 근대 과학 담론에 의해 상실된 수사학 전통으로의 회귀라고 말할 수 있다. 사실은 진실이고 허구는 거짓이라는 사실주의 문법 체계 자체가 근대 과학 담론이 만든 하나의 매트릭스인 셈이다.

근대의 서사학은 사실과 허구를 사실성과 개연성의 범주가 아니라 진실과 거짓의 사실주의 매트릭스에 입각해 있다는 특징을 가진다. 그런데 왜 근대에서 아리스토텔레스가 설정한 사실과 허구 사이의 가치의 전도가 일어났는가? 사실은 진실이고 허구는 거짓이라는 사실주의 문법의 생성과 변형을 이끈 근대의 보편 문법은 결국 대문자 역사로 상정되는 거대 담론 역사였다. 거대담론 역사에 입각해서 현재의 역사가 나아갈 방향을 예시할 목적으로 '현재의 전사로서 역사'를 형상화하는 것을 목표로 하는, 루카치가 정의하는 근대 역사소설이 성립했고, 이런 식으로 근대에서 역사와 문학의 역학 관계가 규정됐다. 아직 도래하지는 않았지만 역사의 필연으로 믿어지던 사회주의라는 비실재에 입각해서 현실을 재현하고 해석하는 것이 진리라고 주장하는 사회주의 리얼리즘은 근대 사실주의 문법의 전형을 이뤘다.

현실사회주의의 종말과 함께 대두한 '문학의 종말' 테제는 역설적이게도 역사와 문학의 위계질서가 붕괴했다는 문제의식으로부터 나왔다. 거대담론으로서 역사의 종말이 문학의 해방이 아닌 종말을 초래했다는 점을 우리는 어떻게 이해해야 하는가? 역사가 문학이라는 허구를 수단으로 삼는 방식이 아니라 문학이 역사의 수단으로 여겨지는 시대에서 역설적으로 문학으로 세상을 바꿀 수 있다는 대문자 문학이 성립할 수 있었다.

거대담론으로서 역사는 문학적 탐구가 나아갈 길을 제시하는 등불이면서 문학적 물음의 답을 내포했다. 역사의 답을 알고 삶의 문제를 푸는 문학은 역사적이면 역사적일수록 좋다고 생각했다. 하지만 역사의 답을 모르고 삶의 문제를 풀어야 하는 문학이 역사로부터의 해방이 아닌 종말을 말하는 것은 역설이 아닐 수 없다. 역설은 위기의식의 반영이다. 위기란 기존의 질서는 해체됐는데, 새로운 질서는 아직 도래하지 않은 상황을 의미한다. 역사는 현실이 나아갈 목표지만 문학은 그 목표를 가리키는 손가락이라는, 근대에서의 역사와 문학의 이중주가 우리 시대에는 불협화음으로 들리고 있다. 역사와 문학을 달이라는 실재와 손가락이라는 허구로 나누던 근대의 질서가 무너진 이후 문학과 역사는 어떤 조합으로 새로운 화음을 만들어 낼 것인가? 탈근대에서 역사와 문학의 이상적인 만남을 추구하는 서사 양식으로 팩션이 등장했다.

답이 없는 우리 시대에 정말 중요한 것은 답이 아니라 문제라는 인식의 전환이 일어나야 한다. 마르크스의 말대로 문제가 있다면 답은 있게 마련이며, 답은 문제 안에 내재해 있다. 따라서 진실이란 답 그 자체로 존재하는 것이 아니라 답을 구하기 위해 문제를 제기하는 과정 속에서 만들어지는 것이고, 역사와 문학과 같은 서사는 그러한 과정에 대한 이야기라고 말할 수 있다.

역사의 답은 이미 일어난 과거 사실 안에 있는 것으로 여겨졌다. 하지만 미래는 열려 있기에 역사적 진실은 과거에 완결된 것이 아니라 미래에 만들어지는 것이다. 과거 속에서 진리를 구하는 역사학이 아직 일어나지 않은 미래에 구현될 진리를 통찰하기 위해서는 밖으로부터의 역사적 상상력의 수혈이 요청된다. 이 같은 맥락에서 역사학과 문학의 만남이 이뤄져야 한다.

최인훈은 스스로를 삼류 역사가라고 말했지만, 그는 당대의 어느 일류 역사가보다 더 훌륭히 역사의 진실에 대해 발언했다. 문학이 기꺼이 역사의 수단이 되고자 했던 시대에 역설적이게도 문학이 역사보다 역사에 대해 더 많은 진실을 말한 이유는 무엇인가? 역사학이 분단 문제를 자기 연구 영역으로 삼을 수 없던 금기의 시대에 작가 최인훈은《광장》이라는 소설적 허구를 통해 분단 현실을 초월했다. 이것이 역사적 사실을 넘어서는 문학적 허구의 힘이다. 역사를 통해 역사를 극복하는 것으로 역사의 존재방식이 이어지기 때문에, 현실의 역사를 초월하는 상상의 역사를 허구로 구현하는 문학이 역사학보다도 더 역사적일 수 있다. 다시 말해 문학과 예술이 현실의 역사가 실현하지 못한 꿈의 역사를 이야기하거나 과학적 역사가 말하지 못하는 대안 역사(Alternate history)를 그려 낼 수 있다.

역사와 문학 관계가 고려시대에는 김부식의《삼국사기》와 일연의《삼국유사》로, 우리 시대에는 역사학과 사극으로 재연된다. 둘 모두 궁극적으로 추구하는 것은 역사의 3문인 "우리는 어디서 왔고, 누구며, 어디로 가는가"다. 다음으로 이에 대한 김부식의 생각과 일연의 마음에 대해 알아본다. 현존하는 우리 역사서의 가장 오래된 것들인 이 둘에 대한 비교는 이후 전개되는 한국사학사에서 역사와 문학의 관계를 대표적으로 보여 주는 표상이다.

2

《삼국사기》와《삼국유사》,

"태양에 바래면 역사, 월광에 물들면 설화"

사실의 빛과 허구의 그림자

서구의 서사 전통에서는 신화가 먼저 생성하고 그로부터 역사와 같은 사
실서사의 분리가 이뤄졌다. 하지만 우리나라에선 김부식이 고려 인종 53
년(1145)에《삼국사기》를 편찬하고 그로부터 약 150년 뒤에 일연이《삼국
유사》를 집필했다. 전자가 역사서사라면, 후자는 허구서사에 가깝다. 서
구 서사학이 '허구에서 역사'의 길로 나아갔다면 동아시아 서사학은 반
대로 '역사에서 허구로' 분화되는 방향으로 발전했다.[17] 또한 플롯을 중시
하는 서구 서사 전통에서는 허구서사인 문학이 사실서사인 역사보다 보
편적 진실을 대변하는 것으로 여겨졌다면, 동아시아 서사 전통에서는 이

---

17 루샤오펑, 조미원·박계화·손수영 옮김,《역사에서 허구로 : 중국의 서사학》, 길, 2001.

관계도 역전됐다.

전통시대 중국에서 소설小說은 길거리에 떠도는 '하찮은 이야기'를 의미했다. 소설은 모든 저작물을 목록화하는 체계인 經(경전), 史(역사), 子(철학 담론), 集(문학 선집) 가운데 관습적으로는 자부子部의 하위 범주에 속하는 것으로 분류됐지만, 기본적으로는 4분법 분류체계의 안과 밖 사이의 경계상에 놓여 있는, 정체성이 애매한 것이었다. 중국에서 정통서사는 사실을 기록하는 '실록'으로서 역사이고, 소설은 子(철학)와 集(문학) 사이에 위치해 '보완적인 역사補史'의 기능을 하는 것으로 여겨졌다.

중국 서사 전통에서 비공식적이고 신뢰할 수 없는 비공식적 역사의 한 형태로 분류되던 소설에 대한 재인식은 '지괴志怪'라고 불리는 작품들이 나오기 시작하는 육조시대(265~588)부터 일어났다. 지괴는 불완전하고 비공식적이며 보충적인 역사이거나 역사의 재료로서 평가됐다. '지괴'와 더불어 '기이한 이야기'를 뜻하는 '전기傳奇'라는 서사 양식의 등장은 인간은 꿈 없이는 살 수 없는 존재라는 것을 반증한다. 현실의 다른 모습을 가정하는 것을 넘어서 부정하고자 하는 인간의 욕망은 꿈의 서사로서 소설의 진화를 낳았다. 꿈의 서사로서 소설은 역사서사에 의해 정통으로 간주되는 현실의 질서에 대해 문제를 제기하고 대안의 세계를 추구하는 경향을 보였다.

조설근曹雪芹은 《홍루몽》 제1회에서 사실과 허구의 변증법을 이렇게 표현했다. "거짓이 진실을 만들 때, 진실은 거짓이 된다. 없는 것이 있는 것으로 되는 곳에서, 있는 것은 없는 것으로 바뀐다(假作眞時, 眞亦假. 無爲有處, 有還無)." 역사에서 사실을 무의미한 것으로 만들면 허구가 되고, 허구를 의미 있는 것으로 재해석하면 사실이 되는 경우가 많다.

예컨대 한국 역사상 승자와 패자로 극적으로 대비되는 인물이 왕선과 궁예다. 두 인물에 관한 정사의 기록은 《삼국사기》와 《고려사》에 나타난다. 하지만 두 정사는 당대의 기록이 아닌 고려시대와 조선시대에 편찬됐다. 따라서 고려시대에는 궁예의 신하였던 왕건의 모반을 정당화할 목적으로, 조선시대에는 고려를 멸망시키고 조선을 건국한 것을 왕건의 고려가 궁예의 태봉을 역성혁명으로 대체한 것과 같다는 명분을 획득하기 위해 궁예를 악마화했을 것이라는 추정이 가능하다.[18]

하지만 추정은 어디까지나 지금까지 전하는 궁예 설화를 토대로 해서만 가능하다. 설화는 허구고 역사만이 사실이라는 이분법은 승자의 역사를 정당화한다는 혐의를 가질 수 있다.[19] 이 딜레마를 벗어나기 위해서는 사실로부터 허구를 분리해 내는 사실주의 문법을 대체할 수 있는 방안을 모색해야 한다. 테오도르 레싱Theodor Lessing은 역사란 "의미 없는 것에 의미를 부여하는"[20] 일이라고 정의했다. 따라서 사실과 허구는 모순 관계가 아닌 빛과 그림자와 같은 양면성의 관계로 짝을 이루고 있다는 방식으로 발상의 전환을 할 필요가 있다.

역사와 소설은 어느 시대나 공존해, 꿈과 현실로 이뤄진 인간 삶의 총체적 진실에 대해 이야기한다. 따라서 어느 하나를 다른 하나로 대체하는 것이 아니라 그 차이를 인정하고 생산적인 대화를 함으로써 시너지 효

---

18 이재범, 〈역사와 설화 사이 : 철원 지역설화로 본 궁예왕〉, 《강원민속학》 제20집, 강원도민속학회, 2006 ; 〈후삼국시대 궁예정권의 연구 : 지명설화로 본 궁예정권의 최후〉, 《군사》 제62호, 국방부군사편찬연구소, 2007.

19 역사와 설화의 관계와 관련해서 팩션의 등장을 해명하는 것으로 김기봉, 〈팩션으로서 역사서술〉, 《역사와 경계》 제63집, 부산경남사학회, 2007이 있다.

20 Theodor Lessing, Geschihte als Sinngebung des Sinnlosen, München, 1983.

과를 발휘하는 것이 중요하다. 그러기 위한 전제는 역사와 문학의 장르적 차이를 사실과 허구의 이분법이 아니라 아리스토텔레스가《시학》에서 제시한 '실제로 일어난 일'과 '있을 수 있는 일'이라는 사고 프레임의 차이로 재인식해야 한다는 것이다.

김부식의 생각과 일연의 마음

과거는 없고 역사만이 존재한다. 현재의 우리가 과거에 그런 일이 일어났다는 것을 아는 것은 과거를 증언하는 유적이나 유물이 남아 있거나 누군가가 그 일에 관한 기록을 남겼기 때문이다. 이런 사태를 미술로 비유하면, 화가가 과거에 본 풍경은 없고 지금 우리가 보는 것은 그 당시 화가가 그린 그림이다. 마찬가지로 역사란 과거의 풍경이 아니라 화가가 그린 풍경화다. 현재의 우리가 역사라는 화가가 그린 과거의 풍경화를 통해서 보는 것은 과거의 실물 그 자체가 아니라 화가의 마음에 비춰진 과거의 표상이다. 그렇다면 우리가 화가의 그림을 통해서 정말로 보아야 하는 것은 무엇인가? 창을 통해 세상을 보는 것에 만족하지 말고 창을 형성한 창틀frame을 먼저 봐야 하는 것처럼, 그림으로 그려질 대상을 선험적으로 규정한 화가의 마음을 읽어야 한다. 화가의 마음이 세계를 비추는 거울로 작동하듯이, 역사가의 역사관이 과거를 역사로 보는 안경의 기능을 한다.

《삼국사기》와《삼국유사》는 모두 삼국시대라는 과거의 풍경을 직접 보고 그린 그림이 아니라 한참 후인 고려시대의 김부식과 일연이 그린 작품이다. 고구려, 백제, 신라가 공존하던 시대를 삼국시대로 인식하는 방식은 과거 그 자체가 아니라 그들이 만든 역사다. 엄밀히 말해 '삼국시대'라는 시대구분부터가 승자의 역사를 대변한다. 일반적으로 삼국시대는 기원전 57년 신라의 건국부터 서기 668년 고구려의 멸망까지 약 700년간의 시간을 포괄한다. 하지만 고구려, 백제, 신라가 솥의 세발처럼 우리나라를 지탱하던 시기는 562년부터 660년까지의 98년밖에 되지 않는다. 물론 물리적 시간과 역사적 시간은 다르므로 역사상의 시대구분을 순전히 양적인 것을 기준으로 해서는 안 된다. 그런데도 삼국시대라는 시대구분에 의해 말살된 역사들, 예컨대 가야의 역사와 고구려 및 백제와 일본과의 관계사를 재인식하는, 푸코가 제시한 계보학적 방법론에 의거해서 한국고대사를 해체해 보는 것은 의미심장한 일이다. 전자의 가야사를 고려하면 한국고대사는 삼국시대가 아닌 사국시대로 수정돼야 하며,[21] 후자의 관계사를 재인식하면 동아시아사의 관점이 열릴 수 있다.

계보학적 역사는 무엇보다도 국사國史라는 창틀에 의해 보이지 않게 된 과거의 사실을 재발굴해서 역사를 다시 쓰는 것을 목표로 한다. 이 같은 과거의 재발굴은 과거와 역사의 대응관계가 아니라 역사서술과 역사서술 사이의 불일치에 주목하는 것으로 성취될 수 있다. 이런 맥락에서 볼 때, 《삼국사기》와 《삼국유사》 사이의 공통점보다는 차이가 한국고대사를 재인식할 수 있는 단초를 더 많이 제공할 수 있다.

---

21 삼국시대라고 할 때 일차적으로 생략되는 역사가 가야사다. 가야는 문헌 기록에는 서기 42년에 건국해 562년에 멸망했다고 나오지만, 실제로는 신라와 마찬가지로 기원전 2세기 말 내지 1세기 초 영남지역에 나타나 3세기에 들어 김해를 중심으로 연맹체를 구성하다가 3세기 후반에는 가야국이 연맹체의 중심으로 대두하기 시작했다. 따라서 김태식은 한국 고대 시기의 대부분은 고구려와 백제의 2강과 신라와 가야의 2약이 서로 뒤엉켜 세력 균형을 이루며 전개됐기 때문에 '삼국시대'가 아니라 '사국시대'로 불려야 한다고 주장한다(김태식, 〈삼국시대에서 사국시대로〉, 《역사용어 바로쓰기》, 역사비평사, 2006, 23~38쪽).

한국사학사에서 김부식의《삼국사기》가 가진 의미와 무의미는 한반도와 만주 대륙에 걸쳐 독자적으로 존립한 고구려, 백제, 신라를 하나의 역사로 묶어서 '우리 역사'로 서술했다는 점에서 기인한다. 김부식이《삼국사기》를 편찬한 것을 계기로 해서 고려 건국에 이르기까지의 시간을 하나의 역사공동체를 형성하는 과정으로 파악하는 국사 개념이 탄생했다.

고려는 후삼국을 통일함으로써 성립한 왕조다. 그런데 고려의 역사적 정체성을 고구려를 계승한 국가로 위치 지을 때 문제가 되는 것이 고구려를 멸망시킨 신라의 위상이다. 신라에서 고려로 이어지는 현실 역사의 계보와 고려가 고구려를 계승하는 국가여야 한다는 당위 역사의 계보는 충돌을 빚을 수밖에 없었다. 이 같은 역사 충돌이 급기야는 '묘청의 난'이라는 현실 정치의 문제로 비화됐고, 김부식의 승리는 고려 초 광종 때 편찬된 것으로 추정되는 고구려 중심의《삼국사》를 신라 중심의《삼국사기》로 수정하는 이른바 '역사 바로 세우기'를 국가 프로젝트로 추진하는 전기가 됐다.《삼국사》에서《삼국사기》로 고려의 정사가 바뀌는 것을 기점으로 해서 한국고대사의 체계가 수정되는 중대한 일이 일어났다. 고구려의 역사를 축소시키려는 김부식의 의도는 고구려의 전신인 고조선을 역사시대 밖으로 추방하는 결과를 초래했다. 김부식은 이러한 추방을 정당화하는 명분을 〈연표〉의 서문에서 다음과 같이 썼다.

해동에 나라가 있은 지 오래였다. 기자가 주나라 왕실에 봉작을 받고 위만이 한나라 초엽에 왕호를 참칭한 뒤부터 연대가 요원하고 기록들이 조잡하여 도저히 그 사적을 알 수 없으며 3국이 솥발처럼 대치함에 이르러서는 왕대들의 전장이 더욱 많았는바 신라는 56왕에 992년이요, 고구려는 28왕에

705년이요. 백제는 31왕에 678년이었다. 그 시초와 종말은 상고할 수 있으므로 3국의 연표를 작성한다.[22]

서문의 마지막에 "'고구려는 한나라 시대로부터 나라를 가졌는데 지금 900년'이라고 당나라 가언충賈言忠이 기록했는데 이것은 착오다"라는 주를 붙였는데, 그 이유는 고구려본기부터 시작한 《삼국사》를 반박하기 위해서였을 것으로 추정한다.[23] 김부식은 연표를 중국의 연대를 기준점으로 해서 박혁거세의 신라 건국을 출발점으로 하고 신라, 고구려, 백제 순서로 병렬했다. 이 같은 연표작성법은 중화주의자로서 김부식의 면모를 전형적으로 보여 주는 구성 방식이다. 먼저 '해동'이란 지명은 중국을 기준으로 해서 동쪽 지역에 위치해 있음을 지칭한다. 해동의 역사는 주나라 왕실의 봉작을 받은 기자로부터 시작한다. 위만은 책봉을 받지 못했기에 정통성을 인정받지 못했다. 그 이후의 역사, 예컨대 고조선의 멸망과 함께 이어지는 삼한 대는 공백으로 남기고 삼국시대부터 서술했다. 김부식이 삼국시대의 시작을 고구려가 아니라 신라로 설정했다는 것은 고조선과 삼국시대를 단절로 봤다는 증거다.

《삼국사기》에 의한 '우리 역사'의 축소는 필연적으로 일연으로 하여금 《삼국유사》를 집필하게 만들었다. 이 같은 역사의식은 원 간섭기에 자주성을 회복해야 한다는 요청에 부응해서 나타났다. 유사遺事의 문자 그대로의 의미는 '잃어버린 사실' 또는 '남겨진 사실'이다. 전자의 '잃어버린 사실'이란 《삼국사기》와 같은 역사로 기록되지 못함으로써 잊힌 사실을

---

22 김부식, 고전연구실 옮김, 《신편 삼국사기》 하, 신서원, 2004, 9쪽.
23 정구복, 《삼국사기의 현대적 이해》, 서울대학교출판부, 2004, 11쪽.

뜻하며, 후자의 '남겨진 사실'은 역사가 되지 못함으로써 신화가 돼 버린 사실을 가리킨다. 史가 되지 못한 事는 신화가 된다. 이를 소설가 이병주는 《산하》의 에필로그에서 "태양에 바래면 역사가 되고, 월광에 물들면 신화가 된다"라고 썼다. 《삼국사기》가 태양에 바랜 역사를 기록했다면, 《삼국유사》는 월광에 물든 신화를 이야기하고자 했다. 후대에 이르러 전자는 역사학으로 그리고 후자는 문학으로 분화됐다. 이러한 분화를 계기로 해서 전자는 사실이라서 진실이고, 후자는 허구라서 거짓이라는 잣대는 근대 사실주의 문법이 만든 이분법이다. 일연은 당대 인간들이 상상적으로 구성한 이른바 '허구적 사실'도 《삼국유사》에 수록한 이유를 〈기이편紀異篇〉 서문에서 이렇게 밝혔다.

대개 옛 성인이 예악으로 나라를 일으키고 인의로 가르침을 베풀 때에는 괴이한 일과 헛된 용맹, 그리고 어지러운 일과 귀신에 대해 말하지 않았다. 그러나 제왕이 장차 일어날 때에는 부명符命과 도록圖錄을 받들어, 반드시 보통 사람과 다른 점이 있은 뒤에야 큰 변화를 타서 천자의 지위를 얻어 왕업을 이루는 것이다.

그러므로 황하에서 그림이 나오고, 낙수에서 글씨가 나타나 성인이 태어났다. 심지어는 무지가가 신모를 둘러 복희를 낳았고, 용이 여등과 교접해 염제를 낳았다. …

이 뒤의 일들을 어찌 다 기록할 수 있겠는가. 그렇다면 삼국의 시조가 모두 신비하고 기이한 데서 나왔다 한들 어찌 괴이하랴. 이것이 〈기이〉를 여러

편 앞에 두는 까닭이다. 나의 뜻이 바로 여기에 있다.[24]

여기서 옛 성인이란 《논어》를 통해 괴력난신을 말하지 않겠다고 선언한 공자를 지칭한다. 그런데 유교의 합리적인 사고방식으로는 역사를 바꾼 비합리적인 사건과 초월적인 현상을 설명할 수 없다는 것이 일연의 생각이다. 많은 사람이 태몽을 갖고 태어나듯이, 고구려, 백제 그리고 신라의 시조가 신이神異하게 출생했다는 것은 전혀 이상한 일이 아니다. 단지 문제는 그것을 역사로서 기록할 수 있느냐, 없느냐의 문제다. 예컨대 주몽이 고구려를 건국하지 않았다면, 일연은 그에 관한 신이를 기록하지 않았을 것이다. 주몽이 했던 위대한 일(事)이 역사(史)가 됨으로써 그의 태몽은 하나의 이야기로 꾸며져서 신이로 믿어졌다. 이러한 '허구적 사실'이 '광개토대왕비문'에도 새겨졌다는 것은 고구려 건국신화로서 실제로 작용한 역사였음을 입증한다.

고대인은 '허구적 사실'의 담론인 신화의 세계를 믿었다. 기본적으로 고대사에서 신화와 역사의 구분은 애매하다. 신화란 역사가 되지 못한 사실을 상징적으로 표현하는 메타포라고 할 수 있다. 그럼에도 메타포를 사실로 여기는 것은 "내 마음은 호수다"라고 말했다고 해서 마음과 호수를 같다고 생각하는 것처럼 어리석은 일이다. 우리 시대 사람들이 '꿈꾸는 역사'로 사극을 제작하듯이, 고대인들은 현실의 역사가 아닌 꿈의 역사를 신화로 표현했다. 꿈이란 비현실적인 세계이지만 인간 삶의 일부분임에 틀림없다. 꿈과 현실은 인간 삶의 동전의 양면이다. 꿈 없는 현실은 무

---

24 일연, 이가원·허경진 옮김, 《삼국유사》, 한길사, 2006, 63~64쪽.

의미하고, 현실 없는 꿈은 공허하다. 그렇다면 중요한 것은 현실로부터 꿈을 제외시키기보다는 현실을 넘어선 현상과 세계와 소통을 열 수 있는 언어로 꿈을 해석하는 것이다. 꿈은 비현실적인 세계지만 인간의 무의식을 표현하는 상형문자다. 김부식에 의해 史가 되지 못해서 신화가 된 事를 일연은 우리 꿈의 역사로 재현했다.

나의 정체성을 형성하는 것이 의식뿐 아니라 무의식이며, 전자보다는 오히려 후자의 영역이 더 깊고 넓듯이, 꿈의 역사로서 신화가 합리적인 역사서술보다도 우리는 누구인가라는 정체성에 대해 더 많은 것을 이야기해 줄 수 있다. 일연이 《삼국유사》에서 최초로 기록한 우리 꿈의 역사가 단군신화다. 《삼국유사》는 《삼국사기》가 배제한 고조선을 꿈의 역사인 '기이'로 기록함으로써 '우리 역사'의 범주를 확장했다.

일연이 《삼국유사》를 단군신화에서부터 시작했다는 것은 김부식의 중화사상과는 다른 천하관을 가졌다는 것을 의미한다. 단군은 하늘의 통치자인 환인의 서자인 환웅의 아들이다. 단군은 조선을 개국해 1500년간 다스리다가 주나라 무왕이 봉한 기자의 등장으로 역사의 무대에서 퇴장했다. 여기서 이상한 점은 단군과 기자로의 권력 이동 과정에 대한 설명이 전혀 없다는 사실이다.

이 같은 정권교체는 과연 어떻게 이뤄졌을까? 하늘의 자손인 단군이 주나라 무왕이 봉한 기자에게 순순히 권력을 이양하고 산신이 됐다는 것을 어떻게 이해해야 하는가? 일연은 환인에 대해 "제석帝釋을 말한다"로 주석을 달았다. 제석은 수미산 꼭대기에 있는 도리천의 임금을 가리키는 불교 용어다. 따라서 단군에서 기자로의 권력 이동, 곧 단군조선에서 기자조선으로의 고조선 정체성의 변환을, 일연이 불교에서 유교로의 문명

전환으로 이해한 것은 아닐까?

　물론 불교 전래 이전의 불교에 대해 말한다는 것은 시대착오다. 하지만 이것을 사실적 연관관계가 아니라 상징적 연관관계로 읽으면, 일연은 김부식의 유교사관에 근거한 국사를 지양할 수 있는 대안으로 불교사관에 입각한 '우리 역사'를 재구성했다고 말할 수 있다. '현재와 과거의 대화'로 하는 역사의 재구성은 일어난 과거를 그냥 이야기하는 추체험追體驗을 통한 행동을 수반한다.

　역사란, 타이 몬태규Ty Montague 전 JWT 크리에이티브 책임자의 용어를 이용해 정의하면, 스토리텔링storytelling이 아니라 '스토리두잉 storydoing'이다. 타이 몬태규는 자기가 다루는 스토리가 자기 삶과 연관됨을 알고, 이를 자기 삶 속에서 실현하고자 노력하는 사람들을 '스토리두어storydoer'라 부르고, 그 행위를 '스토리두잉'으로 정의했다.[25] '스토리두어'로서 역사가는 과거사에 대한 이야기를 전달하는 스토리텔링을 넘어서 그 이야기를 현실로 만드는 '스토리두잉'을 실천한다.

　《삼국사》에서 《삼국사기》 그리고 《삼국유사》로 이어지는 사학사는 스토리텔링이 아니라 '스토리두잉'으로 전개됐다. 고려 건국 초 광종 때는 국사로서의 《삼국사》 편찬이 요청됐다. 그러다가 '묘청의 난' 이후 변화된 국내외의 정세 속에서 고려의 역사적 정체성을 재정립할 목적으로 김부식이 '스토리두잉'한 것이 《삼국사기》였다면, 대몽항쟁 이후 원 간섭기에 고려의 자주성을 재확립할 필요성에 부응해 일연이 《삼국유사》라는 '스토리두잉'을 했다.

25　김일철·유지희, 《스토리두잉》, 컬처그라퍼, 2014.

사실과 허구의 이중주로서 역사적 진실

《삼국사기》와 《삼국유사》라는 명칭에는 분명 역사와 문학 사이의 위계질서가 내재해 있었다. 《삼국사기》는 정사인 반면, 《삼국유사》는 야사로 취급됐다. 이 같은 분류법에는 푸코가 말하는 에피스테메epistem가 작동하고 있다. 《삼국사기》가 없었다면, 《삼국유사》라는 제목은 생겨나지 않았을 것이다. 전자가 스스로 빛을 발하는 태양이라면, 후자는 그 빛을 받음으로써 밤이 돼서야 그 존재를 드러내는 달이다. '유사遺事'라는 제목을 붙인 것처럼 일연은 김부식의 《삼국사기》가 축소하고 제외시킨 사실들을 비추기 위해 《삼국유사》를 편찬했다. 역사史가 기록하지 않은 사건事을 전한다는 것이 집필 목적이었다.

역사서술의 역사를 살펴보면, 모든 새로운 역사서술은 이런 식으로 무의미한 것으로 제외되던 일을 다시 의미 있는 것으로 기술하면서부터 생겨난다. 그럼에도 일연은 왜 자신의 책을 사(史)라고 칭하지 않고 사(事)라고 했을까? 과거가 실재라면, 역사란 개념이다. 김부식은 유교 개념에 입각해서 삼국의 일(事)을 역사(史)로 기록했다. 이에 반해 일연의 《삼국유사》는 불교사관에 의거해서 과거의 일들을 기록했다.

김부식은 사실적 연관관계를 기술해야 한다고 믿음으로써 역사와 신화를 엄격히 구분했다. 하지만 일연은 사실적 연관관계의 배후에서 작용하던 상징적 힘들을 추적함으로써 역사와 신화의 접합을 추구했다. 그렇다면 고대사를 연구하는 현재의 역사가에게 무엇이 더 가치 있는 사료인가? 일반적으로 역사가는 《삼국유사》보다 《삼국사기》의 기록을 더 신뢰하는 경향이 있다. 하지만 육당 최남선은 둘 중의 어느 하나를 선택하라면 마땅히 《삼국유사》를 택하겠다고 했다. 왜 그런 말을 했을까? 두 책이

동시에 기록하고 있는 이차돈異次頓의 순교에 관한 기사를 비교해 보면 그의 말이 이해가 된다.

《삼국사기》에는 법흥왕이 불교를 일으키려 했으나 신하들이 이를 반대하고 불평하자 이차돈이 나서서 자기 목을 베어 논의를 진정시키라는 제안을 왕에게 하는 것으로 나온다. 죽음에 임한 이차돈은 만약 부처님이 신령스러움이 있다면 자신의 죽음에 반드시 이상한 일이 일어날 것이라고 예언했다. 예언대로 목을 베자 잘린 곳에서 우윳빛처럼 흰 피가 솟구쳤다는 것을 김부식은 김대문金大問의 《계림잡전》의 기록에 의거해서 적는다고 했다.[26]

이에 비해 《삼국유사》는 비슷한 내용을 전하면서도 이차돈 죽음에 대한 두 가지 설을 제시했다. 하나는 법흥왕이 이차돈과 사전에 모의해 놓고 그가 자의적으로 사찰을 짓는다는 죄목을 씌워 처형했다는 설이고, 다른 하나는 이차돈이 왕명을 사칭하고 사찰을 짓다가 처형당했다는 설화적 내용을 담고 있는 향전鄕傳이 전하는 설이다.[27]

두 사료를 비교해 읽으면서 제일 먼저 드는 의문은 이차돈의 순교에 관한 기사가 유교적 합리주의에 따르면 역사로서 기술될 수 없는데도 왜 《삼국사기》는 이 기사를 수록했는가 하는 점이다. 물론 《삼국사기》는 김대문의 《계림잡전》을 인용했다고 밝힘으로써 신빙성에서 일정한 거리를 두었다. 그럼에도 이차돈의 순교를 거론하지 않고 불교가 신라의 국교로 공인되는 것의 인과관계를 설명할 수 없기 때문에 그 기사를 인용할 수밖에 없었던 것으로 추측된다.

---

26 《삼국사기》〈신라본기 3〉 법흥왕 15년조.
27 《삼국유사》〈흥법 3〉 원종흥법 염촉멸신조.

유교적 합리주의자 김부식조차도 이
차돈의 신비한 죽음을 부인할 수 없는 물
적 증거가 있었다. 그것은 바로 원래는
이차돈의 머리가 날아 떨어진 곳에 세워
진 절이라는 백률사에 있던 것을 지금은
국립경주박물관으로 옮겨서 전시하고
있는 이차돈 순교비다.

현재 비문은 거의 읽을 수 없지만 판
독할 수 있는 단어들이《삼국유사》의 기
록과 일치하며 양각된 그림이 이차돈 순
교비임을 명확히 보여 준다. 심한 마멸로
정확한 건립 연대를 알 수는 없지만 비문
의 글씨를 통해 혜공왕 2년(766) 이후의

이차돈 순교비
경주 소금강산 백률사 출토,
국립경주박물관 소장

것으로 추정된다. 이차돈이 순교한 지 적어도 239년이 지난 후 건립된 것
이다.

많은 사람이 믿는 허구는 진실이라는 말이 있다. 고대 신라인은 이차돈
의 순교를 믿었다. 믿음은 합리적 사실은 아니지만 그 이상으로 진실 효과
를 발휘한다. 그렇다면 역사가의 관심은 무엇이 신화적 내용을 진실로 믿
게 만들었는가 하는 점이다. 그 의문을 푸는 열쇠가《삼국유사》기록의 행
간에 숨어 있다.《삼국유사》는 이차돈이 처형당한 이유를 이차돈과 법흥
왕의 이중적 관계로 설명했다. 사전에 모의했다는 설을 정설로 기록하면
서도 법흥왕이 이차돈을 희생양으로 삼았다는 향전의 기록을 병기했다.
이러한 차이와 관계없이 한 가지 명확한 사실은 불교 공인을 통해 결과적으로 가장 이득을 본 사람이 법흥왕이라는 점이다. 이차돈은 순전히 종교적 민음으로 불교를 믿었을지 모르지만, 법흥왕에게는 정치적 목적이 있었다. 그는 불교를 국교로 공인함으로써 귀족 세력의 정신적 근거지가 되던 토속신앙을 누르고 왕권을 강화하는 전기를 마련하고자 했다. 이차돈의 순교를 신비화하면 할수록 불교를 통한 국가 통합은 물론 왕권 강화의 효과는 배가될 수 있었다.

《삼국사기》가 오늘날의 역사학이라면, 《삼국유사》는 팩션이다. 팩션이란 〈기이〉 편의 이야기처럼 꿈속의 역사다. 인간은 꿈 없이는 살 수 없는 존재다. 꿈을 상실한 인간은 더 이상 삶의 목적과 의미를 갖지 못한다. 신화란 한 사람이 아니라 집단이 함께 꾸는 꿈이다. 인간은 의식과 무의식의 세계 속에 산다. 실제로 일어난 현실의 역사가 빙산의 일각이라면, '꿈꾸는 역사'는 바다에 잠겨 있는 빙산의 대부분이다. 그래서 한 집단의 정체성은 그들 현실을 분석하는 것을 통해서가 아니라 꿈의 해석을 통해 더 잘 이해될 수 있다.

"현재와 과거의 꿈의 대화"를 통해 3문間에 답하기

각 시대의 인간들에게는 세계와 인간에 대한 의미를 해석하는 나름대로 고유한 사고방식이 있다. 그러한 사고방식의 역사에 대한 본격적인 연구는 프랑스 아날학파의 역사가들에 의해 이뤄졌다. 아날학파의 창시자인 뤼시앵 페브르Lucien Febvre는 그런 역사를 '망탈리테 역사(histoire des mentalités)'라고 이름 붙였다. 망탈리테란 생각하고 느끼는 방식을 무의식적으로 지배하는 집단표상을 의미하며, 이것을 페브르는 '심성적 도구(outillage mental)'라고 개념화했다. 표현을 위해서는 언어라는 도구가 필요하듯이, 사유와 지각을 위해서 필요한 것이 '심성적 도구'다.

'심성적 도구'라는 개념으로 페브르가 행한 유명한 연구가 16세기 라블레가 일반적으로 말해지는 것처럼 무신론자였는가 하는 문제다.[28] 페브르는 16세기의 언어·철학·과학 수준을 검토한 후, 그 당시 '심성적 도구'가 규정하는 사고의 범주에 의거하면 16세기 유럽에서 살던 지식인이든 민중이든 관계없이 누구도 논리적으로는 무신론자가 될 수 없다는 것을 증명했다. 16세기 유럽에서 살던 사람 모두는 '믿기를 원하는 시대'라는 심성적 구조에 갇혀 있던 존재였기에 라블레가 무신론자였다는 것은 불가능하다는 것이다. 16세기 유럽인은 기독교인이었다. 단지 문제가 된 것은 기독교를 믿는 방식의 차이였으며, 그러한 차이가 교회 권력에 의해 정통과 이단으로 구분됐다. 따라서 엄밀한 의미로 말해, 실험적 방법과 비판적 사고를 특징으로 하는 근대 과학의 '심성적 도구'를 가질 때야 비로소 서구인들은 무신론자가 될 수 있었다.

마찬가지로 일연도 믿기를 원하는 시대를 살았다. 그의 '심성적 도구'는 불교였다. 그는 불교라는 '심성적 도구'에 입각해서 《삼국유사》를 편찬했다. 《삼국유사》는 총 아홉 편으로 구성됐는데, 그 가운데 〈왕력王曆〉과 〈기이〉만이 역사에 해당하고 나머지 일곱 편은 불교에 관한 것이다. 〈흥법興法〉은 불교 수용 과정의 역사이고, 〈탑상〉은 일종의 불교미술자료집이며, 〈의해義解〉는 밀교사이며, 〈통감痛感〉은 신앙상의 기적기奇蹟記이며, 〈신축〉은 신앙과 사회문제 그리고 〈효선孝膳〉은 신앙과 가정의 문제

28 뤼시앵 페브르, 김응종 옮김, 《16세기의 무신앙 문제 : 라블레의 종교》, 문학과지성사, 1996.

에 대한 기록이다. 이러한 불교 이야기를 통해 일연은 현실세계의 논리로
는 설명할 수 없는 신앙의 세계를 재현하고자 했다.

신이는 분명 사실로 인정할 수 없는 허구다. 하지만 진실을 근대 사실
주의 준거틀(frame of reference)에 입각해서 허구를 배제한 사실로 축소시
켜서는 안 된다. 신이란 사실은 아니지만 진실을 말하는 허구일 수 있기
때문이다. 오늘날의 역사가는 이러한 사실과 진실 사이의 틈새에 주목해
일연이 신이의 기록을 통해서 전하고자 한 역사의 진실이 무엇인지 파악
하려는 노력을 기울여야 한다.

《삼국유사》와 《삼국사기》의 관계는 '날것'과 '요리된 것'으로 비유할
수 있다. 《삼국유사》에 실린 설화는 토착신앙이나 불교사상의 가공되지
않은 원형을 보여 주는 사료다. 다 같이 전승된 자료를 사용했음에도 《삼
국사기》는 유교적 합리주의라는 체로 과거의 사실을 걸러 낸 정사체 역
사서술인 반면, 역사가 되지 못한 설화를 기록한 《삼국유사》는 생경하
지만 적나라한 과거의 본래 모습을 담아낸 사료로 읽힐 수 있다. 또 한국
고대의 사회상을 상상적으로 재구성해 내는 소재를 제공하는 《삼국유
사》는 향가를 수록하고 있어서 국문학 연구에 없어서는 안 되는 귀중한
자료다.

일연이 《삼국유사》를 편찬한 의도가 김부식의 《삼국사기》에 내재된 유
교적 합리주의를 보완하는 것인지 아니면 대체하려는 것인지에 대해서
는 여전히 논란거리다. 그럼에도 분명한 사실 하나는 일연이 유교적 합
리주의를 통해서 13세기 무신정권에 의한 고려왕조의 내적 위기와 몽골
의 지배를 받는 외적 위기를 타개할 수 없다는 문제의식을 갖고 불교에서
대안적 세계관을 찾았다는 점이다. 현실의 굴욕과 패배가 얼룩진 13세기

후반 고려 사회에서 사람들은 김부식의《삼국사기》가 기록한 '현실의 역사'를 초월할 수 있는 대안적인 '꿈의 역사'를 열망했다. 일연은 불교라는 신앙과 신이라는 신화적 세계관을 '심성적 도구'로 사용해《삼국유사》라는 '꿈의 역사'를 편찬했다.

불교와 신이적 세계관이 당대의 '심성적 도구'였다는 사실은 유학자인 이규보의《동명왕편》서문에서도 확인된다.

> 세상에서는 동명왕의 신이한 일이 많이들 이야기되고 있어서, 비록 어리석은 남녀조차도 자못 그 일을 말할 수 있을 정도다. 나는 언젠가 그 이야기를 듣고 웃으며 "선사先師 중니仲尼께서는 괴력난신을 말씀하지 않으셨거니와, 이야말로 황당하고 기궤한 일인지라 우리들이 말할 바가 못 된다"라고 말한 적이 있다. … 계축년 4월에《구삼국사》를 얻어 동명왕본기를 보니 그 신이한 자취는 세상에서 얘기되는 정도보다 더했다. 그러나 역시 처음에는 믿을 수 없어 귀환鬼幻스럽게 여겼는데, 다시 여러 번 탐미하여 차츰 그 근원을 밟아 가 보니 이는 '환幻'이 아니라 '성聖'이요, '괴鬼'가 아니라 '신神'이었다. 하물며 국사는 직필하는 책이니 어찌 함부로 전한 것이겠는가![29]

13세기 고려의 위기 상황은 성과 속 양면에서의 '꿈의 서사'로서 허구를 요청했다. 기이란 현실을 부정하는 환상과 현실을 절대적으로 긍정하는 신이라는 이중의 기능을 했다. 첫째, 사실적인 것을 부정하고 전도시키는 것으로 나타나는 환상은 정사의 역사담론을 해체함으로써 현실세

---

29 이강래,《삼국유사》의 사서적 성격,《한국고대사연구》제40집, 서경문화사, 2005, 292~293쪽 재인용.

계에 대한 문제 제기를 하고 대안적인 가상현실을 꿈꾼다. 꿈이란 현실의 그림자지만, 현실의 결핍과 부재를 보상하는 기능을 한다. 이런 맥락에서 '현실의 역사'로서 《삼국사기》의 한계를 극복할 목적으로 '꿈의 역사'로서 《삼국유사》가 편찬됐다.

둘째, 기이가 추구하는 것은 신화의 세계다. 인간은 현실뿐 아니라 꿈 속에서 산다. 꿈꾸는 인간에게 현실을 비추는 거울로서 역사는 불충분하기 때문에 꿈의 서사로서 기이라는 삶의 또 다른 거울을 요청한다. 신화 란 인간의 욕망과 바람을 신에게 투사해 만든 꿈의 서사다. 건국 신화란 어느 집단의 기원과 정체성을 이야기하는 '꿈의 역사'다.

근대 역사학은 '꿈의 역사'를 추방했다. 하지만 억압하면 할수록 꿈은 커진다. '현실의 역사'만을 추구하는 역사학에 의해 '꿈의 역사'는 사라진 것이 아니라 역사소설이라는 장르로 부활했다. '현실의 역사'와 '꿈의 역사'가 전근대에서는 《삼국사기》와 《삼국유사》로 구현됐다면, 근대에는 역사학과 역사소설이라는 각기 다른 장르로 분화됐다. 이 분화를 통해 전 자의 역사학은 날로 쇠퇴한 반면, 후자의 역사소설은 계속해서 전성시대 를 구가한다.

일제강점기, 현실의 역사가 억압당했을 때, 꿈꾸는 역사로서 역사소 설이 등장해 그 결핍을 채웠다. 그래서 한국 근대 역사학의 아버지라 할 수 있는 신채호가 역사소설의 선구자가 됐다. 그는 정사에서 악의 화신으 로 낙인찍은 궁예를 신라의 삼국통일로 끊긴 우리 민족문화의 맥을 다시 잇고자 한 '문화영웅'으로 부각시키는 역사소설 《일목대왕의 철퇴》를 썼다.[30] 국문학자 김열규는 한 사회의 지체와 오염을 극복하기 위해 쇄신의 문화를 창조하는 영웅을 '문화영웅'이라고 정의하면서, 자신을 미륵에

비유한 궁예가 '문화영웅'의 전형이라고 했다.[31]

　신채호는 궁예를 외래문화의 표상인 불교와 유교를 대체하는 자주 종교, 곧 국수國粹 종교를 창조하는 '문화영웅'으로 재평가하면서, 그의 실패를 한국사의 잃어버린 기회로 꿈의 대화를 하는 역사소설을 썼다. 궁예의 비극적인 몰락으로부터 우리 민족이 고유문화보다는 외래문화를 추종하는 몰주체적 사대事大 민족으로 전락함으로써, 일제 식민지가 되는 운명을 맞이했다는 것이다. 그의 작품으로 알려진 《꿈 하늘》은 '현실의 역사'가 빠져 있는 질곡에서 벗어나 역사적 상상력의 나래를 펴고 '꿈의 역사'를 형상화한 전형이다. 이처럼 꿈꾸는 역사를 통한 "현재와 과거의 대화"는 "우리는 어디서 왔고, 누구며, 어디로 가야 하는가"를 모르고 헤매는 사람들에게 희망과 용기를 주는 대안 역사를 추구한다.

30　김병민, 《신채호문학유고선집》, 연변대학출판사, 1994, 91~116쪽.
31　김열규, 《한국 문학사》, 탐구당, 1983.

HISTORIA, QUO VADIS

3장

한국사와 한국인 정체성

1

한국 역사학의 재구성과

한국사 서술

역사지식의 고고학

한국 역사학에서 역사라는 지식 체계의 계열화는 한국사·동양사·서양사라는 3분과 체제로 이뤄진다. 3분과 체제는 역사의 3요소 가운데 공간인 한국·동양·서양이라는 상상의 지리를 상수로 해서 구성된 것이다. 그런데 문제는 한국사를 정의하는 '한국이란 무엇인가'는 말할 것도 없고, 동양과 서양의 구분이 너무나 자의적이라는 사실이다. 예컨대 아프리카 대륙은 동양인가 서양인가? 기본적으로 유럽중심주의가 역사학의 '사물의 질서'를 그렇게 배열하도록 만든 에피스테메이며, 이 같은 담론으로 유럽은 비유럽에 대한 지배를 정당화하는 권력을 생산해 왔다.

유럽중심주의란 유럽인이라는 특정 인간들의 관점에서 과거 인간 삶의 궤적을 근대라는 시간성에 이르는 과정으로 보고, 그 과정이 전 세계

로 공간적 확장을 하는 것이 보편사적인 인류문명의 발전임을 주장하는
담론이다. 지난 한 세기 동안, 특히 제2차 세계대전 이후 유럽중심주의는
역사서사의 인간·시간·공간의 조합을 결정하는 매트릭스로 작동했다.
역사학 자체가 유럽중심주의라는 담론 권력의 산물임을 딜릭Arif Dirlik은
다음과 같이 말했다.

> 구미인들은 세계를 정복했고, 지역의 이름을 다시 지었고, 경제, 사회와 정
> 치를 재조정했으며, 시간과 공간 그리고 다른 많은 것들을 인식하는 전근
> 대적 방식을 지우거나 주변부로 몰아냈다. 그 과정에서 그들은 전례 없는
> 방식으로 그들 자신의 이미지로 역사를 보편화했다. 이 같은 자아상에서
> 핵심적인 것은 합리적 인문주의적 주체를 역사의 주체로 삼는 패러다임이
> 유럽의 계몽사상에 의해 정립됐다는 것이다. 이 패러다임은 이성과 과학을
> 무기로 하여 보편적 이성이란 이름으로 시간과 공간을 정복하고, 합리성의
> 영역으로 모두 끌어들이도록 사회를 재조직하고, 인류 진보의 요구를 충족
> 하기 위해 계속 앞으로 나아가는 보편사를 만들어 내기 위해 다른 대안적
> 인 역사의 궤적들을 예속시켰다. 또한 이 패러다임은 구미의 역사적 경험
> 을 인류의 운명으로 만들었으며, 그럼으로써 변화하려는 열망이 세계에 만
> 연시킨 고통을 합리화하는 데 이바지했다."[1]

유럽중심주의가 설정한 근대 기획에 대한 비유럽인들의 복무는 자발
적이었고, 오히려 그들 가운데 누가 더 먼저 참여하느냐로 근대로의 진

---

[1]   Arif Dirlik, "Is There History after Eurocentrism?: Globalism, Postcolonialism, and the
       Disavowal of History", *Cultural Critique*, No. 42. (Spring 1999), pp.1~34, 인용은 p.3.

입 순위가 결정되고 아류 제국주의 국가로 도약할 수 있는 기회를 획득했다. 동아시아에서 선두주자는 일본이었다. 일본 역사가들에 의해 주도된 국사·동양사·서양사로 범주화되는 근대 역사학 분류 체계는 유럽중심주의를 내면화하려는 노력의 소산이었다. "오리엔트가 서양사를 창조하기 위한 '과거'를 제공한 것처럼, '동양'은 일본사에 대해 정치적 발전, 사회적 이상, 군사적이며 문화적인 팽창, 문화적 가치와 같은 문제를 해명해 주는 권위이고 선례가 됐다. 그러므로 역사가들은 일본의 기원과 아시아의 관계를 해결하기 위해 과거로부터 무엇인가를 끄집어내고 있었던 곳과 마찬가지로 '동양'을 구성해 내고 있었다."[2]

일본은 지리적으로는 동양에 속하지만 문명적으로는 비서구로서는 유일하게 서구 근대에 진입했다는 탈아입구脫亞入區의 자의식으로 '동양사'를 발명했다. 동양사의 중요한 발명자는 시라토리 구라키치(白鳥庫吉)다. 그는 중국을 '지나'로 바꾸고, 이를 조선으로부터 만주를 거쳐 중앙아시아와 서역 그리고 더 나아가 동유럽까지를 포괄하는 동양이라는 더 넓은 시공간 속에서 상대화시켜서 중화사상 대신에 일본식 오리엔탈리즘을 주입시킬 목적으로 '동양사'를 발명했다.

일본의 근대 역사학은 '일본의 오리엔트(Japan's orient)'로서 동양이라는 심상 지리를 매개로 국사·동양사·서양사라는 서양의 역사학에도 없는 역사학의 3분과 체제를 정립했다. 3분과 체제의 정착에는 1894년 청일전쟁과 1905년 러일전쟁의 승리 그리고 1910년 한국 병합이 깊은 연관성을 가진다. 먼저 일본이 청일전쟁의 승리로 중화질서를 해체하는 '탈

---

2   스테판 다나카, 박영재·함동주 옮김, 《일본 동양학의 구조》, 문학과지성사, 2004, 112쪽.

아'를 증명해 보였다면, 러일전쟁의 승리를 통해서는 '입구' 했음을 전 세계에 과시했다. 그리고 마침내 아시아에서 패권을 장악한 일본이 아시아의 맹주로서 서구 제국주의와의 경쟁에 동아시아 인민을 동원할 필요가 생겼을 시점에 동서양 문명 충돌론에 입각해서 '대아시아주의'와 '대동아공영권' 담론을 만들어 냈다.

국사·동양사·서양사로 역사학 분과를 나눴을 때 문제는 조선사의 위상이었다. 정치적으로는 국사인 일본사에 포섭되지만, 역사적으로는 문명화의 대상으로서 동양사로 자리매김돼야 했다. 식민지 조선의 관학을 대표하는 경성제국대학 사학과는 서양사 과목을 배제하는 대신 조선사 강의를 개설함으로써 국사·동양사·조선사라는 3분과 체제를 유지했다. 식민지 조선인에게는 세계사적 시야를 열어 주지 않기 위해서 서양사 과목을 개설하지 않았다. 반면에 사학과에 입학한 일본인 다수가 조선사를 전공으로 선택했다는 사실로부터 경성제대 사학과가 추구하는 3분과 체제의 의도를 짐작할 수 있다.[3]

해방 후 국사는 자연스럽게 일본사에서 한국사로 교체됐지만 동양사는 그대로 계승됐다. 그 결과로 일본사의 부재가 한국의 역사학에서 나타났다. 해방 후 일본사는 사학과 체제상으로는 동양사에 속하게 됐지만, 일제강점기 경성제대를 졸업한 조선인 가운데 국사학 전공자는 전무했기 때문에 일본사 없는 동양사가 오랫동안 지속됐다.[4] 일제하에서 일본사와 동양사 사이의 애매한 역사로 있던 조선사가 해방 후에는 일본사가

3   박광현, 〈식민지조선에서 동양사학은 어떻게 형성됐는가?〉, 비판과 연대를 위한 동아시아 역사포럼 기획, 도면회·윤해동 엮음, 《역사학의 세기 : 20세기 한국과 일본의 역사학》, 휴머니스트, 2009, 131~174쪽.
4   고병익, 《아시아의 역사상》, 서울대학교출판부, 1969, 349쪽.

차지하던 국사의 위치로 올라감으로써, 대신 일본사는 중국사를 중심으로 하는 동양사의 주변으로 밀려났다.

　근대란 역사의 무대가 중화中華 담론으로 규정되던 동아시아에서 세계로 바뀌는 전환점이다. 이 전환기에 일본 근대 역사학은 유럽중심주의에 입각해서 중화세계질서 대신에 '유럽적' 세계 개념을 전유해 역사학의 3분과 체제를 정립했다. 역사학의 3분과 체제는 일제 식민주의사관의 유산인데도, 해방 후 한국의 역사학은 이를 철폐하지 않고 유지함으로써 오늘날까지 3분과 사이의 소통과 융합을 막는 분류 체계로 학문적 권력을 행사하고 있다.

　탈냉전을 맞이해 동아시아 담론의 귀환은 일제 식민주의사관이 만든 동양사와 다른 역사인식 범주로서 동아시아사에 대한 재인식을 가져왔다. 그러다 마침내 2007년 역사교육과정에 '동아시아사' 교과목이 신설되면서 한국사·동양사·서양사라는 공간적 구분을 바꾸는 역사교육 체계의 일대 변혁이 일어났다. 한국사·동양사·서양사가 역사의 공간을 인위적으로 삼분해 병렬했다면, 한국사·동아시아사·세계사는 역사인식 범주상의 동심원적 연계를 통한 계열화다. 이 계열화는 자국사 프레임에 갇혀 있던 한국사를 동아시아사와 세계사로 인식지평을 확대하는 효과를 낳을 수 있다. 동아시아사 교과목의 출현은 유럽중심주의를 에피스테메로 해서 구성된 국사·동양사·서양사라는 근대 역사학의 3분과 체제를 해체해 재구성할 수 있는 계기를 마련했다. 이 같은 맥락에서 21세기 한국 역사학의 재구성을 위한 방법으로서 동아시아사의 가능성에 대해 생각해 본다.

재구성을 위한 방법으로서 동아시아사

기본적으로 역사란 '우리는 누구인가'의 이야기다. 이 역사 이야기를 구성하는 요인은 인간·공간·시간이다. 예컨대 자국사의 공간적 범주를 어디로 설정하느냐에 따라 우리가 누구인가 하는 이야기는 달라지며, 자국사의 시작과 끝을 어떻게 규정하느냐에 따라 우리의 정체성이 달라진다.

한국사란 "한국인은 ○○○이다"에 대한 이야기다. 여기서 한국인이 주어라면 '○○○이다'는 술어다. "한국인은 사람이다"에서처럼 한국인이라는 주어가 개체라면, 사람이라는 술어는 보편에 해당한다. 그런데 전근대와 근대에서 주어와 술어의 관계 맺는 방식은 다르다. 원래 주어라는 영어 단어 'subject'는 라틴어 문법에서 술어를 통해 무엇이라고 묘사되는 주어를 가리키던 'subiectum'이란 단어에서 유래했다. 문자 그대로 술어의 '아래에(sub) + 던져진 것(iectum)'이란 뜻으로, 술어에 종속되는 논리적 주어를 지칭하던 개념이었다.

전근대에 한국사와 중국사의 관계는 술어에 의한 주어의 종속 관계로 구현됐다. 이를 전형적으로 보여 주는 것이 현재 전하는 최초의 한국사인 김부식의 《삼국사기》다. 김부식은 《삼국사기》 편찬을 끝냈다는 것을 왕에게 보고하면서 올린 글에서, "지금 학문에 종사하는 사람들이 오경五經·제자諸子의 서적과 진秦·한漢 역대 사기에 대해서는 간혹 환하게 알며 자세하게 설명하는 자가 있지만 자기 나라 일에 대해서는 그 전말을 알지 못하고 있음은 매우 개탄할 일이라고 생각하셨습니다"[5]라고 썼다. 김부

---

5   김부식, 고전연구실 옮김, 《신편 삼국사기》 하, 신서원, 2004, 479쪽.

식의 개탄은 고려 지식인들이 "본국사는 중국사다"라는 주술 관계로 고려의 정체성을 인식함으로써, 개체사로서 본국사를 보편사로서 중국사에 포섭시켰다는 사실을 알려 준다.

조선시대까지 교육은 천자문을 배우는 것으로 시작했다. 아동은 천자문을 습득하는 과정에서 자연스럽게 중국을 세계의 중심으로 설정하는 중화주의 담론을 내면화했다. 천자문을 뗀 다음 서당에서 일반적으로 배우는 것이 조선 중기 박세무朴世茂가 저술한 《동몽선습童蒙先習》이다. 여기서도 보편사인 중국사가 먼저 나오고 뒤에 자국사가 본국사의 이름으로 부록처럼 첨부됐다. 요컨대 전근대에 우리 역사는 중국사라는 보편사의 하위 역사로 위치한 '동아시아사 속의 한국사'였다.

근대로의 전환은 보편적인 술어로부터 개체적인 주어의 독립을 선언하는 것으로 일어났다. 이러한 독립선언이 데카르트의 "나는 생각한다. 고로 존재한다"라는 테제다. 근대에서 주어인 나는 세계를 인식하는 주체가 됨으로써, 술어에 의해 종속되는 개체가 아니라 술어를 규정하는 존재가 됐다. 모든 개체가 주체가 될 때 술어는 더 이상 개체를 종속시키는 보편이 아니라 주체에 의해 전유되는 객체의 위치로 전락했다.

이 주술 관계의 전도를 반영해서 개체사와 보편사의 위상 변화가 나타났다. 중화세계질서의 해체와 함께 성립한 대한제국은 갑오개혁을 통해 전통시대 개체와 보편의 관계로 설정된 본국사와 중국사 대신에 본국사와 만국사로 역사교육 체계를 재편성했다. 여기서 본국사가 '국사'의 전신이라면 만국사란 세계사의 원형이다. 갑오개혁은 "인민에게 먼저 국사國史와 국문國文을 가르칠 것"을 교육개혁의 기본 방향으로 설정함으로써 중국사라는 보편을 해체하고 자국사의 관점으로 세계사를 인식하겠다는 의지를 표명했다.

한국사학사에서 술어인 중국사로부터 주어인 한국사의 독립을 선언한 역사가가 한국 근대 역사학의 아버지 신채호다. 전근대에 조선왕조의 정통성은 중국의 천하 질서에 종속된 개체라는 것을 책봉이라는 형태로 승인받는 것으로 확보될 수 있었다. 책봉 체제란 천자에 대한 예를 체득하는 것을 근간으로 해서 성립하는 도덕 정치(moral politics)다. 아편전쟁에서 패배한 이후 중화세계질서는 급속도록 붕괴함으로써 약육강식의 권력 정치(power politics)로 작동하는 만국공법 질서에 편입하는 것이 시대 과제가 됐다. 이를 위해서는 무엇보다도 먼저 근대적인 국민국가로 전환해야 하며, 이런 시대적 요청에 부응해 본국사의 주체성을 확립하는 민족사로서 '국사'를 확립하는 것이 역사학의 첫 과제가 됐다.

신채호는 역사를 "아와 비아의 투쟁"으로 정의함으로써, 아의 역사로서 '국사'와 비아의 역사로서 세계사를 연관이 아닌 대립의 관계로 설정했다. 이 관계 설정을 통해 한국사의 주체성을 정립하는 것이 그의 민족주의 역사학에서 가장 중요한 목표였다. 하지만 그를 통해 보편적 문명과의 연관 속에서 자국사를 문명교류사로 파악하는 역사인식 태도는 사대주의 내지는 식민주의사관으로 폄하되어 비판받음으로써, 한국사의 동아시아사적 맥락은 은폐되고 배제됐다.

하지만 세계화시대에서 시대정신은 바뀌어서 "민족주의는 반역이다"라는 극단적인 주장까지 제기됨과 동시에,[6] 문명사의 관점에서 한국사를 재구성해야 한다는 제안이 나왔다.[7] 전근대에는 왕조사로서 본국사가 중

---

6   임지현, 《민족주의는 반역이다 – 신화와 허무의 민족주의 담론을 넘어서》, 소나무, 1999.
7   이영훈, 〈민족사에서 문명사로의 전환〉, 임지현·이성시 엮음, 《국사의 신화를 넘어서》, 휴머니스트,

국사라는 보편사에 종속되는 방식으로 현재와 과거의 대화를 하는 의사소통관계를 지향했다면, 근대에는 민족이라는 주체가 타자로서 세계와 교류하면서도 충돌을 빚는 방식으로의 현재와 과거의 대화를 하는 의사소통관계의 전환이 일어났다. 역사는 돌고 돈다는 말처럼, 민족주의시대가 저물고 세계화시대가 도래하면서 다시 개체와 보편의 전통 관계가 복원되는 방향으로 역사가 흘러가고 있다.

전근대에 중국 중심의 천하 질서가 우리나라(我邦)라는 주어를 종속시키는 술어였다면, 세계화시대에 한국은 글로벌리티globality라는 관계망과 연결돼 있다. "우리는 어디서 와서, 어디로 가야 하는가"를 알기 위해서 역사를 연구하고 쓴다면, 우리의 정체성과 나아갈 방향 설정은 보편적 관계망 속에서 모색돼야 한다. 오늘날 대한민국의 성공은 보편적 세계 문명과의 소통을 한 성과로 이룩된 것이고, 선진국으로의 도약 역시 글로벌 스탠더드에 얼마나 빨리 도달하느냐에 달려 있다. 20세기 초 서구 근대문명이라는 세계사적 보편으로의 진입에 뒤쳐졌기 때문에 일제 식민지로 전락한 우리 역사가 21세기에서는 전 지구화라는 또 다른 보편사적 도전에 직면해 있다는 것이 지금 우리가 처한 역사현실이다.

세계화시대에 새로운 문명사적 도전에 대해 응전해야 한다는 과제를 짊어지고 있는 21세기 한국의 역사학은 민족사적인 "아와 비아의 투쟁"을 강조하는 역사가 아니라 문명교류사적인 '문화적 기억'을 상기하는 역사를 써야 한다. 한국사의 맥락에서 문명교류사적인 '문화적 기억'을 고고학적으로 발굴할 수 있는 트랜스내셔널 히스토리가 바로 동아시아

2004, 35~99쪽.

사다.

중요한 것은 한국사·동양사·서양사라는 3분과 체제에서 동아시아사의 위치다. 그동안 역사학에서 3분과 체제상의 분류는 다른 전공 영역에 관심을 갖는 것을 영역 침범으로 간주해 경계하고 지탄하는 학문 권력으로 작동했다. 이 같은 현실에서 한국사와 동양사의 경계를 허무는 접변과 교차의 역사로서 동아시아사의 등장은 3분과 체제의 담론 권력을 해체하는 계기가 될 수 있다.

변화의 바람은 역사학이 아니라 역사교육 쪽에서 불어왔다. 2007년 역사교육과정부터 동아시아사 교과목이 신설되면서 역사학과 역사교육 사이 분류 체계상의 불일치가 발생했다. 세계가 하나의 지구촌을 이루고 사는 세계화시대에 한국사·동양사·서양사로 역사공간을 나눠서 연구하는 것은 시대착오다. 한국사가 전근대에는 동아시아, 근대 이후에는 세계와의 연관성 속에서 전개됐다는 것을 고려할 때, 한국의 역사학 분류 체계는 역사교육과정의 구조처럼 한국사·동아시아사·세계사로 재편성되는 것이 바람직하다.

근대 역사학 자체가 근대성의 기호로 만들어졌기 때문에, 앞서 딜릭이 딜레마로 지적했듯이 "유럽중심주의 밖에는 역사학이 없다." 최근 역사학에서 유럽중심주의를 극복할 수 있는 방안으로 탈식민주의, 트랜스내셔널 히스토리, 전 지구사라는 세 가지 흐름이 나타났다. 동아시아사는 한국사의 맥락에서 세 가지 흐름을 종합하는 수렴(convergency)을 할 수 있다.

먼저 동아시아사는 탈식민주의 관점을 전유해 식민지 근대성을 밝히는 연구를 할 수 있다.[8] 식민지 근대성이란 근대라는 보편사적 시간 속에서 식민화됨으로써 이룩된 동아시아 근대의 개체성을 역사화하는 개념이다. 다음으로 한국사와 동양사의 융합을 추구하는 동아시아사는 근대 역사학의 '국사' 패러다임을 대체하는 트랜스내셔널 히스토리의 전형이 될 수 있다. 전 지구사는 유럽의 세계화 대신에 '유럽의 지방화'를 추구하는 방식으로 유럽중심주의를 넘어서려고 노력하지만, 근대 자체를 문제 삼기보다는 그것을 전제로 삼고 있기 때문에 유럽중심주의를 근본적으로는 극복할 수 없다는 한계를 가진다. 이에 반해 근대의 병리학 관점에서 식민지 근대성을 해명하는 동아시아사는 탈근대의 맥락에서 전통과 근대, 보편과 개체의 새로운 결합태(configuration)를 모색하는 역사학 방법론의 실험의 장이 될 수 있다.

우리 역사에서 동아시아는 외부와 내부 그리고 글로벌과 로컬의 접변지대로 존재한다. 이 접변에 위치한 지역 세계의 역사로서 동아시아사는 전 지구적으로 역사를 사유하면서 지역적으로 역사를 만드는 '글로컬 glocal 히스토리'의 차원을 열 수 있다. 한국 역사학의 3분과 체제는 역설적이게도 한국사는 민족주의, 동양사는 중국중심주의, 서양사는 유럽중심주의라는 각기 다른 중심주의를 내면화하고 있는 것으로 성립했다. 이에 대해 동아시아사는 세 중심주의를 넘어설 수 있는 역사적 시야를 열어줌으로써, 역사학의 3분과 체제를 해체해 재구성하는 지렛대 역할을 할 수 있다.

우리 삶의 공간이 전 지구적 공동체로 확대된 세계화시대에 역사를 한국사·동양사·서양사로 나눠 보는 것은 시대착오다. 해방 후 한국 역사학의 최대 과제는 식민주의사관을 극복할 수 있는 한국사의 독자성을 확

---

8   신기욱·마이클 로빈슨 엮음, 도면회 옮김, 《한국의 식민지 근대성 : 내재적 발전론과 식민지 근대화론을 넘어서》, 삼인, 2007.

립하는 것이었다. 이에 비해 21세기 세계화시대에는 한국사의 독자성이 아니라 세계사적 연관성이 중요하다. 오늘날 한국 역사학의 화두는 세계사적 연관성을 가진 한국사를 어떻게 쓸 것인가다. '글로컬 히스토리'로서 동아시아사교과서를 어떻게 서술하는가는 이 문제 해결의 가능성을 탐색하는 리트머스 시험지가 될 수 있다. 다시 말해 한국사·동아시아사·세계사로의 역사교육과정 재편성은 한국사를 보는 시각의 동아시아사와 세계사로의 동심원적 확대를 통해 '글로벌 한국사'의 관점을 여는 단초가 된다.

한국사의 동아시아와 세계로의 역사적 시야 확대

2012년에 나온 "2009년 개정 교육과정에 따른 교과 교육과정 적용을 위한 중학교 역사교과서 집필 기준"은 한국사란 무엇이며 한국사를 어떻게 서술할 것인지를 다음과 같이 규정했다. "원래부터 한국인이 있던 것이 아니라 우리는 역사를 통해 한국인이 됐다. 이처럼 한국인으로서의 정체성을 형성해 온 과정을 이야기하는 것이 우리 역사며, 한국사가 전근대에는 주로 동아시아, 근대 이후에는 세계와의 연관성 속에서 전개됐다는 점에 주의를 기울인다."

위 집필 기준에서 강조한 것은 두 가지다. 첫째, 한국인은 태초부터 있었던 것이 아니라 역사적으로 형성된 정체성이라는 사실이다. 인간의 어느 한 집단의 정체성을 형성하는 DNA는 무엇보다도 문화다. 우리가 인간이 된다는 것은 모든 인간(Everyman)이 되는 것이 아니라 특정한 종류의 인간이 되는 것이며, 이러한 특정한 종류의 인간을 주조하는 것이 바로 문화다.[9] 그런데 한국인의 정체성을 형성하는 유전자인 한국문화 역시 고정불변한 것이 아니라 문명의 도전과 응전을 통해 변해 왔다. 생태계에 서는 가장 강한 종이 아니라 변화에 가장 잘 적응하는 종이 살아남는다고 한다. 따라서 한국인의 위대함은 단일민족으로서의 문화적 유전자를 보존해 왔다는 것이 아니라 외부 문명의 도전에 응전을 잘해 한국인의 문화적 유전자를 진화시켜 왔다는 사실에 기인한다.

둘째, 전근대에서는 동아시아, 근대에서는 세계라는 역사공간에서 한국인이 외부 문명의 도전에 응전을 했다는 것을 학생들이 잘 인식할 수 있도록 한국사를 기술할 것을 집필 기준은 주문했다. 동아시아 지역 세계에서 벗어나 세계를 향해 문호를 개방해야 했던 시기가 근대이며, 이 중요한 시기에 우리가 '문명사적 전환'을 하는 데 지체했기 때문에 일제 식민지로 전락했다.

종래의 '국사'는 민족을 주체로 해 역사를 '아와 비아의 투쟁'으로 파악하는 경향성을 가졌다. 이에 반해 우리 역사를 전근대에는 동아시아, 근대 이후에는 세계와의 연관성 속에서 문명사적으로 파악할 것을 요구하는 집필 기준은 역사인식의 프레임을 '탈국사화'하는 트랜스내셔널 히스토리를 지향하라는 주문을 담고 있다. 그런데 역사교육에서의 이 같은 국면 전환을 일으킨 모멘텀이 된 것이 동아시아사의 탄생이다.

우리 역사의 무대가 동아시아에서 세계로 바뀌었다는 것이 역사학의 가장 중요한 시대구분인 전근대와 근대의 분기점을 형성한다. 고대, 중세, 근대라는 역사학 시대구분의 3분법은 전형적인 유럽과 근대 중심주

---

9   클리퍼드 기어츠, 문옥표 옮김, 《문화의 해석》, 까치, 1998, 74쪽.

의의 산물이기 때문에 지양되어야 한다. 하지만 이 둘을 극복할 수 있는 한국사를 어떻게 쓸 수 있는가? 결국 그 가능성의 모색은 역사의 세 요소 인 시간·공간·인간의 재조합을 어떻게 하느냐에 달려 있다.

'한국사란 무엇인가'는 위 세 요소 가운데 무엇을 상수로 해 구성하느 냐로 달라진다. 민족주의사관은 민족이라는 인간을 상수로 설정함으로 써 역사를 통해 한국인이 누구인지 이야기하는 대신에 한민족을 주어로 해서 한국사를 선험적으로 규정했다는 문제점을 가진다. 이에 대한 대안 으로 생각해 볼 수 있는 것이 공간을 범주로 한 한국사의 정의다. 최초의 한국사 무대는 한반도를 포함해 요동, 만주 지역이었다. 문화적으로 연 결된 이 지역에서 우리 역사의 최초 국가인 고조선이 성립했으며, 고조선 이 멸망한 이후에는 고구려가 이 지역을 차지했다. 그러다가 신라의 삼국 통일을 전환점으로 해서 한국사의 영역이 한반도로 한정됐다. 이른바 한 국고대사란, 이 같은 역사적 과정을 어떻게 서술하느냐 하는 문제다.

페어뱅크John K. Fairbank는 동아시아를 중화세계질서(chinese world order) 로 파악하고, 그것을 세 권역으로 나눴다. 첫 번째 범주가 내륙 아시아의 유목민이나 그들이 세운 국가로 이뤄진 '내륙 아시아권'이다. 두 번째 권 역은 중국의 책봉 체제에 포섭된 한국과 베트남, 류큐(오키나와에 있던 왕국) 가 속하는 '중화권'이다. 세 번째는 상당 기간 동안 중화세계질서의 경계 선상과 밖에 놓여 있던 동남아시아와 남아시아 국가들과 일본이 포함되 는 '외부권'이다.[10]

---

10 John K. Fairbank, "A Preliminary Framework", in John K. Faribank, ed., *The Chinese World Order: Traditional China's Foreign Relations*, Cambridge, M. A.: Harvard University Press, 1968, p.2.

한국사는 고조선과 고구려가 그렇듯이 '내륙 아시아권'에서 출발했다고 말할 수 있다. 내륙 아시아권에 속한 정치세력은 중국과 책봉 관계를 맺었지만 끊임없이 패권 다툼을 벌였다. 광개토왕비문에 따르면, 신라와 백제는 한때 고구려의 책봉국이었다. 중국에 책봉을 받은 고구려가 다시 주변 나라에 책봉을 행하는 것으로 한반도의 지배 질서가 자리를 잡았다. 이 시기 일본의 위상은 모호하다. 백제와 왜의 관계를 보여 주는 것이 칠지도다.[11] 369년 근초고왕과 그의 아들 근구수가 마한을 정벌하기 위해 남쪽으로 내려갈 때 왜병도 바다를 건너와 전쟁에 참여했다. 이 전쟁에서 백제가 승리하고 그 보답으로 백제의 왕세자가 일본 왕에게 선사한 물건이 바로 칠지도다. 칠지도의 명문 해석을 둘러싸고 백제와 왜 가운데 누가 더 우위에 있었는지에 대한 논쟁이 있지만, 중요한 점은 백제와 왜는 동맹 관계에 있었다는 사실이다.

실제로 백제와 왜가 공동 운명체임을 보여 주는 결정적인 사건이 663년의 백촌강 전투다. 김부식의 《삼국사기》에는 백촌강 전투에 대한 어떤 서술도 없지만, 일본의 역사가들은 백제의 멸망 연대를 660년의 사비성 함락이 아니라 663년의 백촌강 전투로 기록했다. 이 전투에서 패배한 왜는 덴무·지토 천황 시기에 율령 체제를 구축하고 '일본'이란 국호를 사용했다. 신라의 삼국통일을 통해 한반도 전체가 당의 책봉 체제에 편입됨으로써, 당의 세력이 일본에까지 미칠 것을 두려워한 일본은 고대국가를 성립하고 중국 황제에 대항해 제도로서 '천황'을 확립했다. 요약하면 고구려의 멸망으로 한국사의 무대가 한반도로 축소됐고, 백제의 멸망으로 한

---

11 주보돈, 〈百濟 七支刀의 의미〉, 《한국고대사연구》 제62집, 한국고대사학회, 2011, 253~294쪽.

반도에서 일본의 영향력은 쇠퇴했으며, 신라의 삼국통일을 통해 한반도는 중국의 책봉 체제에 포섭됐다. 이 같은 역사를 기록하기 위해서는 한국사를 동아시아사의 관점에서 보는, 곧 '동아시아사로서 한국사'의 시각을 가져야 한다. 따라서 신라의 삼국통일 이전 우리 역사는 '동아시아사로서 한국사'고, 삼국통일을 전기로 해서 한반도 전역이 중국의 책봉 체제에 포섭된 것을 계기로 우리 역사는 '동아시아사 속 한국사'로 전환됐다.

고구려 이후 한반도의 어느 왕조도 한반도를 벗어나 중국과 영역 다툼을 벌이지 않았다. 문명사의 관점에서 보면, 단군조선에서 기자조선으로의 왕권 교체가 한국사가 중화문명권에 포섭되는 전기가 된다. 현행 한국사교과서에는 한사군에 대한 기술이 없다. 한사군은 한국사에서 최초로 그리고 가장 오랫동안 외세의 식민 지배를 받은 시기다. 하지만 이 시기에 한국문화는 중화문명을 직접 수용해 한자문명권에 본격적으로 진입할 수 있는 계기를 마련했다. 동아시아가 한자를 매개로 하나의 의사소통 관계를 형성하고, 이것이 토대가 되어 상부 구조로서 책봉 체제가 관철됐다. 조선왕조에 이르기까지 책봉과 조공의 형식으로 중화세계질서에 포섭됐던 우리 역사는 '동아시아사 속의 한국사'로 서술되어야 한다.

우리 역사의 무대가 동아시아에서 세계로 향하는 근대의 기점이 개항이다. 이 사건을 출발점으로 우리 역사는 '세계사 속의 한국사'로 무대를 확장했다. 이 확장을 통해 문명의 교류망이 대륙에서 해양으로 바뀌었다. 서양이 주도하는 근대 문명의 도전에 대한 응전을 제때 못 한 대가로 한국은 일제 식민지로 전락했다. 태평양전쟁에서 일본에 대해 미국과 소련 연합군이 승리하자 한반도는 해양 세력인 미국과 대륙 세력인 소련의 대립의 장이 됨으로써 분단되고 말았다.

분단시대에 문명의 충돌은 자본주의와 사회주의라는 이데올로기 싸움으로 전개됐다. 소련의 멸망으로 탈냉전시대가 도래함과 동시에 대륙 세력인 중국이 굴기하고 한국을 비롯한 아시아의 네 마리 용이 부상하면서 지역세계로서 동아시아의 귀환과 동아시아 공동체 구상이 말해졌다. 그렇다면 앞으로 동아시아가 다시 세계의 중심이 되는 '리오리엔트'가 도래할 것인가? 미국과 중국이 세계의 패권 다툼을 벌이는 G2시대에 한반도의 나아갈 길은 무엇인가?

오늘날 우리 역사가 당면한 문제를 풀 수 있는 해법을 찾기 위해서는 무엇보다도 먼저 한국사의 인식 범주를 동아시아와 세계로 확장시킬 필요가 있다. 한국사에는 역사의 반복을 낳는, 변하지 않는 구조적 요인이 있다. 페르낭 브로델이 지리적 공간을 장기 지속의 역사를 낳는 구조로 인식한 것처럼, 한반도라는 지정학적 위치가 한반도의 역사문제를 발생시키는 근원이며, 또한 그 해결 방법을 모색할 수 있는 가능성의 공간이다.

한국사를 공간적으로 정의하면, 한반도의 역사지만 한반도 내에서의 역사로만 전개되지 않는다. 예컨대 나당전쟁, 임진왜란과 병자호란, 그리고 6·25전쟁과 같은 한국사의 운명을 가른 대사건은 한반도라는 지정학적 위치가 구조적 원인이 되어 발생했다. 한반도라는 지정학적 위치는 시간의 흐름 속에서 동아시아와 세계로 확대됐다. 이 같은 역사지리 관점에서 한국사의 전개 방식을 시대구분하면, '동아시아사로서 한국사', '동아시아사 속의 한국사', '세계사 속의 한국사'로 나눌 수 있다.

먼저 나당전쟁과 백촌강 전투처럼 고구려, 백제, 신라가 하나의 민족사로 통합되기 이전의 우리 역사는 '동아시아사로서 한국사'로 서술돼야 한다. 조선시대를 전기와 후기로 구분하는 임진왜란과 병자호란은 '동아시아사 속의 한국사' 시각으로 인식해야 역사적 연관성과 의미를 해명할 수 있다. 근대란 한국사의 무대가 동아시아에서 세계로 확장되는 시기다. 1876년 개항은 일본에 의해 조선이 강압적으로 문을 연 것이지만, 이후부터 한국사는 세계사적 맥락에서 전개됐다. 청일전쟁, 러일전쟁, 해방과 분단 그리고 6·25전쟁은 '세계사 속의 한국사'로 볼 때, 전반적인 역사적 맥락과 의미를 밝힐 수 있다.

위에서 열거한 사건들은 한국인이 주체가 되어 일으킨 것들이 아니라 외부의 동인으로 발생했다. 시간의 흐름 속에서 우리 역사는 '동아시아사로서 한국사', '동아시아사 속의 한국사' 그리고 '세계사 속의 한국사'로 전개됐다. 그 이후 한국사는 어떻게 될 것인가? 세계화시대에 한국사는 세계사적인 시야 속에서 우리의 관점으로 서술되어야 한다. 이를 위해서는 '세계사 속의 한국사'를 넘어서 '한국사로서 세계사'로 쓰려는 노력을 해야 한다. 세계사에 포섭된 한국사가 아니라 세계사적 시야와 문제의식을 가진 한국사 서술을 할 수 있을 때, 우리는 선진국 역사의 추격자가 아니라 세계사를 선도하는 위치로 올라갈 수 있다.

결국 문제는 한국사, 동아시아사, 세계사를 하나의 역사로 종합해서 어떻게 쓰느냐다. 현재의 역사학과 역사교육 수준에서는 한국사·동아시아사·세계사를 하나의 역사로 종합해서 서술하는 것은 불가능해 보인다. 하지만 이 같은 불가능성의 가능성을 열어야 하는 것이 세계화시대 한국 역사학의 과제다.

21세기 '글로벌 한국사'

　　19세기와 20세기 제국주의와 민족주의시대에는 '아와 비아의 투쟁'으로 '우리'의 정체성을 규정하는 민족사로서 '국사'가 필요했다. 하지만 세계화시대에는 세계와 우리가 적대적이거나 병렬적 관계가 아니라 하나의 관계망으로 연결된 '세계 속의 우리'로 존재한다. 세계화시대에 '우리'는 한국인이면서 세계인이다. 따라서 21세기에는 글로벌 한국인의 정체성에 대해 이야기하는 '글로벌 한국사'라는 새로운 한국사 서술 모델이 요청된다.

　'글로벌 한국사'란 '세계사 속의 한국사'를 넘어서, 세계사적 시야를 갖고 우리의 관점으로 구성하는 '한국사로서 세계사'를 의미한다. 우리 삶의 공간이 전 지구적으로 확대된 세계화시대에 맞는 역사교육을 해야 한다는 글로벌 히스토리의 문제의식을 수용해 2007년 역사교육과정 개정이 이뤄졌다. 여기서 추진된 가장 중요한 변화가 세계사 개념의 전면 수정이다. 그 이전 역사교육과정까지 세계사교과서는 일반적으로 동양사와 서양사의 결합으로 서술됐다. 공간적으로 동양사는 중국 중심으로 서양사는 유럽 중심으로 다뤄지고, 이렇게 동서로 양분된 역사를 고대, 중세, 근대라는 시대구분에 의거해서 따로따로 기술됐다. 이 같은 세계사의 플롯 구성을 결정한 메타역사는 서구 중심의 근대화 이론이었다. 이에 따라 지금까지 인류의 모든 역사가 서구 근대라는 시간으로 수렴되는 과정의 역사로 세계사가 기술됐다.

　이에 반해 2007년 세계사 교육과정은 문명 간의 '상호관련성' 원칙에 입각해서 지역사와 국가사의 총합이 아닌 하나의 세계사를 학생들에게 어떻게 가르칠 수 있는지를 모색했다. 인류의 약 85퍼센트가 살고 있는 지구상의 가장 큰 대륙인 아프로-유라시아Afro-Eurasia가 닫힌 공간이 아닌 '간헐적'이더라도 상호작용하던 열린 공간임을 보여 줌으로써, 유럽과 근대중심주의를 탈피하는 시도를 했다. 이와 함께 근대로의 이행을 르네상스와 종교개혁 등을 통한 유럽의 내재적 발전 덕분이었다는 서사 전개를 지양하고 19세기 시민혁명과 산업화의 결과로 축소하도록 유도하는 집필 기준을 제시했다.

하지만 이런 급격한 변혁을 내용적으로 충족시킬 만한 교과서 서술이 단시간 내에 이뤄질 수는 없었다. 글로벌 히스토리에 대한 전반적인 이해가 부족하던 현장 교사들에게 혼란은 가중됐다. 2009년 역사교육과정은 이런 시행착오를 시정하려는 목적으로 재설계됐다. 여기서는 세계사를 구성하는 기본 공간 단위로서 '지역 세계'라는 개념을 도입해 서구 근대라는 세계사의 표준시가 배제한 공간적 차이를 재인식하는 시도를 했다. '지역 세계'라는 역사의 공간적 단위는 우열을 매기기 위해서가 아니라 상대성과 독자성을 인정하려는 목적으로 설정됐다. 독자적 문명과 문화를 가진 '지역 세계'로 동아시아, 서아시아, 인도, 동남아시아, 유럽, 아메리카, 아프리카 그리고 오세아니아가 상정됐다. 현대 세계의 형성 과정을 '지역 세계' 개념을 통해서 다중심적으로 파악하고, 아울러 장차 세계가 당면할 다문화주의에 역점을 둔 2009년 세계사 교육과정은 분명 역사교육의 진보였다. 하지만 형식상의 진보에 맞는 내용 구성은 실패했다고 말하지 않을 수 없다. 세계사를 다중심, 다문화적으로 서술하다 보니 내용이 산만하고 분량은 늘었다. 그래서 시간 속에서 세계사 전개의 큰 흐름을 파악하고, 역사의 공간이 여러 지역 세계에서 단일한 전 지구적 공동체로 통합되는 과정을 이해할 수 있도록 한다는 본래의 취지를 살리지 못하고, 오히려 고등학교 세계사 교육의 위기를 초래했다.

2011년의 재개정은 이런 문제점을 개선할 목적으로 추진됐다. 기본 방향은 2007년도 개정의 본래 정신을 살리면서 7차 개정 세계사 교과 내용과의 절충을 모색했다. 세계화와 다문화주의는 거역할 수 없는 역사의 흐름이므로 살리면서 현재의 세계를 형성하는 데 주도적 역할을 하던 지역 세계 중심으로 내용을 축소하는 방향으로 재구조화했다. 하지만 2011년 재개정의 효과는 별로 없었다.

2015년 개정 역사교육과정에서는 2007년 이래의 글로벌 히스토리 관점의 세계사를 포기하고, 다시 과거로 회귀했다. 이전에는 시간의 축에 따라 여러 지역 세계가 하나의 세계로 통합하는 과정을 중심으로 세계사를 기술했다면, 이제는 시간 축 대신에 공간 축에 입각해서 중국사, 일본사, 유럽과 아메리카의 역사 그리고 인도와 서남아시아의 역사로 나눠 따로따로 기술하는 방식을 채택했다. 후자는 지역사를 나열해 병렬한 것이지, 진정한 의미에서 세계사라고 말할 수 없다. 2015년 개정 세계사 교육과정이 학생들이 배우기 쉬운 역사라는 미명 아래 세계사의 본래 의미와 과제를 망각하는 방향으로 설정된 것은 중대한 시대착오다. 그렇다면 어떤 이유에서 2015년 개정 세계사 교육과정이 시대를 역행하는 결정을 했는가?

문제는 현실과 당위의 불일치다. 앞으로 세계화의 정도는 점점 강화될 전망이기에 세계사 교육은 날로 중요해진다. 이에 비해 역사교육 과목 가운데 세계사가 지식 분량이 가장 많아서 학생들이 학습 부담을 가장 크게 느끼기 때문에 선택률은 매우 낮다. 엎친 데 덮친 격으로 한국사는 수능 필수과목이 됨으로써 강화될 전망이지만, 다른 선택 과목과 경쟁을 벌여야 하는 세계사의 교육 여건은 더 열악해질 것이다. 그렇다면 2015년 개정 역사교육과정의 화두는 학생들의 학습 부담은 경감하면서도 효과적으로 세계사 교육을 할 묘안을 강구하는 것이었다. 하지만 그렇게 하지 않고, 2007년 이래로 추진된 글로벌 히스토리 관점의 세계사 교육을 백지화했다.

아리스토텔레스가 전체는 부분들의 합 이상이라고 말한 것처럼, 지역사들의 산술적 더하기로 세계사를 스토리텔링할 수는 없다. 세계사란 인류 전체의 역사로서 시간의 흐름 속에서 여러 지역 세계가 갈등과 전쟁, 경쟁과 교류를 통해 하나의 세계로 통합되는 과정을 이야기해야 한다. 우리 삶이 전 지구적 공동체 속에서 전개되고 있다면, 전 지구를 역사 인식 범주로 설정하는 세계사 교육이 필요하다는 것은 자명한 이치다. 또한 현재 인류가 당면한 문제들이 전 지구적 맥락 속에서 형성됐기에, 그 해결 방안 역시 전 지구적 연관성 속에서 모색되어야 한다.

인류는 그 시조가 아프리카에서 탄생한 이래로 전 대륙으로 이주해 다른 공간에서 독자적 생활을 영위하는 한편, 시간의 흐름 속에서 교역과 전쟁, 정복 등 다양한 교류를 통해 관계망을 형성했다. 윌리엄 맥닐은 이 관계망을 사람들을 서로 이어 주는 연결 장치로서 '웹Web'이라고 불렀다. "이 연결 장치는 우연한 만남, 혈연 관계, 친구 관계, 공동의 종교의식, 경쟁심, 적대감, 경제교류, 생태적인 교환, 정치적 협력, 심지어 군사 대결 등의 다양한 형식을 띨 수 있다. 그와 같은 모든 관계 속에서 사람들은 정보를 교환하고 그 정보를 이용해 앞날을 준비해 간다. 또한 웹을 통해 유용한 기술, 물자, 사상, 그 밖의 많은 것이 교환되고 전달된다. 그 밖에도 사람들의 의도와는 무관하게 질병 혹은 잡초처럼 백해무익한 것임에도 불구하고 어쨌거나 인간의 생사에 악영향을 미치는 것도 역시 웹을 통해 교환된다. 이런 정보, 물건, 해로운 것 등의 교환과 확산, 이에 대한 사람들의 반응이 역사를 형성하는 요소다."[12]

세계화시대란 여러 지역 세계로 공존하면서 교류하며 경쟁하던 복수의 웹이 마침내 전 지구적인 차원에서 하나로 긴밀히 연결되는 글로벌 웹으로 통일된 시점을 의미한다. 세계화 과정은 크게 보아 단순한 동일성에서 다양성을 경유해 복잡한 동일성으로 진화했다. 지역 세계의 단순한 동일성은 다른 지역 세계와의 만남을 통해 문화적 다양성을 경험하고 발전하면서 사회의 복잡성을 증대시키는 한편, 유기적 통합을 강화하는 방향으로 진화했다. 이러한 문명사적인 진화에 성공한 지역 세계는 살아남아서 번영한 반면, 적응에 실패한 지역 세계는 지배를 당하거나 역사의 뒤안길로 사려졌다. 아무튼 세계화 과정은 상호작용의 증대를 통해 문화적 다양성을 축소하고 융합해 획일성을 확대함으로써 오늘의 지구 공동체가 탄생했다.

이 같은 세계화 과정엔 분명 빛과 그림자가 있다. 통일성의 증대는 인류역사상 유례없는 경제성장과 문명의 진보를 이룩했다. 과학 기술의 발전은 문화적 진화뿐 아니라 생물학적 진화를 통해 인간이 인간을 만드는 '포스트 휴먼' 시대를 도래시킬 전망이다. 하지만 문명의 진보가 인류에게 과연 축복인지 재앙인지는 모른다. 또한 서구 주도의 세계화에 대한 반격으로 이슬람 극단주의자들에 의한 '문명의 충돌'이 격화됐다.

한국사의 전개도 위와 같은 지구 공동체의 문제로부터 떨어져 있을 수

---

12   존 맥닐·윌리엄 맥닐, 유정희·김우영 옮김, 《휴먼 웹 : 세계화의 세계사》, 이산, 2007, 13~14쪽.

없다. 21세기에서 한국사 서술은 오랫동안 동아시아라는 지역 세계에 속해 있다가 근대 이후 글로벌 웹에 포섭되는 과정에서 겪은 고난과 진통을 잘 극복하고 선진국으로의 진입을 목전에 두고 있지만, 세계사적인 탈냉전 상황에서도 분단시대를 극복하지 못한 것에 대해 다뤄야 한다. 한국사의 주요 문제가 발생한 근원과 그 해결 방안이 동아시아사와 세계사의 맥락 속에서 설명되고 모색되어야 하므로, 이제 '글로벌 한국사'로 우리 역사를 써야 한다는 것은 한국 역사학이 당면한 최대 과제가 아닐 수 없다.

'글로벌 한국사'란 일차적으로 글로벌시대 한국인이란 누구인지 이야기하는 역사다. 한국인의 정체성은 민족이 실체로 태초부터 있던 것이 아니라 역사적으로 형성됐고, 이 형성 과정을 이야기하는 것이 한국사다. 21세기 세계화시대 다문화사회를 맞이해 '글로벌 한국사'는 한국인 정체성에 대한 역사적 탐구를 어떻게 할 것인가? 이 문제의식으로 그동안 우리 역사서술의 역사에서 한국인 정체성을 어떻게 규정했는지부터 살펴보고자 한다.

2

역사의 거울에 비춰 본

한국인 정체성

한국사의 구성물로서 한국인 정체성

지구엔 수많은 사람이 존재했고 존재하고 있다. 이 사람들이 누군지를 한국인, 일본인, 중국인, 미국인, 영국인, 독일인, 프랑스인, 러시아인 등으로 이야기하는 것으로 말할 수 있을까? 또 이 같은 분류 기준이 인류의 과거, 현재 그리고 미래에 영원할 것인가?

'한국인'이란 한국 사람이다. 여기서 한국은 지리적 공간을 지칭한다. 그런데 한국인이라는 사람들이 그 공간에 오랫동안 살았기 때문에 한국이라는 지리적 공간이 생겨난 것일까, 아니면 그 공간에 사람들이 모여 살면서 한국인이라는 집단이 만들어진 것일까? 전자가 옳다고 주장하는 사람은 '한국인의 정체성'을 해명하는 연구를 해야 한다고 믿는 반면, 후자의 입장에 선 사람은 '한국인의 정체성' 자체를 연구 대상으로 삼고자 한다. 형식논리로 이 둘은 모순이지만, 역사의 논리인 변증법은 이 둘의 모순을 지양한다. 결국 문제는 사람과 공간 가운데 무엇을 우선으로 한국인의 정체성을 규정하는 코드로 선택할 것인지로 귀결된다. 오늘날 세계 각국은 그 나라에 태어난 신생아의 국적을 결정하는 나름의 법칙을 갖고 있는데, 크게 속인주의와 속지주의, 둘로 나뉜다. 전자가 신생아 부모의 국적을 기준으로 한다면, 후자는 신생아가 태어난 장소를 원칙으로 삼는다.

나의 뿌리를 공적으로 알리는 기호는 성씨姓氏다. 한국인의 성씨는 장소와 사람의 조합으로 이뤄졌다. 예컨대 나는 '경주 김씨'라고 할 때, 전자의 '경주'가 장소라면 후자의 '김'은 사람에 해당한다. 본관과 성이 같은 집단을 문중이라 칭한다. 같은 문중의 남녀는 혼인할 수 없지만, 일반적으로 성과 본관 둘 가운데 어느 하나만 달라도 결혼이 가능하다. 그런데 한국인의 성씨 가운데 그 시조가 중국에서 온 경우가 적지 않다. 이 경우 그 시조가 한반도에 처음으로 정착한 장소가 앞에 붙어 하나의 문중을 형성한다. 2000년 인구 통계에 의하면 한국인의 성씨는 286개고 귀화인 성씨는 442개가 된다고 한다.

귀화인의 성씨가 많다고 해도 전체 인구에선 소수를 차지한다. 하지만 문제는 이런 사실을 고려할 때, 우리는 과연 단일민족이라 말할 수 있는지 여부다. 가문의 역사기록이라 할 수 있는 '족보'에 의거하면 우리는 결코 단일민족이 아니다. 그럼에도 종래의 국사교육은 우리 민족이 단일민족이라는 것을 전제로 해서 이뤄지는 경향이 있었다. 그동안 왜 우리는 사적 역사와 공적 역사의 모순을 문제로 인식하지 못하고 단일민족이라는 매트릭스에서 살아왔을까?

적어도 두 가지 이유를 말할 수 있다. 첫 번째는 20세기 역사의 경험으로부터 유래한다. 일제 식민지 지배를 받았다는 뼈아픈 경험이 우리로 하여금 기꺼이 민족이라는 매트릭스에 살게 하는 기억장치를 만들어 냈다. 일제강점기에 신채호나 박은식 같은 민족주의사학자들은 국가는 몸이고 민족은 정신이라고 주장했다. 일제에 의해 비록 몸은 빼앗겼지만 정신만 지키고 있으면 자주독립 국가를 이룩할 수 있다는 믿음이 민족주의를 하나의 정치종교로 기능하게 만들었다. 요컨대 현실에서의 국가 부재를 민족이라는 영혼의 존재로 보상하고자 했고, 그러한 민족주의를 충족하기 위한 서사로 역사가 쓰어졌다.

두 번째는 현재의 분단시대를 극복하고 하나의 민족국가를 이룩해야 한다는 미래의 열망이 단일민족 신화를 믿게 만들었다. 하지만 이미 2007년에 남한사회는 외국인 100만 명 시대를 맞이했고, 이들을 사회적으로 통합하는 데 단일민족 신화가 걸림돌이 되고 있다. 한편으로는 북한과 민족통일을 해야 하고, 다른 한편으로는 남한사회 내에서 다민족 '한국인들'의 사회통합을 이룩해야 한다는 이중 과제가 민족주의와 탈민족주의 사이의 논쟁을 야기했다.

20세기에 한국사의 제일 과제는 자주독립의 민족국가를 세우는 일이었다. 단일민족주의는 이 같은 역사적 사명을 완수하기 위해 요청된 이데올로기였고, 여기에 입각해서 역사를 민족의 역사로 개념화하는 '국사' 패러다임이 만들어졌다. '국사' 패러다임은 단일민족임을 기억하게 만드는 과거만을 역사로 서술하고, 다른 과거는 망각하는 역사지식의 에피스테메를 형성했다.

21세기에도 이 같은 '국사' 패러다임은 유효할 것인가? 밖으로는 세계화시대를 맞이했고, 안으로는 다문화사회에 직면해 있는 우리는 한국인이 누구인지 다시 생각해 봐야 할 시점에 도달했다. 우리는 한국인으로 태어난 것이 아니라 한국인으로 됐기에, 한국인이란 역사성을 가진 개념이다. 니체는 《도덕의 계보》에서 비역사적인 것만이 정의할 수 있고, 역사성을 가진 개념은 정의의 대상이 아니라 해석의 대상이라고 했다. 한국사에서 각 시대 사람들은 나름대로 우리가 누구인지 이야기하는 역사를 썼다. 따라서 우리는 한국인이 누구인지 정의할 수 없다면, 그것을 이야기하는 역사서술의 역사를 통해서 한국인의 정체성을 해명해야 한다.

역사란 기본적으로 과거 실재 그 자체가 아니라 과거, 현재 그리고 미래와 연결된 의미의 연관 관계를 만들어 내는 담론이다. 과거는 이미 일어난 기정사실이지만, 우리의 현재와 미래는 열려 있기 때문에 우리는 역사를 끊임없이 다시 쓴다. 초고속으로 고령화사회로 진입하면서 가장 낮은 출산율을 기록하고 있는 한국사회가 점점 더 다문화·다인종사회로 변모한다는 것은 피할 수 없는 현실이다. 이제 우리는 이 같은 한국사회의 변화에 부응해서 한국사를 재구성해야 할 요청에 직면해 있다. 세계화시대 다문화사회를 맞이해 한국인은 누구인지를 새롭게 이야기하는 한국사 서술이 필요하다.

중학교 국사교과서는 오랫동안 머리말에서 한국사를 "우리 민족이 걸어온 발자취이자 기록"이라고 정의하고 집필됐다. 하지만 한국인의 정체성을 민족이라는 인간 집단을 코드로 해서 규정하는 것은 근대 이후의 일이었다. 그 이전 우리의 집단정체성이 어떻게 이해됐는지에 대한 해명은 각 시대 국가의 공식 역사가 어떻게 서술됐는지 고찰함으로써 알 수 있다. 왕조시대에는 국가의 공식 역사를 '정사正史'라는 이름으로 편찬했고, 근대의 민족국가시대에는 '국사'로 서술됐다. '정사'에서 '국사'로의 역사담론 전환에는 한국사의 주인공으로서 한국인의 정체성 변화가 함축되어 있다. 이 같은 역사담론의 역사에 대한 계보학적 성찰을 통해 한국인의 정체성에 대해 살펴보자.

왕조시대 정사正史가 규정한 동이東夷 정체성

모든 역사서술에는 쓰는 주체와 하나의 역사이야기의 대상이 되는 과거의 범주가 있다. 한 집단의 정체성은 그 주체를 누구로 해 그들의 역사로 기억하고자 하는 과거의 범주를 어디까지로 설정하느냐로 결정된다. 국가 사이의 역사분쟁은 기본적으로 각국이 주체가 되어 쓰는 역사, 곧 자국사 서술의 과거 범주를 둘러싸고 벌어진다. 예컨대 중국은 오랫동안 한국사의 일부로 서술된 고구려사를 중국사로 편입하는 동북공정을 벌임으로써 한국과 역사분쟁을 야기했다.

중국이 자국사 다시 쓰기를 한 이유는 현재 중국 영토에 속해 있는 지역에서 일어난 과거를 자기 역사로 소유함으로써 한족과 55개 소수민족으로 구성된 '상상의 공동체'로서 중화민족의 역사적 정체성을 확고히 하기 위해서였다. 이미 일어난 과거는 변경 불가능하지만, 역사는 누가 어떤 과거를 어떻게 이야기하느냐에 따라 끊임없이 새롭게 만들어지고, 이런 식으로 한 집단의 정체성이 재규정된다.

동아시아 전통시대 역사서술의 공식적인 주체는 왕조국가였다. 왕의 명으로 써진 역사만이 정사가 될 수 있었다. 정사에서 서술대상이 되는 과거는 주로 왕위 계승에 대한 사항과 왕의 업적에 관한 것이었다. 우리 역사에서 이런 역사서술은 삼국시대부터 이뤄졌다. 삼국 가운데 국가 발달이 가장 빨랐던 고구려는 초기부터 기록을 시작해서 영양왕 대에는 《유기留記》가 100권이 쌓여서 왕명으로 태학박사 이문진李文眞이 《신집新集》 5권으로 줄여 편찬했다는 기록이 《삼국사기》에 나온다(영양왕 11, 600). 백제에서는 근초고왕 대(346~374)에 고흥高興이 《서기》를, 신라에서는 진흥왕 6년(545)에 거칠부居柒夫 등이 왕명을 받아 《국사》를 편찬했다고 한다. 하지만 이런 역사기록은 남아 있지 않아 그 내용을 알 수 없다.

역사서술의 공백을 메울 수 있는 것이 비문과 같은 금석문이다. 예컨대 414년 장수왕이 조성한 광개토왕비문은 당시 고구려, 백제, 신라는 물론 왜와 중국과의 관계를 알려 주는 동아시아사의 블랙박스다. 비문의 서론은 건국의 시조인 동명왕의 탄생을 기록하는 것으로 시작한다. 동명왕 주몽은 천제의 아들이며 어머니는 하백의 딸이고 알을 깨고 세상에 나왔다는 것이다. 고구려의 시조가 천손이라는 것은 고구려가 독자적인 천하관을 가졌다는 사실을 반영한다. 고구려의 지배층은 다섯 정치 집단의 연합체로 구성됐다. 이들을 중심으로 지배집단을 형성한 고구려는 정복전쟁을 통해 영토를 확장함으로써 다종족국가로 변모해 나갔다. 부여에서 이주해 고구려를 세운 주몽은 비류국, 행인국, 북옥저, 선비 일부, 황룡국, 해두국, 개마국, 구다국, 갈사국 등을 차례로 복속함으로써, 4~5세기에는 영토를 세 배로 확대하고 고구려 원주민보다 더 많은 이민족을 편입시켰다. 따라서 서로 다른 종족과 문화를 포용해 화합하지 않았다면 고구려의 제국 경영은 불가능했을 것이다.

제국으로서 고구려사의 단면을 보여 주는 것이 광개토왕비문이다. 비문을 둘러싼 논쟁 가운데 하나가 웅장한 역사적 기념비를 어떤 목적으로 누구를 대상으로 세웠는지다. 고구려의 수도를 평양으로 천도하는 역사적 결단을 단행한 장수왕이 비문 조성을 통해 대내외적으로 정립하고자 한 것은 무엇보다도 고구려인은 누구인지에 대한 역사적 정체성이었을 것이다. 비문에는 백제왕이 고구려왕에게 무릎을 꿇고 "지금부터는 영원히 노객老客이 되겠습니다"라고 맹세했고, 또 왜의 침공을 받은 신라의 왕이 고구려왕에게 구원을 요청하면서 노객이 되겠다고 자청했다고 적혀 있는 것으로 보아 당시 한반도에는 비록 단기간이나마 고구려를 중심으로 조공 책봉 관계가 형성됐음을 미루어 짐작할 수 있다.

그렇다면 이 시대 한국인은 누구인가? 만약 광개토왕에게 '당신은 한국인인가? 중국인가?' 묻는다면 뭐라고 답할까? 당시 그는 오직 고구려인으로서의 정체성만을 가졌을 것이다. 삼국시대부터 한국인이 있었다고 말하는 것은 시대착오다. 고구려, 백제, 신라는 개별 왕조국가였다. 고구려뿐 아니라 신라도 박혁거세라는, 하늘에서 내려온 독자적인 건국의 시조가 있다. 고구려, 백제, 신라가 같은 뿌리를 가졌다는 동류의식은 신라가 정복전쟁에서 승리한 이후에 만들어졌다. '일통삼한一統三韓'은 과거 그 자체가 아니라 신라가 정복전쟁에서 승리한 결과물로 생겨난 것이며, 이것이 신라 중심의 한국사를 구성하는 출발점이 됐다.[13]

신라는 통일전쟁을 의도한 것이 아니라 처음에는 가야, 그 다음은 백제 및 고구려와의 생존을 위해 전쟁을 벌였다. 싸우는 동안에는 서로의 차이를 강조하고 적대적 감정을 고조시켰지만, 전쟁이 끝난 후 신라는 당

---

13 이런 동류의식의 역사적 표현은 조선시대 정인지가 편찬한 《고려사》 서문에 "삼한을 합하여 일가를 만들었다(合三韓而爲一家)"에서 처음 발견된다. 하지만 여기서는 어디까지나 고려의 건국을 정당화하기 위해 이 말을 쓴 것이지, 신라의 정복전쟁을 지칭하는 표현은 아니다.

과의 독립투쟁을 벌이는 과정에서 백제와 고구려의 유민을 포섭해야 할 필요성에 직면해 동류의식을 강조했다. 그리고 나중에 후삼국을 통일한 고려는 왕조의 정통성을 합리화할 목적으로 그 이전 시대를 삼국시대로 시대구분하는 역사를 편찬했다. 따라서 삼국시대란 과거 그 자체가 아니라 고려가 왕조국가의 역사적 정체성을 정립할 목적으로 범주화한 과거다. 김부식의 《삼국사기》는 이런 맥락에서 집필됐다. 김부식은 집필 의도를 밝히는 〈진삼국사표進三國史表〉에서 당대 학자들이 중국 역사에는 정통하면서 정작 우리 역사에는 무지한 것을 개탄하면서, 삼국의 역사를 '우리나라의 일(我邦之事)'이라고 범주화하고 그 역사를 기억하기 위해 《삼국사기》를 편찬한다고 천명했다. 하지만 김부식의 역사적 자의식은 중국사와 대등한 고려사가 아닌 중국사라는 대문자 역사(History)를 거대담론으로 전제하면서 성립했다.

전통시대 왕조의 정통성은 역대 왕조의 정통성을 이어받았다는 천명의식에 근거해서 세워졌다. 이 천명의식의 발로가 역대 왕조 시조에 대한 국가의 제사다. 고려왕조가 전 기간을 통해 국가 제사의 대상으로 삼은 역대 왕조 시조는 동명왕과 기자였다. 이에 반해 백제나 신라의 시조에 대해 국가적으로 제사를 지냈다는 기록은 《고려사》에 나오지 않는다. 고구려를 계승한 왕조로서 고려가 동명왕에게 제사를 지냈다는 것은 당연하다. 하지만 왜 기자에게 제사를 지냈을까? 전통시대 중국을 나침반으로 해서 우리 정체성을 표현하는 말인 동이족에게 기자는 문명의 징표였다. 기자의 유교적 교화로부터 동이족의 문명화가 시작됐다는 의식을 가진 근대 이전 우리 조상들에게 기자는 문명인으로서 우리 정체성의 표상이었다.[14]

고려 지배층의 이런 역사의식과는 별개로 기자가 도래하기 이전 고조선의 시조로서 단군이 있었다는 인식은 민간신앙 형태로 전승됐다. 이처럼 아래로부터의 정체성의식은 몽골의 침략을 받고 시련을 겪으면서 각성됐다. 이 정체성의식을 반영해 집필된 일연의《삼국유사》는 김부식에 의해 축소된 '우리 역사'의 범주를 단군조선으로까지 확장시켰다.《삼국유사》는 원 간섭기에 자주성을 회복해야 한다는 요청에 부응해 쓰였다. 김부식이《삼국사기》를 통해 '우리 역사'를 중국사라는 보편사의 하위 역사를 이루는 하나의 개체사로 위치 지웠다면, 천손이 세운 고조선을 '우리 역사'의 시작으로 기술하는 일연의《삼국유사》는 자국사를 중국사와 같은 대문자 역사(History)로 서술했다.

원이라는 몽골의 제국이 중국을 지배하는 상황은 한족 중심의 천하질서를 해체해 카오스 상태를 초래했다. 카오스는 낡은 질서가 종말을 고하고 새로운 질서가 생성하는 시간이다. 14세기 고려가 배출한 최고의 지성인 목은牧隱 이색李穡은 "원이 천하를 소유해 이미 하나를 이루니 혼돈의 소용돌이에 창조의 약동은 중화와 변방의 차이가 없다"[15]라고 했다. 중화와 변방의 차이가 없어진 현실에서 고려의 지식인들은 중국인과 마찬가지로 동이족도 하나의 독자적인 보편사를 가질 수 있다는 의식을 가졌다. 동이족이 탈중화적인 보편사를 가질 수 있는 근거는 동이족 최초의 국가인 고조선이 하늘의 통치자 환인의 서자 환웅의 아들인 단군을 시조로 해서 건국됐다는 사실이다.《삼국유사》에 따르면, 단군은 고조선을 개국해 1500년간 다스리다가 주나라 무왕이 봉한 기자에게 권력을

---

14   김태영,《조선성리학의 역사상》, 경희대학교출판국, 2006, 170~171쪽.
15   임형택,《문명의식과 실학》, 돌베개, 2009, 26쪽 재인용.

이양하고 산신이 됐다. 고조선의 왕권이 단군과 기자로 교체되는 의미는 무엇인가? 오늘날의 한국사에서는 기자의 존재를 완전히 무시하지만 전통시대 역사서술에서 기자의 출현은 동이족의 문화적 정체성을 규정하는 코드가 됐다.

기자는 중국사에서 은나라가 망하고 주나라가 서는 과정에서 충신으로 기록된 인물이다. '홍범洪範'이라는 글을 후세에 남겨 성인의 계보에 속하는 기자가 고조선의 왕이 됐을 때, "무왕은 기자를 조선에 봉했지만, 신하로 삼지 않았다(武王乃封箕子於朝鮮, 而不臣也)"라는 기록이 사마천《사기》의 〈철자세가微子世家〉에 나온다.[16] 기자를 통해 중국의 유교문명이 조선에 전해졌지만, 조선이 중국의 속국이 아닌 독립국이었다는 점이 고려의 역사적 정체성을 정립하는 논리가 됐다. 다시 말해 혈통적으로는 단군의 자손인 고려인이 기자의 중화문명을 전유함으로써 독자적인 역사적 정체성을 형성했다는 것으로 고려 말 유학자들은 동이족의 개체적 보편성을 확립하고자 했다. 이는 마치 오늘날 서구 근대문명을 우리가 전유해 성공적으로 근대화를 이룩함으로써 갖는 민족적 자의식과 같다.

1392년 조선 건국은 고려 말 유학자들의 역사의식을 바탕으로 이뤄졌다. 고려에서 조선으로의 왕조 교체는 1368년 명이 원 제국을 몰아내고 다시 중원을 차지함으로써 중화세계질서가 복원되는 역사적 조건 속에서 일어났다. 이 '세계사적인' 변동에 우리 역사가 조응하는 전환점이 이성계의 위화도회군이고, 이를 계기로 조선왕조는 건국될 수 있었다. 명

---

16   하지만 조선 후기 지식인 성호 이익은 《성호사설》에서 이것을 기자는 결국 무왕에게 신하의 예를 거행하고 그 조회에도 참석한 것으로 파악했다. 주가 은을 쳐서 천하를 차지한 것은 천명과 인심에 일치한 혁명이므로 기자가 무왕에게 복속할 수밖에 없었다는 것이다(이에 대해서는 김문식, 〈성호 이익의 기자 인식〉, 《퇴계학과 한국문화》 제33호, 경북대학교퇴계연구소, 2003, 65~91쪽).

나라 황제로부터 새 왕조의 국호를 하사받는 형태로 조선은 중화세계질서에 편입했다. 명이 조선이라는 국호를 선택했다는 사실은 조선이 고조선의 후예라는 점을 공인해 줌과 동시에 중국 상고시대의 주나라와 기자조선의 관계를 부활시킨다는 의미를 가졌다.

하지만 조선 건국의 주역인 신진 사대부들은 고조선의 시조가 단군임을 잊지 않았다. 그들은 개국을 공포한 바로 다음 달 국가 제전의 정비를 발의했다. 예조전서 조박趙璞 등은 먼저 고려의 왕들이 설치하고 행한 원구圜丘에 대한 제사를 천자가 하늘에 제사 지내는 예절이므로 폐지해야 한다고 역설하면서도 단군과 기자 모두에게 제사 지낼 것을 다음과 같이 요청했다. "조선의 단군檀君은 동방東方에서 처음으로 천명天命을 받은 임금이고, 기자箕子는 처음으로 교화敎化를 일으킨 임금이오니, 평양부平壤府로 하여금 때에 따라 제사를 드리게 할 것입니다."[17]

조선 초기 지배층에게 고조선의 후예로서 조선은 단군조선과 기자조선의 이중의 정통성을 계승한 왕조로 인식됐다. 단군이 역사의 시조로서 조선이 천명을 받은 왕조임을 알리는 징표라면, 공자 이전 초기 유교의 성인인 기자는 문명국으로서 조선의 표상이었다. 하지만《조선왕조실록》에 단군에 대한 언급이 121번 나오는 데 비해 기자에 대한 기록은 무려 468번이나 나온다는 사실은 조선왕조의 정체성이 단군보다는 기자를 코드로 했음을 실증적으로 보여 준다.[18]

17 《조선왕조실록》〈태조실록〉 태조 원년 8월 11일.
18 하지만 조선 후기에는 정체성의 코드가 기자에서 단군으로 이행되는 경향이 나타났다. 숙종은 우리 동국東國이 '소중화'의 칭호를 얻은 것은 기자의 힘이라고 말한 반면, 정조는 기자는 동방으로 와서 임금이 됐고 단군은 이미 요堯 시대에 임금이 됐기 때문에 기자보다는 단군을 더 존중해야 한다고 언급했다 (이에 대해서는 박찬승, 〈고려·조선시대의 역사인식과 문화정체성〉,《한국사학사학보》, 제10집, 한국사학사학회,

고려에서 조선으로의 왕조 교체는 1000년 이상을 한국인의 정신을 지배한 불교로부터 유교로의 사상사적인 패러다임 전환을 의미하며, 이로써 조선의 정체성은 중화세계질서에 입각해 규정됐다. 명나라가 몰락하고 청나라가 중국을 지배하는 천하질서의 변동은 조선의 정체성에 중대한 위기를 초래했다. 임진왜란에서 조선이 망하지 않고 왕조를 유지할 수 있던 것은 명의 원조 덕택이었다. 명나라의 은혜로 국가를 재건했다는 재조지은再造之恩이, 임진왜란을 통해 크게 손상된 조선의 정통성을 재확립하는 논리가 됐다. 그리고 이 논리를 명분으로 명나라와 청나라의 등거리 외교를 한 광해군을 몰아내는 인조반정이 일어났다.

하지만 반정의 대가로 조선은 병자호란을 치러야 했다. 척화파 김상헌金尚憲과 주화파 최명길崔鳴吉의 이념투쟁은 결국 조선의 정체성에 관한 논쟁이었다. 후자에게 조선왕조의 생존이 중요했다면, 전자에게는 천조天朝인 명나라에 의리를 지키는 것이 지상과제였다. 김상헌은 호란에서 패배해 청과 군신 관계를 맺는다는 맹약을 맺은 이후에도 명의 침략을 도울 병사를 보내라는 청의 요청을 거부하라는 상소를 올렸다. "예로부터 죽지 않는 사람이 없고 망하지 않는 나라가 없는데, 죽고 망하는 것은 참을 수 있어도 반역을 따를 수는 없는 것입니다. 전하께 어떤 사람이 '원수를 도와 제 부모를 친 사람이 있다'고 아뢴다면, 전하께서는 반드시 유사有司에게 다스리도록 명하실 것이며, 그 사람이 아무리 좋은 말로 자신을 해명한다 할지라도 전하께서는 반드시 왕법王法을 시행하실 것이니, 이것은 천하의 공통된 도리입니다."[19]

2004, 5~35쪽) 참조.

김상헌의 척화론에 따르면, 반역이란 조선 왕에 대한 것이 아니라 천조인 명을 배반하는 것을 의미한다. 천조를 배반하는 것은 천리를 거역하는 것이라고 믿은 척화파 조선 지식인의 정체성은 조선이 아니라 명나라에 근거했다. 이 같은 정체성 의식은 임진왜란 당시 명군 지휘관의 뜻에 따라 왜적과 '강화'를 맺을 것을 논의한 성혼成渾에 대한 평가에서도 드러났다. 김상헌은 청과 화친을 주장한 최명길은 대역 죄인이지만, 명나라 장수의 뜻을 받들어 왜와 강화를 모색한 성혼은 도의道義를 지킨 충신이라는 것이다.[20]

　　현실과 명분 사이에서 조선왕조의 정통성을 전자보다는 후자에 토대를 두고자 한 지배세력의 정체성의식의 결정체는 송시열宋時烈에 의해 정립되는 조선중화사상이다. 조선중화사상은 명나라가 망한 현실을 중화사상이라는 명분으로 극복하기 위한 이데올로기다. 청이 중국을 지배하는 현실에서 기자조선을 계승한 조선이 중화문명을 실현시킬 주체라는 것이다. 실제로 인조와 효종은 삼전도의 치욕을 씻고 명나라의 복수를 하기 위해 북벌을 주장했다. 하지만 과연 북벌이 현실적으로 가능했을까? 이는 아마 두 번의 국난을 통해 심각하게 훼손당한 조선왕조의 정통성을 회복할 목적으로 청이라는 외부의 적에 대항해 내부 결속을 강화하기 위한 부정적 통합의 이데올로기에 불과했을 것이다.

　　조선중화사상은 변화하는 현실을 타개하기보다는 기존의 지배질서를 옹호할 목적으로 주자성리학을 화석화했다. 이에 대한 반작용이 18세기 실학이다. 박지원, 박제가, 정약용과 같은 실학자들은 본래 성리학자들

19　《조선왕조실록》〈인조실록〉 인조 17년 12월 26일.
20　김태영, 위의 책, 496~497쪽.

이면서 세계를 중화 대 이적으로 구분하는 중화주의를 탈피하고자 했다. 이들은 명나라를 위해 청나라에 복수하는 북벌 대신 청에서 유입된 새로운 문물을 배우는 북학으로 방향 전환할 것을 주장했다. 박지원은 《열하일기》에서 중국이 천하의 중심이라는 중화주의를 극복하는 사상을 전개했다. 그는 중국 지식인과의 논쟁에서 "땅 모양이 방형(네모)이라고 이르는 자는 의리에 빗대어 실체를 인식하는 것이요, 땅 모양이 구형이라고 주장하는 자는 실제 모양을 확신해서 의리를 배제하는 것이다"[21]라는 논지를 폈다. 박지원이 현실과 의리 사이의 불일치를 인식하는 것이 탈중화주의 세계관으로 나아가는 첫걸음이었다. 그렇다면 중화사상의 의리가 이데올로기적 허상임을 깨달은 이후 조선이 나아갈 길을 실학자들은 어떻게 제시했는가?

박지원의 〈재맹아再盲兒〉 설화는 이 문제에 직면한 조선 지식인의 자아상을 보여 준다.[22] 20년간 눈이 멀었던 장님이 길을 가다가 어느 날 눈을 떴다. 갑자기 광명한 세상이 펼쳐져서 기뻐 날뛸 일인데, 정작 맹인은 어찌할 줄 몰라 하며 울고 서 있었다. 이때 마침 그곳을 지나가던 화담 서경덕이 맹인에게 그 까닭을 물었다. 맹인은 자신이 다섯 살에 눈이 멀어 지금까지 스무 해가 되는데 갑자기 천지만물이 맑고 분명하게 보이는지라 기뻐서 돌아가려고 하니, 골목길도 많고 대문도 서로 같아 제집을 찾을 수 없다고 대답했다. 화담이 그에게 내린 처방은 도로 눈을 감으라는 것이었다. 맹인이 눈을 감고 지팡이를 두드리니 집을 찾을 수 있었다. 여기서 갑자기 눈 뜬 맹인이 바로 조선의 지식인들이다.

---

21 〈태학유관록〉, 《열하일기》 《연암집》 권12).
22 정민, 《18세기 조선 지식인의 발견》, 휴머니스트, 2007, 142~144쪽.

당시 청나라로부터 물밀듯이 들어온 신문물은 조선 지식인들을 어느 날 갑자기 눈 뜬 맹인과도 같은 혼돈에 빠지게 했다. 맹인으로 수많은 세월을 산 사람이 어떻게 하루아침에 광명 대지에 적응하면서 살 수 있겠는가. 다시 눈을 감으라는 처방은 새로운 세상이 초래한 가치관의 혼돈 속에서 자기 정체성을 잃지 않고 제자리를 찾아가라는 가르침이다. 하지만 다시 눈을 감고 맹인으로 계속 살아야 하는가? 중요한 것은 가치관의 혼돈을 무질서가 아닌 새로운 질서를 정립할 수 있는 기회로 활용해야 한다는 것이다. 이러한 역사적 과제를 짊어진 18세기 조선의 새로운 지식인이 바로 실학자다.

조선왕조는 성리학 이념에 의거해서 건국됐고, 중화질서에 편입하는 것으로 왕조의 정통성을 확립했다. 명의 멸망으로 현실적으로 중화질서가 붕괴했을 때, 명분으로 현실의 모순을 극복하고자 했다. 하지만 당위적 명분으로 현실의 변화를 막을 수는 없었다. 결국 구체제의 질서가 붕괴하는 근대의 여명기에 조선왕조의 정통성과 조선 지식인의 정체성은 심각한 위기를 맞이했다. 18세기 서구 유럽은 계몽사상을 통해 기독교적 세계관으로부터 탈피하고 혁명을 통해 구체제를 철폐했다. 같은 시기 조선은 영조와 정조시대라는 제2창업의 기회를 맞이했다. 하지만 정조가 꾀한 것처럼 성리학의 도학정치를 구현하고 제왕학으로 절대왕권을 확립하는 것으로 근대로의 이행을 성취할 수 있었는가? 정조의 개혁정치는 그의 갑작스런 죽음으로 막을 내리고, 이후 조선은 세도정치의 나락으로 빠짐으로써 날개 없는 추락을 하다가 결국 일제에 의해 멸망하고 말았다. 정조는 이른바 경도經道를 넘어서 권도權道를 통한 절대군주 체제를 확립하고자 했고, 이로써 붕당의 공론에 기반한 사림정치라는 조선왕조

특유의 정치체제는 붕괴하고 19세기 세도정치로 나아가는 길목을 여는 결과를 초래했다.[23]

근대 '국사'가 만든 한국인 민족정체성

18세기 실학자들은 중국이 세계의 중심이라는 중화사상에 대한 회의를 통해 중화와 이적의 구분에 문제를 제기했다. 중화사상의 기원은 중국사의 정통성을 주나라로 설정하고 역사를 편찬한 공자의 《춘추》라고 말할 수 있다. 이에 대해 지구가 자전한다는 과학적 지식을 알았던 홍대용은 중화세계질서를 해체하는 '역외춘추론域外春秋論'을 제기했다. 그는 주나라를 종주국으로 여긴 공자가 주를 정통으로 《춘추》를 편찬함으로써 중국사의 계보가 만들어진 것이고, 그래서 만일 공자가 중국 바깥에서 태어났다면 '역외춘추'를 썼을 것이라고 주장했다.[24]

하지만 중요한 문제는 중화주의를 해체하고 난 이후 조선의 정체성을 어떻게 재규정하느냐였다. 18세기 실학자들은 중화세계질서의 대안이 될 수 있는 세계관을 제시하지 못했다. 정조가 규장각에 등용한 실학자 가운데는 서얼 출신이 적지 않았다. 이들은 조선 사회 신분질서의 모순을 신랄하게 비판했지만, 프랑스혁명의 기원이 된 계몽주의와 같은 새로운 지적 운동을 전개하지는 못했다. 이미 17세기 이후 조선사회는 농업생산력 발전으로 잉여생산물이 증대함으로써 농민층의 분화가 일어났다. 또한 청나라와의 무역을 주도한 역관들이 상당한 정도의 상업자본을 축적

23　유봉학, 《개혁과 갈등의 시대 : 정조와 19세기》, 신구문화사, 2009.
24　임형택, 위의 책, 94쪽.

했으며, 1681년(숙종 1) 무역별장제 실시로 역관이 주도하던 대청무역이 사상私商으로 바뀌면서 기존의 신분질서에 포섭될 수 없는 동래상인, 서울상인, 개성상인과 같은 부유한 상인계층이 나타났다. 이에 따라 도시경제가 발전하고 새로운 부유한 계층의 욕구를 충족시키는 도시문화가 형성되기 시작했다.

사회현실과 성리학적 신분질서의 모순을 자각한 실학자들에게 구체제와 중화문명을 대체할 수 있는 대안으로 각광받은 것이 서학이었다. 근대로의 이행기에 나타나는 가치관의 아노미 현상이 크면 클수록 서학에 대한 열광은 커졌다. 이와 더불어 조선 지식인의 정체성 위기는 심화됐다. 이 위기의 극단적인 사례가 정약용 형제를 몰락시킨 '황사영 백서 사건'이다. 정약용 맏형의 사위인 황사영은 과거에 급제하고 정조의 촉망을 받던 당대 엘리트 지식인 가운데 한 사람이다. 그런 그가 부귀영화를 버리고 천주교에 귀의해 활동하다가 1801년 신유박해를 맞아 충청도 제천 배론으로 피신했다. 거기서 그는 주문모 신부가 죽음을 당했다는 소식을 듣고 낙심과 의분을 이기지 못하고 북경 주교에게 조선의 이교도들을 징벌하는 외국 군대를 파견해 달라는 백서를 보냈다가 발각되어 체포됐다. 황서영이 보기에 조선은 종교의 자유를 억압하는 이교도 야만국이었다. 그는 조선의 문명화를 위해서는 외세가 개입하는 수밖에 없다고 생각했을 것이다. 그렇다면 황사영은 매국노인가? 그는 조선인이기 이전에 천주교인이었다. 그는 조선 왕의 신민이기를 포기하고 천주교인으로 순교하는 선택을 했다.

개인의 정체성을 결정하는 코드 가운데 국가와 종교 가운데 무엇이 우선인가? 전근대 조선의 지식인들에게 중화사상은 일종의 국가종교였다.

천주교의 전래는 조선에서는 역설적으로 중화사상에 의한 국가와 종교의 일치를 분리시키는 효과를 낳음으로써 서구 근대문명의 징표인 서학으로 일컬어졌다. 이런 종교와 국가의 분리가 보편사적으로 근대로의 이행을 알리는 징표였다.

전근대 서구에서는 구교인지 개신교인지가 프랑스인지 독일인인지보다 더 중요한 정체성 표식이었다. 서구는 오랫동안 처절한 종교전쟁을 통해 종교로부터 국가로 정체성의 코드가 전환하는 역사적 과정을 겪었고, 이 과정을 통해 근대로의 이행이 일어났다. 황사영 백서 사건은 서구 역사와는 정반대의 길을 보여 준다. 위로부터의 지식인들은 중화문명과 조선성리학 그리고 서학 사이에서 정체성 혼돈에 빠졌다. 가치관의 혼돈 속에서 종교와 국가 정체성의 일치를 추구하려는 아래로부터의 운동이 서학의 안티테제로 등장한 동학이었다.

조선의 중화세계질서로부터의 공식적인 해방은 동학운동이 촉발한 청일전쟁에서 일본이 승리함으로써 성취됐다. 중화질서로부터 벗어난 조선은 1897년 대한제국으로 국호를 변경하고 독립국임을 선언했다. '대한'이라는 국호는 삼한에서 비롯했다. 고종은 제국으로서 국가의 위상을 재정립할 목적으로 중화문명의 일원인 기자조선이 아닌 삼한정통론에 입각해서 근대국가로의 전환을 꾀했다. 마한정통론과 구별되는 삼한정통론은 단군과 기자 이래로 강토가 분열됐다가 고려에 의해 삼한이 통합됐다는 역사담론에 의거해서 한국사의 계보를 재구성하는 논리다.[25] '대

---

25 성호 이익은 기자조선의 역사가 위만의 찬탈로 끝나는 것이 아니라 기자의 후예인 기준箕準이 마한을 건설해 기씨箕氏 왕조를 계승했다는 마한정통론을 주장했다. 이익의 제자 안정복은 이 학설을 받아들여 중국과의 사대관계에 입각해 한국사의 정통계보를 《동사강목》에서 정립했다(김문식, 〈18세기 후반 정암 안정복의 기자 인식〉,《한국실학연구》 2권, 한국실학학회, 2000, 25~53쪽). 이에 반해 고종은 마한, 진한, 변

한제국'이란 국호는 삼한의 후예가 하나의 제국이 됐음을 공포하는 의미를 가졌다. 청일전쟁의 와중에 실시된 갑오개혁을 통해 역사는 경학에서 분리해 초중등 교육의 독립 교과로 설치되고, 중국사가 아니라 자국사 중심으로 역사교과서가 집필됐다. 이 같은 자국사 교육의 목표는 어디까지나 군주에 충성하고 국가를 사랑하는 대한제국의 신민을 양성하는 데 있었다.[26]

을사늑약으로 대한제국의 자국사 교육은 중단되고 말았다. 이에 따라 왕조를 근대국가로 전환시킬 수 있는 '국사' 교육의 맹아는 잘리고, 새 시대의 요청에 부응하는 역사적 정체성은 애매해졌다. 1908년 6월 17일 《대한매일신보》에 실린 스스로를 '역사에 미친 사람(史癖生)'이라고 표현한 독자의 투고는 이런 정체성 위기를 반영한다. "우리나라 이름은 도대체 무엇인가? 조선인가, 삼한인가, 또는 고구려인가? 아니면 신라인가, 백제인가, 발해인가? 나는 아니라고 말한다. 이는 당시 조정의 대명사일 뿐이다. 조정의 범위는 좁지만, 국가의 범위는 넓고, 조정의 운명은 짧지만, 국가의 운명은 길다." 여기서 조정이 개별 왕조를 의미한다면, 국가는 중국과 일본이란 명칭처럼 개별 왕조들을 포괄하는 나라의 명칭이다.

일제강점기에 이 같은 국가의 부재를 보상하기 위해 역사에서 대안으

한을 병렬적으로 파악하는 삼한정통론에 입각해 국호를 '대한'으로 개명했다. 1897년 10월 국호를 변경할 때 고종과 신하들은 다음과 같이 논의했다. "상上이 이르기를, '우리나라는 곧 삼한의 땅인데, 국초에 천명을 받고 하나의 나라로 통합됐다. 지금 국호를 대한이라고 정한다고 안 될 것이 없다' 하니, 심순택이 아뢰기를, '삼대三代 이후부터 국호는 예전 것을 답습한 경우가 아직 없었습니다. 그런데 조선은 바로 기자가 옛날에 봉해졌을 때의 칭호이니, 당당한 황제의 나라로서 그 칭호를 그대로 쓰는 것이 옳지 않습니다. 또한 대한이라는 칭호는 황제의 계통을 이은 나라들을 상고해 보건대 옛것을 답습한 것이 아닙니다'라고 했다."(《고종순종실록》 36권, 광무 1년 10월 11일).

26 도면회, 〈국사는 어떻게 구성됐는가? – 한국 근대역사학의 창출과 통사체계의 확립〉, 도면희·윤해동 엮음, 위의 책, 175~213쪽.

로 찾은 것이 민족이다. 현실에 없는 국가를 민족이라는 영혼의 존재로 보상하고자 했고, 그런 민족주의 정치종교의 성경으로 서술된 것이 역사다. 한국사의 계보를 왕조의 역사가 아닌 민족의 역사로 재정립함으로써 민족으로서의 한국인 정체성을 세우는 근대 국사의 기획을 완성한 한국 근대 역사학의 아버지가 신채호다.[27]

전통시대 정사는 왕조의 역사로 서술됐다. 왕조사는 기본적으로 시대를 한 왕조의 역사로 한정해 기술하는 단대사다. 이에 반해 신채호가 왕조의 교체를 초월해 존재하는 민족을 역사의 선험적 주체로 상정하고 쓴 《조선상고사》는 우리 역사를 민족의 역사로 규정하는 '국사'의 효시를 이룬다. 민족사로서 '국사'의 정립을 위해 그는 역사를 '아와 비아의 투쟁'으로 정의하고, '역사적 아'로서 민족의 발자취를 찾아 기록하는 것으로 우리의 역사적 정체성을 확립해야 한다고 보았다.

국가가 민족의 몸이라면, 역사는 정신에 해당한다. 비록 국가를 빼앗긴 민족이라도 역사를 잃지 않고 정신을 차린다면 국가를 되찾을 수 있다는 믿음이 민족주의사관이다. 신채호는 민족주의사관으로 조선사를 특정 왕조의 역사가 아니라 우리 민족의 통사通史인 '국사'로 서술함으로써 민족정체성을 세우고자 했다.

---

27 김기봉, 〈한국 근대 역사개념의 성립 : '국사'의 탄생과 신채호의 민족사학〉, 《한국사학사학보》 제12집, 한국사학사학회, 2005, 217~245쪽.

다문화사회의 공화국 시민정체성

일제 식민지시대와 해방 이후 분단시대에 민족은 한국인의 정체성을 규정하는 코드가 됐다. 분단시대 남북한 모두는 민족주의를 국가정통성과 사회통합을 이뤄 내는 이데올로기로 활용했다. 하지만 오늘날 한국인의 정체성을 민족으로 규정하는 민족주의는 내부와 외부로부터 이중 도전에 직면해 있다. 내부적으로는 대한민국의 국가정통성을 둘러싼 좌우 이념논쟁에서 한국인의 정체성을 민족이 아닌 국가로 정의해야 한다는 주장이 대두했다. 외부적으로는 다문화시대를 맞이해 한국이 '단일민족 국가'라는 허상에서 벗어나야 한다는 비판이 2007년 8월 중순 유엔 인종차별철폐위원회로부터 제기됐다.

현실사회주의가 몰락한 이후 남북한 체제 경쟁은 사실상 끝났으며, 한국전쟁의 폐허를 딛고 세계 경제대국 순위 10위권에 진입한 대한민국의 성공은 세계사에서 유례없는 일로 평가받고 있다. 대한민국은 제2차 세계대전 이후 원조를 받던 나라에서 원조를 주는 나라로 발전한 세계 유일의 국가다. 그런데도 민족통일을 지상과제로 여기는 좌파들은 대한민국이 분단국가라고 평가절하하는 경향이 있었다.

이에 대해 뉴라이트 진영은 좌파의 역사관은 대한민국 국가정체성을 훼손한다는 비판을 제기했다. 이 같은 맥락에서 한국사교과서를 둘러싼 공방은 역사의 내전을 방불케 했다. 이 공방이 한국사의 주체가 민족인지 국가인지 둘러싸고 벌이는 논쟁으로 발전하는 것은 결코 바람직하지 않다. 왜냐하면 그것은 결국 민족주의와 국가주의가 충돌을 벌이는 꼴이기 때문이다.

그렇다면 좌와 우의 이념 대립을 지양할 수 있는 제3의 대안은 무엇인가? 한국사를 국가와 민족이 아닌 문화의 역사로 재구성하는 방안이 하나의 대안으로 모색될 수 있다. 우리가 인간이 된다는 것은 모든 인간이 되는 것이 아니라 특정한 부류의 인간이 되는 것이며, 이 같은 특성을 주조하는 주형이 문화다.[28] 우리를 한국인으로 만든 것은 한국문화다.[29]

한국문화란 하늘에서 어느 날 갑자기 누가 갖고 내려온 것이 아니라 오랜 세월 동안 역사적 경험을 통해 형성된 것이다. 문화는 다양성으로 만들어지고 진화한다. 한국사는 문명교류사로 말해도 과언은 아니다. 대표적인 한국의 전통문화인 유교와 불교는 우리의 고유문화가 아닌 외래문화를 우리가 전유한 것이다. 민족이라는 선험적 코드 대신에 문화와 같은 소통의 코드로 한국인 정체성이 형성되던 과정을 기록하는 방식으로 한국사를 쓸 수 있다.

한국인의 정체성은 민족과 같은 혈통이 아니라 문화적 유전자로 해명해야 한다. 한국사 연구와 서술은 생물학적 DNA가 아니라 문화적 DNA로 한국인의 진화 과정을 해명하는 것을 목표로 해서 이뤄져야 한다. 요컨대 21세기 한국사회가 다인종·다문화사회로 변모하는 것에 부응해 오늘날의 한국사학자들은 '문화적 전환'을 통한 한국사의 새로운 모델을 개발해야 한다.

《논어》〈자로〉 편에 "벗과 사귈 적에 군자는 조화를 이루지만 같지 않

---

28 클리퍼드 기어츠, 위의 책, 74쪽.
29 한 남자와 한 여자가 성관계를 맺어 애를 낳으면 새나 물고기가 아니라 작은 아이를 낳는 이유는 유전 코드가 그렇게 만들기 때문이다. 그렇다면 미국 남자와 미국 여자가 만나 애를 낳으면 작은 미국인이 되는 이유는 무엇인가? 클로테르 라파이유는 《컬처 코드》(김상철·김정수 옮김, 리더스북, 2009)에서 이 같은 정체성을 형성하는 것은 유전 코드가 아니라 컬처 코드라고 말한다. 컬처 코드란 자신이 속한 문화에 의해 일정한 대상에 부여되는 무의식적인 의미며, 이 의미 코드를 공유하는 사람들끼리 하나의 집단 정체성을 형성하는 것이 인간 삶이다.

고, 소인은 같지만 조화를 이루지 못한다(君子和而不同 小人同而不和)"라는 구절이 있다. 이것을 커피에 비유할 수 있다. 우리가 마시는 원두커피는 한 가지 원두가 아니라 다양한 원두를 브랜딩한 것이다. 브랜딩을 통해 각각의 원두가 가진 단점은 최대한 줄이고 장점을 극대화시킴으로써 최상의 커피가 탄생한다고 한다. 이 브랜딩을 문화의 융합으로 실현해 영원한 제국으로 기억되는 것이 로마다. "로마는 호수다"라는 말처럼, 로마의 위대함은 군사적 정복을 통해 확장한 제국의 크기가 아니라 문화의 포용력에서 비롯했다. 로마인들은 단지 무력으로만 제국을 확장하려 하지 않았다. 그들은 야만인이나 미개한 이민족 출신에게도 시민권을 나눠 줘 제국의 권력과 명성에 기여할 수 있는 기회를 제공했다.

오늘날 로마제국을 지향하는 국가가 미국이다. 미국은 로마공화정을 모범으로 삼아 대통령제와 상하원으로 분리된 의회주의를 고안해 냈다. 하지만 현재 미국은 로마제국 말기처럼 위기에 처해 있다. 이에 대해 에이미 추아Amy Chua는 21세기 '제국'인 미국이 "제국의 길을 포기하고 관용적인 강대국으로 복귀하는 것이 살 길"이라고 충고했다.[30] 앵글로색슨과 개신교를 코드로 해 미국의 정체성을 규정하고 사무엘 헌팅턴이 주장하는 '문명의 충돌' 관점으로 세계 지배전략을 펴는 것은 제국으로서 미국을 유지하는 것이 아니라 반대로 몰락의 길로 접어드는 첩경이라는 것이다. 이 같은 일방주의 세계전략은 밖으로는 미국을 고립시킬 뿐만 아니라 안으로는 사회적 갈등을 심화시키기 때문이다. 미국은 군사적인 하드파워가 아니라 문화적인 소프트파워에 기반할 때 세계의 리더십을 발휘

---

30 에이미 추아, 이순희 옮김, 《제국의 미래》, 비아북, 2008, 25쪽.

할 수 있으며, 내부의 자가발전이 아니라 외부로부터의 끊임없는 충전을 통해서만 세계제국으로서 미국의 국력을 계속 신장해 나갈 수 있다.

고대의 로마처럼 21세기의 미국이 문명의 '호수'를 이루기 위해서는 다인종·다문화를 하나로 용해하는 '용광로'가 아니라 그것들을 다채롭고 다양하게 담아내는 '샐러드 접시'가 돼야 한다. 하지만 미국의 딜레마는 '샐러드 접시'는 '미국적인 것'을 담아내는 형식이지 그 자체가 내용이 될 수는 없다는 점이다. 단순히 '샐러드 접시'에 담는 방식으로는 차이를 보존하면서도 하나를 형성하는 진정한 의미에서의 '화이부동和而不同'을 이룩할 수 없다. '샐러드 접시'는 잘못하면 이민자들 문화의 잡화전으로 전락할 수 있다. 이런 우려 때문에 이민자들이 건국해 그들의 힘과 열정으로 초강대국으로 부상한 미국이 이제는 이민자들의 유입을 막는 정책으로 나가고 있다. 과도한 관용은 '접착제'의 약화를 낳음으로써 역설적으로 불관용을 불러일으켜서 멸망의 길로 접어들었다는 것이 에이미 추아가 분석한, 세계를 재패한 제국들의 흥망사다.

"로마는 호수다"라는 말만큼 유명한 말이 "로마는 하루아침에 이뤄지지 않았다"다. 서로마제국의 역사만 계산해도 로마는 1000년을 지속했다. 이에 반해 미국은 고대사나 중세사가 없는 단지 200년이 조금 넘는 시간 동안 '미국적인 것'을 만들어 온 역사만을 가질 뿐이다. 미국과는 다르게 이른바 반만년 역사를 주장하는 우리는 다른 문화를 우리 것으로 만드는 탁월한 능력을 오랫동안 배양해 왔다. 예컨대 우리는 유교, 불교 그리고 기독교라는 외래사상과 종교를 한국화하는 데 성공했다. 이런 문화융합은 비빔밥에 비유할 수 있다. 여러 재료를 하나로 섞어서 비빔밥이라는 훌륭한 음식문화를 창조해 냈듯이, 21세기에 우리는 한국적인 '비빔밥 다문화사회'를 만들어야 한다.

데이비드 베레비는 "인간은 서로 비슷한 사람들과 한패가 되는 게 아니라, 한패가 되고 나서 비슷하다고 판단하는 것이다"라고 주장했다.[31] 하나이기 때문에 우리가 되는 것이 아니라 우리라는 의식이 하나를 만든다는 것은 진실이다. 지금 남한사회는 밖으로 나간 해외동포와 우리 사회 안으로 들어온 외국인의 배제와 포섭을 결정하는 새로운 코드를 만들어야 할 시점에 직면해 있다. 출산율은 세계 최저이고 고령화 속도는 세계 최고라면, 앞으로 누가 한국사회를 위해 일할 것인가? 민족주의에서 벗어나 다문화사회 정체성을 갖지 않는다면, 한국의 미래는 없다.

지금 한반도에는 두 공화국이 있다. 남한의 대한민국이 헌법 제1조를 통해 '민주공화국'임을 선언했다면, 북한이 내세우는 공식적인 국가 명칭은 '조선민주주의인민공화국'이다. 공화국 이념이 되는 공화주의란 원래 개인주의적 자유주의 또는 소유적 자유주의(possessive individualism)에 대비되는 개념으로서 개인이 사적으로 누려야 할 권리의 확보보다는 공동체적 시민으로서 갖춰야 할 덕(virtue)의 고양을 강조하는 정치 이데올로기를 의미한다. 또한 공화주의는 국가와 민족 또는 계급의 이름으로 공동체를 신비화하고 또 그 이름으로 지배자에게 맹목적 복종을 강요하는 전체주의와 상반되는 개념이다.

지난 60년간 남북한 체제 경쟁이란 두 공화국 간 싸움이라고 말할 수 있다. 결국 어느 체제가 우월한지는 어느 쪽이 진정한 공화주의를 실현하느냐로 결정돼야 하며, 남북한 국가연합의 모색은 공화주의에 입각해서

---

31 데이비드 베레비, 정준형 옮김,《우리와 그들 : 무리 짓기에 대한 착각》, 에코리브르, 2007.

이뤄져야 한다. 이러한 공화주의에 의거한 통일이 근대 이래로 추구한 우리의 국민국가 만들기 기획의 완성이며, 탈근대에서 외국인을 우리 공화국 시민으로 수용할 수 있는 방안이다.

다문화사회로의 전환이 피할 수 없는 현실이라면 우리는 타자에 대한 관용으로 '비빔밥' 한국인 정체성을 어떻게 만들 수 있는지 고민해야 한다. 전근대에서 단군이 단일민족이라는 혈통주의를 표상하는 아이콘으로 사용됐다면, 21세기에 이는 홍익인간弘益人間과 같은 개체적 보편성을 실현시킬 수 있는 문화코드로 재사용될 수 있다. 먼저 남한사회에서 한국인이란 누구인지는 홍익인간과 같은 인류 보편적 가치를 꽃피워 내겠다는 의지로 뭉친 공화국 시민으로 정의가 내려져야 한다. 그리고 남한의 민주공화국과 북한의 조선민주주의인민공화국 사이의 민족통일도 무조건적으로 해야만 하는 것이 아니라 홍익인간의 이상을 실현할 수 있는 공화국을 건설하겠다는 의지로 할 때, 우리는 민족이라는 울타리를 넘어서 동아시아는 물론 세계의 허브로 도약할 수 있다.

이 같은 역사적 과업을 해결한다는 문제의식으로 밖으로는 글로벌시대 그리고 안으로는 다문화사회로 변모하는 우리 역사현실에 맞는 한국인 정체성을 형성하는 '글로벌 한국사'를 서술해 교육하는 것이 21세기 한국 역사학이 당면한 최대 과제다.

HIS·
TO
RIA'
QUO
VADIS

1

역사의

'매체적 전환'

역사와 매체

과거에 일어난 일을 탐구하고 조사한 기록으로 역사를 쓴 최초의 역사가는 헤로도토스로 알려져 있다. 그는 기원전 5세기 그리스가 구술문화에서 문자문화로 이행하는 시대를 살았다. 말은 생성과 함께 사라져야 할 운명을 갖지만, 문자는 기억이 시간 속에서 변질되는 것을 막는 방부제다.

헤로도토스보다 두 세대 전쯤에 태어난 헤카타이오스Hekataios가 이미 과거사를 비판적으로 탐구하여 'Historie'라 불리는 《족보(Genealogiai)》를 썼다. 그런데도 헤로도토스에게 '역사의 아버지'라는 영예가 돌아간 이유는 집단기억의 구전으로만 전할 뿐 실제 사실인지 확인할 길이 없는 아득히 먼 옛날이야기가 아니라, 실질적으로 탐구가 가능한 동시대 사건인 페르시아전쟁을 문자역사로 기록했기 때문이다.[1] 문자역사의 탄생으로부터 역사연구라는 과정으로 얻어진 성과물로서의 역사서술을 역사로 지칭하는 전통이 생겼다. 연구가 역사라는 서사가 성립할 수 있는 충분조건이라면, 서술은 필요조건이다. 헤로도토스는 이것을 '탐구한 바를 보여주는 것(histories apodeksis)'이라고 표현했다.

역사가는 밤이 돼서야 나는 미네르바의 부엉이처럼 사건이 종료된 이후에나 그에 대한 이야기를 역사로 쓰는 사람이다. 역사란 과거의 송신자와 현재의 수신자 사이의 소통이라고 말할 수 있다. 그런데 소통은 직접적으로 이뤄지는 것이 아니라 언제나 사료라는 매체를 통해서만 가능하다. 공간여행을 위해서는 교통수단이라는 매체가 있어야 하는 것처럼, 역사라는 시간여행을 위해서는 타임머신과 같은 매체가 있어야 한다.[2] 매체가 없다면 역사연구는 불가능하다. 역사연구의 성과를 일차적으로 좌우하는 것은 어떤 매체를 사용하느냐다. 이로부터 성립하는 첫 번째 테제가 "역사는 매체다"다.

역사연구와 관련해서 "역사는 매체다"라고 말할 수 있다면, 역사서술의 경우에는 "매체가 역사다"라는 테제가 성립한다. "매체가 역사다"라는 테제가 성립할 수 있는 이유는 과거 실재는 언제나 매체를 통해서만

---

1 김경현, 〈헤로도토스를 위한 변명〉, 《서양고전학연구》 제24집, 한국서양고전학회, 2005, 276~277쪽.

2 마셜 매클루언은 매체를 인간의 신체 및 감각기관을 확장시킨 모든 것이라고 정의했다. 매클루언 이전 매체와 소통에 대한 일반 이론을 제시한 학자는 라스웰이다. 그는 소통을 "누가(source) 무슨 메시지(massage)를 어떤 경로(channel)를 통해서 누구(receiver)에게 얼마만 한 효과(effect)를 갖고 전달하느냐"로 정의했다. 라스웰의 SMCRE 모델의 문제점은 매체를 송신자와 수신자를 단순히 매개하는 수단으로 본다는 점이다. 이에 대해 매클루언은 매체란 단순 매개체가 아니라 정보를 주물러서 변형하는 생성체라고 주장했고, 이 주장을 요약한 명제가 "매체가 메시지다"와 "매체는 마사지다"라는 테제다. 이 같은 매클루언의 커뮤니케이션학은 라스웰의 '효과 패러다임'을 대체하는 '미디어 패러다임'이라고 불린다. 커뮤니케이션 환경 변화에 따른 연구 패러다임의 전환에 대해서는 김정탁, 〈라스웰과 맥루한을 넘어서 : 효과·미디어 패러다임에서 상징적 교환 패러다임으로〉, 《한국언론학보》 43~45, 한국언론학회, 1999, 113~154쪽 참조.

재현되어 기억될 수 있기 때문이다. 역사서술의 역사로서 사학사란 과거를 역사로 재현하는 매체의 변천사라고 말할 수 있다. 헤로도토스 이래로 역사는 문자로 기록돼야 역사로서의 권위를 가질 수 있다고 여겨졌다. 하지만 사극 열풍은 문자역사의 위기를 초래했고, 이는 역사학의 위기로 인식됐다.

문자역사의 위기가 곧바로 역사학의 위기로 여겨지는 이유는 무엇인가? 문자역사만이 과학적 역사를 서술할 수 있고, 영상매체에 의한 과거의 재현은 필연적으로 역사를 허구화할 수밖에 없는가? 이 같은 문제들을 다루기 위해 세우는 두 번째 테제가 "매체가 역사다"다. 문자시대가 저물어 가는 시점에서 마셜 매클루언이 "매체가 메시지다"라는 명제를 제시한 것과 같은 맥락에서 "매체가 역사다"라는 테제가 성립한다.

구텐베르크 은하계의 종말을 통해 문자의 '은하계'가 구어의 '은하계'로 변동하는 시대에서 오직 문자역사만이 과학적 역사를 보여 줄 수 있다고 주장하는 것은 시대착오다. 문자역사에서 영상역사로의 이행은 역사학 위기를 초래하기보다는 근대 역사학이 소멸시킨 역사의 서사적 전통을 복원시킴으로써 역사 전성시대를 여는 기회가 될 수 있고, 이는 실제로 역사학 밖의 대중 역사문화에서 실현되고 있다. 활자와 영상이 융합하는 '디지로그digilog' 시대에 오늘의 역사학은 어떻게 변화해야 하는가? 두 번째 테제의 '매체적 전환'으로 전망해 보는 것은 결국 역사학의 미래에 관한 것이다.

마지막 세 번째로 다루는 주제는 실제 역사연구와 역사서술에서 일어난 '매체적 전환'이다. 역사의 '매체적 전환'이란 매체를 통해 역사를 보는 새로운 관점을 의미한다.[3] 인간의 사고방식과 문명의 변화로부터 매체가 변화한 것이 아니라, 오히려 매체의 변화가 인간 사회와 문화의 변화를 이끌었다는 인식의 전환으로부터 생겨난 관점이다.[4] 예컨대 문자의 발명으로 율령체계와 행정제도가 정비됨으로써 고대국가가 성립할 수 있었고,[5] 구텐베르크 인쇄술이 루터의 종교개혁을 이끌었으며, 책이 혁명을 촉발시켰고, 인쇄 자본주의가 '상상의 정치공동체'로서 민족의 형성에 결정적인 기여를 했다는 연구가 나오고, 인터넷혁명으로 전 세계가 그야말로 하나의 지구촌으로 좁아진 세상에 우리는 살고 있다. 이 같은 연구 성과와 인식이 매체가 역사를 변화시키는 결정적 요인이라고 보는 역사의 '매체적 전환'을 낳았다.

우리 사회의 문제를 인식하고 해결하는 키워드로 빠지지 않고 등장하는 것이 소통이다. 사회와 역사의 문제를 하나의 코드로 의미 지우고 무의미화하는 근대 거대담론이 종말을 고한 탈근대에서 모순을 파악하는 범주는 계급, 민족, 성차, 세대 등 복수의 개념으로 다양화된다. 어떤 개념을 키워드로 해서 문제를 보느냐는 입장과 관점에 따라 불일치하지만,

3   매체와 소통으로 보는 역사에 대한 소개는 황대현, 〈종교개혁 공공영역과 독일 종교개혁 초기의 소통상황〉, 《서양사론》 제97호, 한국서양사학회, 2008, 117~141쪽 참조.
4   옥스퍼드 영어 사전에 따르면, 단지 1920년대에서야 사람들이 '매체'에 대해 말하기 시작했고, 그 이후 한 세대가 지난 1950년대 '커뮤니케이션 혁명'이란 말이 생겨났다. 하지만 커뮤니케이션 수단에 대한 관심은 구술과 문자 커뮤니케이션의 기술에 대한 연구인 수사학의 형태로 고대 그리스와 로마부터 있다가, 중세를 거쳐 르네상스시대에서는 열광적으로 나타났다. 18세기 후반 '여론' 개념이 등장하고, '대중'에 대한 관심은 19세기에 가시적으로 나타났다. 이 시기에 신문이 나타나 민족의식 형성에 기여했다. 이와 같은 매체의 사회사에 대해서는 Peter Burke·Asa Briggs, *A Social History of the Media: From Gutenberg to the Internet*, Polity Press, 2005 참조.
5   송기호, 〈고대의 문자생활〉, 한국고대사회연구소 엮음, 《강좌 한국고대사 5 : 문자생활과 역사서의 편찬》, 가락국사적개발연구원, 2003, 1~60쪽; 윤선태, 〈고대의 문자세계〉, 《한국사시민강좌》 제37집, 일조각, 2005, 1~24쪽.

해결방식이 문제를 공유할 수 있는 소통이 돼야 한다는 점은 하나의 공감대를 형성한다. 권력투쟁의 '문명화 과정' 속에서 담론과 소통과 같은 개념이 떠오르고, 같은 맥락에서 역사서술 모델도 사회사에서 신문화사로 바뀌는 '문화적 전환'이 일어났다. 담론과 소통이 화두가 됨으로써 역사의 동인이 생산관계가 아닌 소통관계라는 탈마르크스주의(post-marxism) 관점이 생겨났다. 이 같은 관점에 따르면, "지금까지 존재한 모든 사회의 역사는 매체투쟁의 역사다."

"역사는 매체다"

역사의 '매체적 전환'은 역사연구가 매체를 토대로 해서 이뤄진다는 사실로부터 기인한다. 역사란 대체로 죽은 자들과의 대화다. 죽은 자들은 말이 없는데 어떻게 대화가 가능한가? 그들과의 직접적인 대화는 불가능하다. 그들은 이미 레테의 강이라 불리는 '망각의 강'을 건너간 존재들이다. "과거는 낯선 나라다." 역사란 기본적으로 낯선 나라 사람들과의 통신이다. 서로 다른 공간의 사람과 통신하기 위해 사용하는 것이 전화나 인터넷과 같은 매체다. 그렇다면 과거와 통신하기 위해 역사가들이 사용하는 매체는 무엇인가?

새로운 사료의 발굴로 쟁점이 됐던 선화공주와 서동왕자의 예를 들어보자. 과거의 그들을 직접 만나 로맨스의 진실 여부를 확인하기란 불가능하다. 그들과의 만남은 《삼국유사》라는 사료를 통해서만 가능했다. 《삼국유사》의 기록을 통해 우리는 미륵사의 석탑이 그들 사랑과 결혼의 징표임을 안다. 그 이후 그들의 사랑을 이야기하는 여러 역사소설이나 사극이 만들어졌고, 이것들을 매개로 해서 이야기는 하나의 역사적 사실로 굳어졌다. 하지만 최근 미륵사지 석탑을 복원하면서 그들 이야기가 역사적 사실이 아님을 반증하는 사리봉안기의 기록이 발견됐다. 이처럼 과거는 사료라는 매체를 통해서만 역사적 사실성을 인정받을 수 있기에 "역사는 매체다"라고 말할 수 있다. 사료는 과거 그 자체가 아니라 그에 관한 정보를 담고 있는 매체다. 사료라는 매체를 통해 역사가 써지고 그렇게 서술된 역사가 다시 새로운 역사서술의 매체가 된다. 따라서 역사의 출발점이면서 종착지가 매체라는 사실로부터 "역사는 매체다"라는 테제가 성립한다.

과거와 역사의 관계는 풍경과 그것이 그림의 형태로 재현된 풍경화로 비유할 수 있다. 과거는 없고 역사만 존재하듯이 과거 그대로의 풍경은 지금 없고 화가가 그린 풍경화만이 우리에게 남아 있다. 역사가란 과거의 풍경화를 그리는 화가와 같은 존재다. 역사가는 과거의 풍경을 직접 보고 풍경화를 그리는 것이 아니라, 그 이전의 역사가들이 그린 그림을 보고 자기 이름을 서명한 그림을 그리는 것처럼 역사를 쓴다.

역사학에선 당대에 풍경을 직접 보고 그린 풍경화를 일차 사료라고 부른다. 그 이후는 풍경화와 풍경화의 관계로 그림이 다시 그려지기 때문에, 역사가의 역사서술은 대체로 과거와 역사의 관계가 아니라 역사와 역사의 관계로 이뤄진다. 물론 여기서 서동왕자와 선화공주의 경우는 당시의 정황을 그린 일차사료가 발견됨으로써 《삼국유사》에서 일연이 그린 그림을 보고 그린 이후 역사가들의 풍경화는 사실화가 아닌 추상화로서 역사가 아닌 설화로 취급돼야 한다. 결국 그 이야기가 역사인지 아닌지 판가름하는 시금석이 사료라는 매체기 때문에 "매체가 메시지다"라고 말할 수 있다.

역사가가 역사를 연구하기 위해서는 필수적으로 사료와 사관이라는 두 매체가 요청된다. "사료가 없으면 역사도 없다"라는 말처럼 역사가는 과거의 사실을 증언하거나 사실이 아님을 반증하는 사료를 매개로 해서만 역사를 쓸 수 있다. 하지만 사료 자체가 과거는 아니며 과거에 대한 정보를 알려 주는 매체일 뿐이다.

E. H. 카는 《역사란 무엇인가》 제1장 '역사가와 그의 사실'에서 모든 역사적 사실은 역사가에 의해 해석된 사실이라고 주장했다. 김춘수 시인이 "내가 그의 이름을 불러 주기 전에는 그는 다만 하나의 몸짓에 지나지 않았다"고 노래한 것처럼, 역사가에 의해 부름 받아 그의 사관으로 해석된 과거만이 역사가 된다. 사관이란 과거를 바라보는 역사가의 '마음의 창'이다. 사진작가 이시우는 철원에 남아 있는 노동당사의 창틀로 내다본 풍경을 찍은 사진 밑에 "창을 통해 보기 전에, 창 자체를 보아야 합니다. 보는 것은 이미 보는 수단에도 기대어 있기 때문입니다"[6]라는 말을 달았다. 여기서 창 자체란 보는 범위와 방식을 선험적으로 결정하는 창틀, 곧 프레임frame을 지칭한다. 사료가 역사서사를 구성하는 필요조건의 객관적 매체라면, 역사가의 사관은 그것의 충분조건을 이루는 주관적 매체다.

근대의 대표적인 역사관인 실증사학은 전자의 사료라는 객관적인 매체만을 인정하고, 후자의 사관이라는 주관적 매체를 배제해야만 과학적 역사를 쓸 수 있다고 보았다. 실증사학자들은 랑케가 "자신을 소거하고

---

6   이시우, 《비무장지대에서의 사색》, 인간사랑, 2007, 31쪽.

싶다"라고 말한 것처럼 객관적 매체인 사료를 통해서만 있던 그대로의 과거와 통신할 수 있다고 믿었다. 그들은 과거-사료-역사의 관계를 거울 이미지로 연결했다. 사료란 과거를 반영하는 거울이고, 그 거울을 매개로 해서 과거를 역사로 재현할 수 있다는 것이다.

하지만 문제는 사료가 액면 그대로의 과거 사실을 전달하는 매체인가 하는 점이다. 사료란 과거 있던 그대로를 반영하는 거울이 아니라 역사가가 과거를 들여다보는 창과 같다. 그래서 역사가는 사진작가 이시우의 말대로 사료의 창을 통해 과거를 보기 전에 창을 통해 보이는 것을 선험적으로 규정한 창틀을 먼저 통찰해야 한다. 여기서 창틀이란 결국 사료를 쓴 사람의 사관을 의미한다. 카가 역사책을 읽기 전에 그것을 쓴 역사가에 대해 조사하라고 말했듯이,[7] 사관이라는 매체 자체가 이미 하나의 메시지다.

실증사학은 역사연구가 사료를 매개로 한 과거와 역사의 관계로 이뤄진다고 믿었다. 하지만 역사가는 사료를 매개로 해서 있던 그대로의 과거를 재현하는 방식으로 역사를 쓰는 것이 아니라, 유물·유적·금석문 등과 같은 물적 사료와 기록 사료를 매체로 해서 그 이전 역사가들이 쓴 역사를 해체해 자기 이름으로 역사를 다시 쓰는 작업을 수행한다. 실제 역사연구는 과거와 역사의 관계가 아닌 사료라는 객관적 매체와 사관이라는 주관적 매체를 통한 역사와 역사의 관계로 이뤄진다. 모든 역사가는 새로운 매체로 기존 역사서술이 발견하지 못한 과거의 또 다른 의미를 담아내는 새로운 역사 쓰기를 열망한다. 그렇게 쓰인 역사가 그 다음 역사

7   E. H. 카, 김택현 옮김, 《역사란 무엇인가》, 까치, 2000, 38쪽.

가들에 의해 매체로 이용되는 것이 역사서술의 역사다. 따라서 역사학은 역사에 대한 역사의 변증법으로 과거 이미지를 무한대로 재창조하는 형태로 진화한다.

역사에 대한 역사를 통해 과거 이미지를 무한대로 만들어 내는 사학사의 실제를 표현하기 위해 '미장아빔mise en abyme'이란 용어를 사용할 수 있다.[8] 거울 속의 거울을 무한히 대응시킬 때 나타나는 현상이 '미장아빔'이다. 여기서는 실상과 허상의 경계는 무너지고 이미지의 무한반복이 나타난다. 역사학에서 과거가 실상이라면 역사란 그것을 반영하는 허상이다. 하지만 역사서술의 역사가 과거와 역사라는 원본과 모사의 관계가 아니라 역사와 역사의 관계로 전개되는 한에서, 과거로서의 원본은 없고 역사라는 담론만이 존재해서 그런 과거가 존재했음을 이야기한다. 움베르토 에코가《장미의 이름》마지막 구절로 "그 아름답던 장미는 사라지고 없고, 남은 것은 그 이름뿐"이라고 썼듯이, 장미라는 과거 실재는 사라지고 역사라는 이름만이 우리에게 존재해서 과거 그 자체가 말하지 않았던 의미까지도 우리에게 이야기한다. 이런 이야기 가운데 하나가 바로《삼국유사》에 나오는 서동왕자와 선화공주의 로맨틱 서사다.

문제는 과거 실재를 넘어선 역사해석의 한계를 어디까지 인정할 것인가다. 사극과 팩션서사에 대한 역사가의 문제제기 의미와 무의미를 가르는 판단 기준은 왜곡과 해석의 경계를 어떻게 설정할 것인지의 문제로 귀결된다. 이 문제에 대한 해결책으로 "역사는 매체다"라는 테제를 제시할

8　미장아빔은 '문장紋章(blason) 속의 문장'처럼, '연극 속의 연극', '이야기 속의 이야기'를 구현하는 기법이다. 사료라는 과거의 거울을 반영해서 역사라는 거울이 성립하고, 이것의 무한반복을 통한 주제와 변주로 역사적 의미의 '심연(abyme)'이 만들어진다. 미장아빔 개념에 대해서는 신혜경, 〈미장아빔(mise en abyme)에 관한 소고〉,《미학·예술학 연구》제16호, 한국미학예술학회, 2002, 119~140쪽 참조.

수 있다. 역사가는 사료라는 매체 없이는 역사를 쓸 수 없다. 하지만 사료
가 역사로 해석되기 위해서는 사관이라는 또 다른 매체가 개입한다. 이렇
게 서술된 역사 역시 이후 역사가들에게 하나의 매체가 된다. 이런 매체
의 대연쇄로 역사학은 역사라는 매체를 통한 과거 이미지의 무한 재생산
으로 발전한다. 과거 사건은 없고 그에 대한 이야기만 있듯이, 과거 실재
는 없고 그 이미지로서의 역사라는 매체만이 존재한다.

역사의 매체화를 통해 추구하는 것은 과거 실재의 부정이 아니라 그에
대한 해석의 다양성이다. '미장아빔' 기법을 통한 대상의 재현과 중복 또
는 반복은 실재하는 대상의 허구화가 아니라, 이전의 이미지화를 통해 은
폐되고 배제된 의미들을 발굴해서 드러내는 것을 목표로 한다. 중요한 것
은 허상으로서의 이미지가 아니라 의미다. 과거 실재는 없고 역사라는 거
울만이 존재하는 현실에서 탈근대 해체주의 역사이론은 역사라는 거울
을 계속해서 겹쳐 놓는 방식으로 과거 이미지의 유사성과 차이를 끊임없
이 드러내는 의미화의 작업을 통해 역사의 무한한 의미를 만들어 낼 수
있다고 본다.

역사가 역사가가 만들어 내는 지식이라면, 사료란 정보에 해당한다.
앨빈 토플러는 데이터, 정보, 지식을 구분했다.[9] 예컨대 1894년이라는 연
대 자체는 하나의 데이터다. 이 데이터가 사료라는 매체를 통해 "1894년
에 전라도 지방에서 동학농민군이 봉기를 일으켰다"처럼 하나의 문맥으
로 연결되면 정보가 된다. 이 정보를 이용해서 역사가들은 동학난, 동학
운동, 동학혁명, 갑오농민전쟁과 같은 다양한 의미를 가진 역사적 지식

---

9   앨빈 토플러·하이디 토플러, 김중웅 옮김, 《부의 미래》, 청림출판, 2006, 154쪽.

을 생산해 낸다. 이 같은 복수의 지식은 역사서술이라는 거울들이 서로 서로 대응해 만들어 내는 '미장아빔'이다. 그렇다면 문제는 어떤 역사가 객관적 역사이고 진실인가 하는 점이다.

이 문제에 대한 답을 결정하는 것은 과거 그 자체가 아니라 결국 역사가의 사관이다.[10] 사관이란 사료라는 창의 인식 범주를 결정하는 프레임이다. 심리학자 최인철은 프레임을 〈핑크대왕 퍼시(Percy the Pink)〉라는 동화를 예로 들어 설명했다.[11] 핑크색을 광적으로 좋아하는 '핑크대왕 퍼시'는 자신의 옷뿐만 아니라 모든 소유물이 핑크색이었고 먹은 음식까지도 핑크 일색이었다. 그는 자기 왕국 전체를 핑크색으로 만들려고 백성들의 옷과 그릇, 가구 등 모든 것을 핑크색으로 바꾸라는 법을 제정했다. 그는 이에 만족하지 않고 나라의 모든 나무와 풀과 꽃, 동물들까지도 핑크색으로 염색하도록 명령했다. 드디어 세상의 모든 것이 핑크로 변한 듯 보였다. 하지만 단 한 곳, 핑크로 바꾸지 못한 것이 있었으니 그건 바로 하늘이었다. 하늘을 염색할 수는 없었다. 며칠을 고민했지만 뾰족한 수가 떠오르지 않자, 그는 자기 스승에게 묘책을 찾아내도록 명령했다. 밤낮으로 고심하던 스승은 마침내 하늘을 핑크색으로 바꿀 묘책을 찾았다. 그는 왕에게 핑크색 색안경을 바치며 그걸 쓰면 모든 문제가 해결된다고 말했다. 정말로 안경 하나가 이 세상 전부를 핑크색으로 바꾸는 마술을 부렸다.

역사학에서 안경에 해당하는 것이 바로 사관이다. 근대 역사인식론은 어떤 사관이 과학적이고 객관적인 인식에 도달할 수 있는가에 문제를 집

---

10 사료라는 객관적 매체와 사관이라는 주관적 매체의 결합으로 역사서술사가 구성된다. 전자의 사료가 사실 이라면 후자의 사관은 역사가의 이데올로기라는 점에서 허구기 때문에 역사란 궁극적으로 사실과 허구의 조합으로 이뤄진 팩션이다.

11 최인철, 《프레임 : 나를 바꾸는 심리학의 지혜》, 21세기북스, 2007, 11~13쪽.

중함으로써, 안경이 보는 것을 결정한다는 프레임의 문제를 인식하지 못했다. 이를 다시 비유해서 말하면, 근대에서 "역사란 무엇인가"는 과거를 현재라는 거울에 어떻게 비출 것인지에 대한 논쟁만을 벌임으로써 거울 그 자체에 대한 문제제기를 하지 않았다. 이에 반해 탈근대에서 인간은 지나간 과거를 직접 볼 수 없고 오직 안경을 통해서만 바라볼 수 있다는 인식에 도달했다. 따라서 과거의 무엇을 보느냐를 일차적으로 결정하는 것은 안경이므로 역사란 무엇인가는 어떤 안경을 쓰고 과거를 인식하느냐의 문제로 귀결된다.

우리 사회에서 한국사교과서를 둘러싸고 이데올로기 공방이 치열하다. 이 문제도 궁극적으로는 어떤 교과서가 옳은지 그른지 하는 문제라기보다는 어떤 안경으로 한국 근·현대사를 보느냐의 문제다. 일제 식민지시대, 대한민국 건국 그리고 박정희시대를 어떻게 보느냐는 현재 우리의 정체성과 미래의 방향 설정을 정하는 중대한 문제다. 한국사 교육은 이 문제들을 어떻게 풀 것인지를 가르치는 것을 목표로 한다. 수학교육에서 문제풀이 방식을 가르쳐 주는 것보다 중요한 것이 문제의 개념을 먼저 이해시키는 것이라고 말한다. 예컨대 미적분에 대한 개념적 이해 없이 미적분 문제를 잘 푸는 기술만을 가르치는 것이 무슨 의미가 있는가? 역사교육도 마찬가지다. 문제의 개념에 해당하는 역사를 보는 안경으로서의 사관에 대한 인식을 바탕으로 해서 역사 지식교육이 이뤄져야 한다.

"현재와 과거의 대화"로 다시 써지는 역사에는 정답은 없고, 단지 현재가 과거를 향해 제기하는 여러 질문에 따라 나오는 해답만이 있다. 정답은 '1+1=2'처럼 유일하게 정해지는 답이라서 누가 문제를 풀든 답은 같다. 하지만 현재의 관점에서 과거를 보는 역사가는 '있었던 것'만이 아니라 '있었을 가능성'까지를 염두에 두고 역사를 쓰기 때문에 하나의 문제에 대한 다양한 해결 방안을 찾아내고자 한다.

"이 세상에서 가장 무서운 사람은 오직 한 권의 책만을 읽은 사람이다"라는 말이 있다. 중세 말에는 이 세상에 궁극적으로 《성경》이라는 단한 권의 책만이 존재해야 한다고 믿은, 움베르토 에코의 《장미의 이름》에 나오는 호르헤 수도사와 같은 사람이 있었다. 그는 《성경》이라는 단 한 권의 책만이 존재하도록 만들기 위해 《성경》에 반하는 내용이 들어 있는 책을 보는 사람들을 살해했으며 그 책을 불태워 없앴다.

역사교과서란 역사에 관한 정통성 있는 지식을 담아 놓은 정전이 아니라 역사교육을 위한 각기 다른 매체일 뿐이다. 역사교과서의 국정화를 통해 하나의 역사교과서만을 고집하는 것은 한 색깔의 안경만 쓰고 살아야 한다고 말하는 것과 같다. 역사교과서는 왕조시대의 정사가 아니라 우리의 과거에 대한 정보를 전달하는 매체일 뿐이다. 교과서 투쟁이란 궁극적으로 매체투쟁이다. 매체투쟁을 통해서 생산적인 역사교육이 되기 위해서는 학생들 스스로가 안경을 선택하고 안경을 바꿔 쓸 줄 아는 능력을 배양하는 것이 무엇보다도 중요하다. 이 같은 'doing history'로 역사교육의 패러다임 전환을 위해서라도 "역사는 매체다"라는 인식이 요청된다.

"매체가 역사다"

역사란 구술과 문자, 기념비와 비문과 같은 건축물 그리고 제의와 축제와 같은 매체가 만드는 '문화적 기억'이다. 인간이 자기 개발과 개별 존재의 유한성을 극복할 목적으로 선대의 유형과 무형의 유산을 계승해 발전시키는 형태로 만들어지는 문화는 기억을 토대로 해서 성립한다. 기억화의 방식은 각 시대 문화형식에 따라 선험적으로 개념 지어지므로 모든 기억은 '문화적 기억'이다. '문화적 기억'으로서 역사는 매체 의존적이다. 과거는 매체를 매개로 해서 기억되고 역사화된다.

인류역사를 보면 각 시대마다 지배적 매체가 있었다. 인류문명사는 인간이 지식을 생산하고 전달해 활용하는 매체 진화의 역사로 전개됐다고 말할 수 있다. 매클루언은 매체를 인간의 신체 및 감각 기관을 확장시킨 모든 것이라고 정의했다. 이때 '확장'이란 특정 감각의 고유한 기능을 드높이는 수단이나 장치를 뜻한다. 책은 눈의 확장이고, 옷 또는 집은 피부의 확장이며, 자동차 바퀴는 발의 확장이요, 전자회로는 중추신경계의 확장이다. 이렇게 정의된 매체는 라디오, 텔레비전, 전신, 전화, 영화, 신문, 컴퓨터 등과 같은 통신수단뿐만 아니라 사진, 의상, 집, 돈, 시계, 화폐에서 자동차바퀴까지 다양한 것들을 포괄한다.[12]

매체에 대한 이런 포괄적 정의는 매체는 정보를 전달하는 수단에 불과한 것이 아니며, 인간 환경 변화도 새로운 매체의 출현으로 촉진됐을 뿐 아니라 심지어 그것을 통해 초래됐다는 생각으로 발전했다. 매체는 단순히 '알리는' 매개체가 아니라 '발생시키는' 매개체라는 인식은 매체를 역사적 동인으로 파악하는 패러다임을 낳았다. 이 '매체적 전환'을 선도한 학자가 매클루언이다. 그는 마르크스가 생산관계의 변화로 역사를 시대 구분한 것 대신에 매체의 발달이 촉발하는 소통관계의 변화에 따라 인류

---

12   마셜 매클루언, 박정규 옮김, 《미디어의 이해》, 커뮤니케이션북스, 2001.

역사를 네 단계로 구분했다.[13]

첫 번째 단계는 구술로 소통하던 원시부족시대다. 이 시대 사람들은 공동체 내에서 구전口傳으로 소통했기에 시각·청각·후각 등 오감을 함께 사용하는 복수 감각의 의사소통관계에 있었다. 인간의 의사소통이 전체 감각으로 이뤄질 때는 머리와 가슴이 나뉘지 않았고 신화와 사실 사이의 구분이 없었으며, 현재와 과거는 공존했다.

두 번째 단계는 약 2000년 전 한자나 알파벳의 발생으로 시작된 문자시대 또는 필사시대다. 이때부터 사람들은 문자를 읽는 시각형 인간으로 변형됐다. 알파벳의 발명으로 문자시대의 고대가 시작되고 중세에는 문자를 손으로 쓰는 필사문화가 지배적이었다. 손으로 쓴 글자와 인쇄로 찍은 활자를 읽는 사람의 마음은 다르다. 전통시대 동아시아인은 필체는 마음의 창이고 심성을 담는 그릇이라 생각해 서예를 발전시켰다. 사람들은 활자를 볼 때는 차가운 시각적 초연함을 갖지만, 필사본을 읽을 때는 감정이입이 일어나고 시각 이외의 촉각과 후각과 같은 다른 감각이 참여한다.

세 번째 단계는 15세기 구텐베르크 혁명이 일어난 이후 전기매체 등장 이전까지 약 400년간의 시간에 해당한다. 구텐베르크 은하계에서 청각적-촉각적 구어문화는 시각적인 문자문화로 바뀌었다.[14] 15세기 이탈리아 르네상스에서 원근법과 시각의 합리화를 발견한 것으로 시작하는 서구 근대는 망막 중심적인 패러다임, 곧 시각 생성적이고 시각 중심적인 해석체계의 지배를 관철시켰다.[15] 알파벳 발명으로 촉발된 시각화 과정

---

13 마셜 매클루언, 앞의 책, 제2판 서문 vi, 해제 426~428쪽.
14 마셜 매클루언, 임상원 옮김, 《구텐베르크 은하계》, 커뮤니케이션북스, 2001.

은 인쇄술 발명으로 급속히 진행되어 시각이 다른 감각을 압도했다. 눈으로 책을 읽는 묵독은 보는 것과 듣는 것을 분리시켰다. 지식의 통로에서 말하기와 듣기가 배제되고 책 보는 것에만 집중하기 위해 침묵했다. 이 같은 개인적 독서를 통한 내면화가 근대 개인주의를 낳았다.

중세까지는 한 작품에 일관된 시점이 존재해야 한다는 생각은 없었다. 사물과 인간의 여러 측면은 동시적으로 존재하며, 이것들은 하나의 시점에 따라 순차적으로 나타나는 것이 아니라 자유롭게 발현됐다. 하지만 근대 인쇄문화에 의한 인지의 시각화는, 원근법이 보이는 것들을 하나의 소실점에 입각해서 배열하는 것처럼, 동시적으로 있는 것들을 시간 순서로 순차적으로 나타나도록 기술했다.

활판 인쇄물은 책의 대량생산을 가능하게 만듦으로써 서적자본주의를 출현시켰다. 혼자 책을 읽고 생각하는 근대적 자아의 탄생은 부족적인 인간사회에 혁명적인 충격을 주었다. 서적의 광범위한 확산을 위해 인쇄술은 표준화됐고, 이는 독자들의 사고방식을 동질화했다. 인쇄문자는 표준어를 요청하고 표준어는 인쇄문자의 확산을 낳음으로써 하나의 언어공동체로서 민족이 형성됐다. 베네딕트 앤더슨이 주장하듯이, 서적자본주의가 '민족주의의 문화적 기원'이 됐다.[16]

인쇄매체는 오감의 복수감각 인간형에서 시각 비대 인간형으로 감각을 변화시켰을 뿐만 아니라 사회적 소통관계까지도 바꿔 놓았다. 구술로 의사소통을 하던 시대에서는 메시지가 시간적 구조를 축으로 해서 전달됐다. 소리란 발화되는 순간 나타났다 사라지는 해프닝이다. 하지만 책

---

15   데이비드 마이클 엮음, 정성철·백문임 옮김, 《모더니티와 시각의 헤게모니》, 시각과언어, 2004.
16   베네딕트 앤더슨, 윤형숙 옮김, 《상상의 공동체》, 사회비평사, 1996.

은 시간을 초월해 공간적으로 놓여졌다. 신문과 같은 인쇄매체는 의사소통관계를 민족과 국가와 같은 하나의 공간을 단위로 해서 통일시켰다.

매체와 소통관계에 대한 역사적 연구는 주로 이 세 번째 단계에 거의 집중됐다. 근대사회로의 이행을 낳은 종교개혁, 프랑스혁명 그리고 민족주의가 이 시기의 '매체적 전환'과의 관련 속에서 일어났다. 그렇다면 구텐베르크 인쇄술은 종교개혁을 일으켰고, 책은 혁명을 만들고, 서적자본주의는 민족주의를 낳았는가? 먼저 종교개혁에 관해서는 일반적으로 "서적 없이는 종교개혁도 없었다"라는 교회사가 베른트 묄러Bernd Moeller 테제가 있다.[17] 하지만 독일 매체사 연구의 선구자인 베르너 파울슈티히 Werner Faulstich는 루터가 구텐베르크 인쇄술 때문에 종교개혁에 성공할 수 있었다기보다는, 오히려 후자가 루터의《성경》덕택에 번성할 수 있었다고 주장했다. 그는 이 문제에 대한 결론을 "구텐베르크가 아니라 루터에 와서야 비로소 매체의 역사에서 구술 매체 문화에서 문자 매체 문화로의 전환이 이루어졌다. 매체사적으로 구텐베르크의 인쇄술은 루터의 소책자 없이는 생각할 수 없는 것이다"라고 내렸다.[18]

파울슈티히는 매체를 단순히 정보를 전달하고 확산시키는 기술적인 수단 내지는 도구로 파악하지 않고 "사회적인 지배력과 함께 특정한 능력을 지니고 있는 조직화된 의사소통의 통로(Kanal, channel)를 둘러싼 제도화된 체계"로 정의했다.[19] 파울슈티히의 정의는 '인간 신체의 확장'이

17   Bernd Moeller, Die frühe Reformation als Kommunikationsprozeß, hg. v. H. Bookmann, *Kirche und Gesellschaft in Heiligen Römischen Reich des 15. und 16. Jahrhundert*, Göttingen, 1994, S.148~164.

18   베르너 파울슈티히,《근대초기 매체의 역사 : 매체로 본 지배와 반란의 사회 문화사》, 지식의풍경, 2007, 255쪽.

라는 매클루언의 인간중심주의적 매체 개념을 탈피해 '사회적 조정 및 방향 설정 기능'을 하는 모든 것을 매체로 파악한 것이다. 그는 구텐베르크 시대라 불리는 근대 초기 유럽사에서 순차적으로 지배적 역할을 수행한 매체의 변화를 인간매체(춤 또는 무도회, 축제, 연극, 가인歌人, 설교자), 조형매체(궁전, 정원), 수기手記매체(서신, 벽), 인쇄매체(전단지, 소책자, 달력, 신문, 서적)의 네 가지로 구분했다.

매체사적으로 볼 때 근대 초기에 일어난 가장 중요한 변화는 기존의 전통적 인간매체로부터 인쇄매체로 바뀌었다는 것이다. 이 같은 '매체적 전환'에서 결정적 역할을 한 것이 종교개혁이다.[20] 파울슈티히는 로마 가톨릭교회와 루터 종교개혁의 싸움을 매체투쟁으로 이해했다. 전자는 주로 성직자, 연사, 설교자와 같은 인간매체를 통해 선교한 반면, 후자는 인쇄매체를 사용했기 때문에 가톨릭교회와의 싸움에서 루터가 승리를 할 수 있었다는 것이다.[21]

인쇄술이 종교개혁의 원인인지 결과인지 하는 논쟁은 닭이 먼저냐 달걀이 먼저냐의 논쟁과 유사하게 벌어지는 경향이 있다. 이 문제에 대해 매클루언은 닭과 달걀 가운데 무엇이 더 먼저 생겼는가라고 묻는 대신에, 닭을 더 많은 달걀을 얻기 위한 달걀로 이해하자는 제안을 했다.[22] 이

<hr>

19 베르너 파울슈티히, 앞의 책, 26쪽.
20 종교개혁은 개신교의 탄생이라는 종교적 의미를 넘어 '종교개혁의 공공영역'을 형성시킴으로써, 이후 18~19세기 하버마스가 말하는 '부르주아 공공영역'으로 발전할 수 있는 발판을 마련해 주었다. '종교개혁의 공공영역' 개념을 활용하여 종교개혁기의 매체체계와 매체의 수용자의 참여행위를 통한 소통방식의 변화를 종합적으로 해명한 연구로는 황대현, 〈종교개혁 공공영역과 독일 종교개혁 초기의 소통상황〉가 있다.
21 베르너 파울슈티히, 위의 책, 462쪽.
22 마셜 매클루언, 《미디어의 이해》, 13쪽.

같은 이해는 인과관계의 선형적 연속에 종지부를 끊고 피카소의 큐비즘 그림처럼 대상의 전체를 동시적으로 파악하는 방식이다. 요컨대 인쇄술과 종교개혁의 인과관계는 닭이 먼저냐 달걀이 먼저냐 하는 시간 순서로 말하는 것이 아니라, 인쇄술과 종교개혁은 동시적으로 존재해 서로는 서로에게 더 많은 달걀을 낳기 위한 달걀로서 닭의 역할을 했다는 것이다.

마지막으로 네 번째 단계는 20세기 전기매체시대다. 전기매체의 발달로 세계는 하나의 지구촌을 이룸으로써 인류는 다시 과거의 구술문화가 우세하던 시대로 복귀하는 경향이 생겨났다. 지구촌화를 통해 인류의 재부족화 현상이 일어나고, 시각형 인간에서 복수 감각형 인간으로의 회귀가 진행되고 있다.

역사라는 말이 실제 일어난 과거 사건과 그에 대한 기록이라는 이중의 의미를 가졌다는 것과 관련해 역사의 '매체적 전환'도 이중적으로 일어났다. 매체를 코드로 한 역사의 시대구분이 첫 번째 테제의 '매체적 전환'이라면, 매체의 변화를 중심으로 역사서술의 역사를 고찰하는 사학사 연구가 두 번째 테제와 연관된 '매체적 전환'이다. 매체의 변화에 따라 실제 일어난 역사와 부응해서 역사서술의 역사도 매체 결정적으로 전개됐다.

먼저 구술시대에서의 역사는 구술사의 형태로 나타났다. 호메로스의 트로이전쟁에 관한 서사시는 기본적으로 구술사였다. 외우기 쉽도록 육각운(hexameter)으로 정형화된 호메로스의 서사시는 구술문화 전통을 대변한다. 문자의 탄생으로 정형구를 통한 기억 대신에 텍스트를 통해 지식을 저장하는 새로운 길이 열렸다. 청각에 호소하는 구술문화에서 시각적인 문자문화로의 이행은 인간 정신구조의 변화와 더불어 세계관의 변동을 초래했다.[23] 예컨대 "태초에 말씀이 있었다"라는 유대교의《구약성경》은 신과 귀로 소통한다는 전제로 성립했다. 하지만 모든 확실성을 가시성에 토대를 둔 그리스인은 이 말씀을 로고스로 번역했다. 이렇게 인간의 귀를 눈으로 변환시키는 것은 무에서 들려오는 말에 의한 세계 창조를 빛이 질료의 어둠에 비춰지는 것으로 바꾸는 문화적 전환을 가져와서,[24] 구술에 근거한 믿음 대신에 문자에 근거한 이성이 진리를 대변하는 사상체계를 확립시켰다.

역사는 구술시대에서 문자시대로의 이행과 함께 탄생했다. 헤로도토스는《Historiai》를 문자로 쓰기 전 청중의 기호에 맞게 발췌한 내용을 여러 번 구연했고, 그 경험을 바탕으로 전체 내용을 구상해 퇴고를 거듭한 끝에 노작을 완성했다. 청중 앞에서 공연을 벌이면서 상황에 따라 임의로 구연하는 것이 구술사라면, 고독한 자아의 내면 성찰로 플롯 구성을 통해 일관성 있는 서사로 구성한 것이 문자역사다. 이로써 역사란 사건의 시간 순서, 지리적 조건, 기억할 만한 가치가 있는 사건의 중대성을 판단하여 과거 사실들의 의미연관을 문자로 서술한 서사(narratio)로 여겨졌다.

역사란 허구서사가 아닌 사실서사라는 점에서 연구와 서술이라는 두 요건을 충족해야 했으며, 이것이 가능할 수 있는 조건은 구술문화로부터 문자문화로의 이행과 더불어 마련됐다. 말은 생겨남과 동시에 사라지지만 문자는 영속한다. 말이 사라지는 과거라면, 시간 속에서 변화를 막는 방부제 기능을 하는 문자는 과거를 역사라는 기록물로 고정시키는 매체

23 월터 옹, 이기우·임명진 옮김,《구술문화와 문자문화》, 문예출판사, 1996, 123~178쪽.
24 한스 블루멘베르크, 〈진리의 은유로서의 빛〉, 데이비드 마이클 엮음, 위의 책, 81~83쪽.

다. 문자가 역사의 필요조건이라는 사실로부터 역사는 곧 문자역사와 동일시됐다.

동아시아에서 역사의 탄생 역시 문자와 깊은 연관이 있다. 史라는 글자의 어원에 대한 여러 해석이 있지만, 유력한 해석 가운데 하나가 손으로 中을 잡고 있는 형상에서 기인했다는 것이다. 여기서 中이란 '장부'의 일종으로, 오늘날 기관에서 분류하고 보존하는 문서와 같다. 일반적으로 "사의 기원이 문자해독능력자 또는 기록자였을 가능성"은 충분하다.[25] 원래 한자는 지배집단이 하늘과 소통하는 통신코드로서 신성한 매체의 성격을 가졌다. 문자가 지배집단의 독점적 전유물에서 해방되어 국가행정과 의사소통의 매체로 사용됨으로써 고대국가 형성에 결정적 역할을 했다. 이런 국가 형성 과정에서 주 왕실에서 청동 예기禮器에 새겨진 금문金文을 담당하던 史라는 관리집단이 하나의 독자적인 기반과 기능을 가질 수 있었다.[26]

중국의 학문과 사상이 '巫-史-君子'의 세 단계로 발전했다고 하면,[27] 이 과정은 무엇보다도 한자라는 매체의 기능 변화와 관련해서 일어났다. 은대 갑골문으로 점을 쳐서 하늘의 뜻을 묻는 사람이던 정인貞人이 巫라면, 주대의 史는 금문을 통해 제사의례의 정당성을 확보하면서 주 왕실 중심으로 다른 집단과의 정치적 관계를 예禮의 원리에 입각해 매끄럽게 유지하는 기능을 담당했다.[28]

---

25 이성규, 〈사관의 전통과 중국 역사서술의 특색〉, 한국고대사회연구소 엮음, 위의 책, 217쪽.
26 김유철, 〈고대 중국에서 매체의 변화와 정보 지식 학술의 전통〉, 《한국사시민강좌》 제37집, 일조각, 2005, 240~266쪽.
27 이성규, 위의 글, 215쪽.
28 김유철, 위의 글, 243~247쪽.

춘추전국시대를 거치면서 지배집단이 하늘과 소통하는 통신코드로서의 성격을 가진 한자는 구체적인 정보와 지식을 전달하고 저장하는, 인간사회의 구성원 다수가 사용하는 매체로 자리 잡기 시작했다. 하나의 영물靈物로 숭배된 한자가 대상체를 표상하는 매체로 인식되는 것과 더불어학술로서의 경학經學이 탄생했다.[29] 이는 "帝와 天의 신성한 권위에 의존하지 않고 모든 사고와 행동의 새로운 판단기준을 마련하지 않으면 안 되는 상황에서, 인간의 지식과 정보를 이용하여 관념과 개념을 추출하고 이를 기반으로 가치와 원리를 정립하여 이념을 설정하는 것이 문자를 통한학술활동이라고 할 수 있다."[30]

한자를 성인의 도를 재현한 기호체계로 인식하고, 예로써 그 권위를계승하는 것으로 경학이 성립했다. 이처럼 예를 코드로 한 유교적인 지배질서의 구성이 한자의 공적 사용을 통해 이뤄짐으로써 문자매체의 헤게모니를 장악한 군자 내지는 사대부가 지배집단이 될 수 있었다.[31] 문자를매개로 한 유교사회의 지배구조는 서구보다 먼저 인쇄술과 종이를 발명했지만 그것의 전파와 보급을 하지 못하게 하는 장애요인으로 작용했다.따라서 한자라는 매체와 그것을 기반으로 한 지배구조가 동아시아사회를 정체시켰다는 주장은 충분히 가능하다. 동아시아에서 전근대 중화질서는 한자를 매개로 한 의사소통공동체를 토대로 해서 성립했다. 우리나

29 김근, 《한자는 중국을 어떻게 지배했는가 : 한대 경학의 해부》, 민음사, 1999.
30 김유철, 위의 글, 253쪽.
31 서구 매체사에서 새로운 매체의 출현을 통한 지배 권력 이동의 예는 신성문자시대에서 이집트의 사제가 쓰기에 대해 가졌던 독점권이 그리스인과 그들의 알파벳에 의해 전복됐으며, 이와 유사하게 양피지에 근거한 중세의 성직자의 지적 독점은 종이와 인쇄에 의해 와해됐다. Peter Burke·Asa Briggs, *A Social History of the Media*, p.6.

라의 경우 한자를 매개로 형성된 의사소통공동체가 해체되는 시점이 바로 근대로의 이행이라 볼 수 있다. 문자의 헤게모니가 한자-한글-영어로 바뀌는 것으로 전근대-근대-탈근대의 시대구분을 말할 수 있다.

사회적 소통관계가 인쇄술을 매개로 해서 이뤄지는 구텐베르크시대에 '상상의 공동체'로서 민족이 탄생했고, 이로써 민족을 역사의 주인공으로 설정하는 '국사'가 고안됐다. 근대 역사학은 한편으로는 과학적 역사를 서술하고 다른 한편으로는 '국사'를 만들어야 한다는 문제의식으로 성립했다. 근대 역사학은 역사의 전문화를 통해 역사연구와 역사서술의 분리를 추구했다. 그 이전 역사는 기본적으로 역사서술, 곧 수사학 전통에 속해 있었다.[32] 물론 과거에 어떤 일이 일어났는지 탐구해 조사한다는 의미의 historia라는 말에는 연구를 통한 역사서술이라는 탈수사학화의 맹아가 내재해 있었다. 하지만 역사연구는 기본적으로 역사서술이라는 목적을 달성하기 위한 수단이라는 점에서 근대 역사학의 아버지인 랑케도 역사학 정체성을 예술과 과학 사이로 설정했다.

구텐베르크시대를 종말에 이르게 한 전기매체시대에 '국사'의 해체와 문자역사로서의 근대 역사학의 위기가 발생했다. 인터넷 댓글이나 핸드폰 문자는 더 이상 문자언어가 아닌 입말에 가깝다. 디지털시대에서 문자역사 대신 영상역사에 의한 멀티미디어역사가 등장했다. 물론 구텐베르크 은하계에서도 역사다큐와 역사영화와 같은 영상 이미지로 그린 역사가 존재했다. 하지만 이것의 존재는 문자역사를 보완하는 기능을 했다. 문자역사만이 과학적 역사이며 역사다큐나 역사영화는 아마추어적

---

32 김경현, 〈서양고대의 역사서술과 수사학〉, 《한국사학사학보》 제13집, 한국사학사학회, 2006, 77~118 쪽.

인 대중적 역사로 취급됐다. 문자매체만이 과학적 언어이고, 영상언어는 허구서사를 구현하는 것으로 여겨졌다.

문제는 왜 문자로 쓰인 역사만이 과학적이고 사실서사일 수 있는가다. 영상매체에 의한 과거의 재현은 필연적으로 역사의 허구화로 귀결되는가? 역사의 어떤 주제를 문자매체로 논문을 쓰는 것과 역사다큐로 제작하는 것 사이의 차이는 무엇인가? 전자를 통해서만 역사학자로서의 자격을 인정받는 학위를 받을 수 있고, 후자의 길은 차단되는 이유는 무엇인가?

이 같은 문제의식으로 로버트 로젠스톤은 "시각매체가 역사를 하는 합법적인 매체라는 것, 곧 과거의 흔적들을 표현하고 해석하고 생각하고 그로부터 의미를 만들어 내는 하나의 매체라는 것"을 증명하는 책을 편집했다.[33] 구텐베르크시대가 종말을 고하고 전자시대로 접어들면서 사람들은 텔레비전·라디오·영화·전화·전신·컴퓨터 등 여러 매체로부터 다양한 메시지를 받아들인다.[34] 이러한 시대적 변화에 부응해 과거를 역사로 재현하는 매체로서 문자의 헤게모니가 몰락함과 동시에 매체의 융합을 통한 멀티미디어역사가 등장한다. 탈문자역사로서 역사다큐와 텔레비전 사극 그리고 사극영화와 같은 영상역사(visual history)의 약진을 문자역사는 더 이상 막을 수 없다. 역사학이 문자역사만을 고집하는 한, 영

---

33   로버트 A. 로젠스톤, 《영화, 역사 : 영화와 새로운 과거의 만남》, 소나무, 2002, 13쪽.

34   대중전달매체의 차원에서 매체는 크게 '광의의 매체'와 '협의의 매체'로 나뉜다. 먼저 '광의의 매체'는 신문, 잡지, 라디오, TV, 컴퓨터 등과 같은 정보매체를 총칭한다. '협의의 매체'는 정보 속성을 표현하는 수단으로서의 표현매체와 정보를 물리적으로 전달하는 전달매체로 다시 분류된다. 문자, 숫자, 기호, 음성 등이 표현매체라면, 인터넷망, 전화망, 지상방송과 위성방송, CD-ROM 등이 전달매체에 해당한다. 매체의 개념과 정의에 대해서는 박상현·김기환·박정은·연승준·정지선, 《교양인을 위한 미디어 세미나》, 커뮤니케이션북스, 2008, 1~3쪽 참조.

상역사에 의해 열린 역사 전성시대에서 역사학 위기가 발생하는 역설은 극복 불가능하다.[35]

"지금까지 존재한 모든 사회의 역사는
매체투쟁의 역사다"

근대에서 역사를 변화시킨 결정적 사건은 혁명이라 불린다. 지금 우리가 사는 세상을 만든 근대의 대표적 혁명은 홉스봄이 '이중혁명'이라 부른 산업혁명과 프랑스혁명이다. 전자의 산업혁명은 당대의 명칭이 아니라 후대의 역사가가 붙인 이름이다. 그래서 산업혁명이 정말 혁명적 사건이었는지 아니면, 산업혁명이라는 이름이 붙여짐으로써 만들어진 과거가 아닌지 하는 논쟁이 오랫동안 진행됐다.[36] 산업혁명은 물질적 생산력을 비약적으로 발전시켜서 인류를 맬서스주의적 속박에서 해방시켰기 때문에 하나의 '혁명'으로 불릴 만하다. 하지만 '산업혁명' 담론을 만들어 낸 것은 무엇보다도 당대의 매체다. 당대의 사회관찰자들은 공장제의 확대 경향을 분명하게 인식하고, 이것이 노동자들의 삶에 가져올 여러 결과를 성찰하는 저술을 남겼다.[37] 당대의 저작과 문학작품이 만든 담론이 이후 역사가들의 머릿속에 각인되어 역사로 기술됨으로써 산업혁명이라는 역사현실이 만들어졌다. 따라서 산업혁명을 부정하고 영국 사회의 지속성과 점진적인 변화를 강조하는 수정주의자들의 연구는

---

35 역사 전성시대에서 역사학 위기에 대한 진단과 처방에 대해서는 김기봉, 《역사들이 속삭인다 : 팩션 열풍과 스토리텔링의 역사》, 프로네시스, 2009 참조.
36 산업혁명의 연구사에 대해서는 이영석, 《다시 돌아본 자본의 시대》, 소나무 1999, 17~53쪽 참조.
37 당대 사회관찰자의 담론과 '언어적 사건'으로서 산업혁명에 대해서는 이영석, 앞의 책, 54~117쪽 참조.

매체가 만든 혁명의 '신화'를 깨는 데 초점이 맞춰져 있다.

산업혁명과는 달리 프랑스혁명은 실제로 일어난 혁명이다. 그렇다면 무엇이 프랑스혁명을 일으켰는가? 프랑스혁명의 기원을 둘러싼 수많은 논쟁이 있다. 샤르티에는 혁명의 발생 원인을 어느 하나로 환원하는 것은 '기원의 망상'이라고 주장했다. '기원의 망상'에 빠지지 않기 위해서는 혁명의 원인을 단선적으로 추적하는 것을 지양하고 혁명을 촉발시킨 출발점을 여러 각도로 규명하는 것이 바람직하다는 것이다.[38] 프랑스혁명은 필연적으로 일어난 것이 아니라 복합적인 원인들이 결합해 우연적으로 일어났다고 말할 수 있다. 그렇다면 그 원인들에 대한 해명을 결정론적으로 할 것이 아니라 복잡한 것을 복잡하게 설명하는 방식을 취해야 한다. "문제 안에 답이 있다"라는 말처럼, "혁명은 무엇으로 말미암아 일어났는가?"라는 질문을 어떻게 제기하는가에 따라 답은 다르게 내려진다. 따라서 정말로 중요한 것은 답이 아니라 문제다.

로버트 단턴은 무엇이 프랑스혁명을 일으켰는가라는 질문에 대한 답을 '매체적 전환'을 통해 해명한 대표적 역사가다. 그는 "18세기 프랑스인은 어떤 책을 읽었는가?"를 연구함으로써 프랑스혁명을 일으킨 원인을 밝혀내고자 했다. 단턴이 책과 혁명의 인과관계를 탐구하기 83년 전에 이미 다니엘 모르네D. Mornet가 똑같은 문제를 제기하고, 계몽사상가들의 책이 프랑스혁명의 '지적 기원'을 이룬다는 테제를 제시했다. 하지만 단턴은 동일한 문제를 계몽사상가들의 고전이 아닌 불법적으로 만들어지고 유통된 금서를 연구함으로써 다른 답을 도출했다.[39] 모르네가 책

---

38 로제 샤르티에, 백인호 옮김, 《프랑스혁명의 문화적 기원》, 일월서각, 1998, 32쪽.
39 단턴 테제에 대해서는 육영수, 〈책과 독서는 역사를 움직이는가 : '단턴 테제'와 '단턴 논쟁'을 중심으

을 시대정신의 표상으로 이해했다면, 단턴은 책을 의사소통의 그물망과 여론을 형성하는 매체로 파악했다.

18세기 프랑스 문학이 무엇인지 말하는 문학사의 담론은 주로 계몽사상가의 책을 중심으로 구성됐다. 문학사는 18세기 문학과 인쇄물의 세계를 '계몽주의'나 '혁명'이라는 키워드로 분류하고 범주화했다. 하지만 그렇게 쓰인 문학사가 당대 사람들이 체험한 문학현실은 아니다. '책의 세계'만을 주목하는 문학사의 담론은 실제로 18세기 사람들이 무엇을 어떻게 읽었는가 하는 '독서의 세계'를 해명해 주지 못한다.[40] '책의 세계'와 '독서의 세계'의 차이가 문학사와 문학현실의 간극으로 나타나며, 이 차이를 극명하게 보여 주는 것이 '어느 곳에나 있으면서도 아무 곳에도 없는' 책으로 정의되는 금서다.[41] 매체의 관점에서 보면, 금서라는 불법적이고 비공식적인 책이 '베스트셀러'가 되는 의사소통관계의 모순이 프랑스혁명을 일어나게 한 원인들 가운데 하나다.

18세기 사람들은 루소의 《사회계약론》이나 불법 음란서적 모두를 '철학책'으로 분류했다. 당대의 문학현실은 이런 당대 사람들의 지식 분류에 입각해서 파악해야 한다. 지금 우리가 '고전'이라고 부르는 책보다는 금서를 더 많이 읽었으며, 후자가 전자보다 앙시앵레짐의 붕괴에 더 결정적인 타격을 가했다. 계몽사상가들의 논리적이고 명철한 사상보다는 왕의 성적 무능력을 드러내는 포르노그래피나 성적 타락을 비난하는 중상비방문이 왕권의 정통성과 왕의 신성성에 치명적인 타격을 가했고 민중

로), 《서양사론》 제79호, 한국서양사학회, 2003.

40　'책의 역사'에서 '독서의 역사'로의 전환에 대해서는 육영수, 〈책과 독서의 문화사와 근대서양의 재발견〉, 《한국사시민강좌》 제37집, 일조각, 2005, 267~291쪽 참조.

41　로버트 단턴, 주명철 옮김, 《책과 혁명》, 길, 2003, 19쪽, 역자 서문.

을 바스티유 감옥으로 향하게 만들었다. 따라서 금서가 하나의 비공식적 '베스트셀러'였다는 사실은 앙시앵레짐이 혁명으로 쓰러지기 이전 이미 아래로부터 무너지기 시작했다는 징후다.

18세기 프랑스에선 책, 특히 금서가 지식 전달의 수단이 아니라 의사소통의 그물망을 변화시키고 여론을 형성하는 매체 기능을 했다. 매체의 중요성은 대중을 움직이는 것은 사건 자체가 아니라 사건에 대한 이야기라는 점에 있다. 책이 역사를 만드는 것이 아니라 책의 지식과 정보가 이야기로 만들어져 전달되어 소비되는 방식, 곧 의사소통관계와 그것에 의해 형성된 여론이 프랑스혁명을 만들었다. 금서라는 비공식적 책이 앙시앵레짐을 아래로부터 붕괴시킬 수 있던 요인에는 의사소통관계의 변화와 공론장의 형성이라는 '매체적 전환'이 있었다.

단턴의 매체사적인 시각은 한국사 연구에도 적용될 수 있다. 단턴이 연구한 18세기 말이 바로 조선왕조의 문예부흥을 연출했다는 정조시대다. 최근 정조의 비밀어찰이 공개돼 이 시대에 대한 본격적인 연구가 재개될 전망이다. 정조의 어찰은 사색당파四色黨派 가운데 노론이 전제체제를 구축하고 있던 당시의 정치 상황을 타개하고 왕권강화를 목적으로 행한 탕평책의 구체적 형태로 읽힌다. 정조는 학문을 생활화한 군주였다. 그는 학문의 일상화를 구체적으로 실천하는 것을 문장이라고 생각했다. 그는 주자학의 문이재도론文以載道論에 입각해 문풍을 현실정치의 반영이라고 믿었기 때문에 '문체반정文體反正'을 통한 일종의 '보수개혁'을 꾀했다.

하지만 어찰에 보이는 정조의 문체는 결코 주자학의 도문일치론道文一致論에 부합하지 않는다. 그는 문장이란 도를 담는 그릇이고 문장을 통해 성정性情이 표현된다고 믿었다.[42] 하지만 그의 사적인 서신을 보라. 자기 맘에 들지 않는 신하에게 막말과 거친 문장을 거침없이 구사했다. 이 같은 정조의 이중적 모습을 우리는 어떻게 이해해야 하는가? 정조는 왕권 강화를 위해 붕당정치를 철폐할 목적으로 탕평책을 주창했고, 목적을 달성하기 위한 하나의 정치 수단으로 '문체반정'을 단행했다. '문체반정'이란 오늘날 우리 용어로 표현하면 왕이 친위 쿠데타를 성취할 목적으로 전개한 일종의 매체투쟁이다.

정조의 '문체반정'엔 위로는 노론을 위시한 지배세력을 길들이고, 아래로는 성리학이라는 지배 이데올로기에 반하는 '정감록 역모 사건'을 일으킨 평민 지식인의 불온사상을 뿌리 뽑으려는 정치적 의도가 있었다.[43] 정조는 '한낱 이름뿐인 사람'이란 뜻으로 '一名'으로 불리는 서얼들이 현실에서의 좌절을 《수호전》을 읽는 것으로 즐거움으로 해소하거나 거기에 나오는 인물들을 모방하는 풍조를 경계해,[44] 한편으로는 그들을 등용해 포섭하고, 다른 한편으로는 문체 내지는 문풍을 바로 잡는다는 명분으로 그들의 개혁사상 전파와 소통을 막았다.

여기서 문제는 소설을 매체로 한 소통관계의 변화다. 전통시대 동아시아 유학자들은 《수호전》과 같은 소설을 길거리에 떠도는 '하찮은 이야기'로 멸시했다. 중국 서사 전통에서 비공식적이고 신뢰할 수 없는 비공식적인 역사의 한 형태로 분류되던 소설에 대한 재인식은 '지괴志怪'라고 불리는 작품들이 나오기 시작하는 육조시대(265~588)부터 일어났다. 지괴는

---

42 정옥자,《정조의 문예사상과 규장각》, 효형출판, 2003, 65쪽.
43 조선시대 성리학적 지배질서에 대한 '대항 이데올로기'로서의 정감록을 위시한 예언문화와 이를 대처하는 정조의 처사에 대해서는 백승종,《한국의 예언문화사》, 푸른역사, 2006, 193~228쪽 참조.
44 정옥자, 위의 책, 77쪽.

불완전하고 비공식적이며 보충적인 역사이거나 역사의 재료로서 평가됐다. '지괴'와 더불어 '기이한 이야기'를 뜻하는 '전기傳奇'라는 서사 양식의 등장은 인간은 꿈 없이는 살 수 없는 존재라는 것을 반증한다. 현실의 다른 모습을 가정하는 것을 넘어서 부정하고자 하는 인간의 욕망은 꿈의 서사로서 소설의 진화를 낳았다. 꿈의 서사로서 소설은 역사서사에 의해 정통으로 간주되는 현실의 질서에 대해 문제를 제기하고 대안의 세계를 추구하는 경향을 보였다.

사실서사로서 역사와 허구서사로서 소설은 현실과 꿈으로 이뤄진 인간 삶의 야누스적 정체성을 상징한다. 중국을 비롯한 동아시아인들의 《수호전》에 대한 열광은 인간의 이중적 정체성을 반영했다. 《수호전》에 대한 비평의 글을 쓴 김성탄은 소설을 '비공식적인 역사(稗官)'로 이해했다. 그는 역사인 《사기》와 소설인 《수호전》의 차이는 글쓰기를 이용해 사건을 전달하는 것(以文運事)의 원칙과 글쓰기를 통해 사건을 창조하는 것(因文生事)의 차이로 이해했다. "역사 글쓰기가 과거 사건을 기록하기 위한 것인 반면, 허구는 그 자신의 서술 상 절박한 요구로 인해 존재하지 않는 사건들을 만들어 낸다. 소설은 필연적으로 허구적 요소들로 구성된다."[45]

서구는 물론 중국에서 소설 장르는 "역사적으로 '사실적'인 것을 자세히 조사하고, 사회적 위치의 정당성에 의문을 던지며, 문화의 주변부를 발견해 일반적으로 공인되고 있는 인식론적이고 존재론적인 가정들을 그 한계까지 밀고 나간다"라는 문제의식으로 생겨났다. "환상적인 것은

---

45 루샤오펑, 조미원·박계화·손수영 옮김, 《역사에서 허구로 : 중국의 서사학》, 길, 2001, 217쪽.

새로운 존재 지평을 향하여 열려 있으며, 관습적으로 알려진 것을 넘어 가능한 세계의 비전을 창조한다. 이 모두가 인식론적이고 개념적인 혼란을 일으키는 데 기여하며 궁극적으로 동질적이고 자율적인 유가적 주체의 탈중심에 기여한다."[46]

실제로 정조시대 소설을 통해 현실의 질곡과 모순을 초월하려는 움직임은 방각본 소설이 형성한 새로운 출판문화의 출현으로 본격화됐다. 대략 18세기 초반 소설책을 빌려주는 세책가와 방각본이 탄생했고, 이는 매체혁명이자 서구의 '독서혁명'에 비견할 만한 사회문화적 변화를 야기했다. "무수한 복사본을 낳으면서 한글소설은 드디어 조선시대 사람들의 내면을 통제하고 지배하는 주인이 됐다. 18세기 중후반에 이미 수만 책 이상의 한국소설이 세상을 떠돌고 있었으나, 인구 규모나 유통방식을 종합 비교할 때 그것은 마치 현대 한국에 수백만 책의 소설이 떠돌고 수백만 명의 사람이 인기 영화를 보는 것과 같다."[47]

정조의 '문체반정'은 매체혁명과 독서혁명의 맹아를 절단하는 지배 군주가 주도한 '보수개혁'이라 볼 수 있다. 하지만 기존의 역사학은 물론 국문학에서 방각본에 대한 연구는 책의 역사 수준에 머물러서 매체의 역사 차원으로 나가지 못했다. 기존 연구에 따르면, 방각본은 기존 지식의 참고도서 성격을 띠었을 뿐 '새로운 지식의 지평'을 열어 주지 못하고 '기존 지식의 요약적 재생산'만을 했을 뿐이다.[48] 방각본이 담고 있는 콘텐츠는 주로 지배체제를 정당화하는 기존 지식이었다. 하지만 그렇기 때문에 방

---

46 루샤오펑, 앞의 책, 187쪽.
47 정병설, 〈조선후기의 한글소설 바람〉, 《한국사시민강좌》 제37집, 일조각, 2005, 154쪽.
48 류준경, 〈서민들의 상업출판, 방각본〉, 위의 책, 171쪽.

각본은 하층에 의한 지배 이데올로기의 재생산 기능만을 담당했다는 결론이 내려져야 하는가? 이 같은 결론이 내려진 이유는 방각본을 의사소통매체가 아닌 지식전달수단으로서의 책으로만 보기 때문은 아닐까? 중요한 것은 방각본 책에 담겨 있는 지식의 내용이 아니라, 그것을 일반 독자가 어떻게 전유해 어떤 새로운 의사소통관계와 공론의 장을 열었는가다. 소설이라는 '꿈의 서사'가 범람했다는 것 자체가 비록 관념의 형태로지만 지배체제에 저항하고 대안세계를 모색하려는 사회적 기운이 싹트고 있다는 징후다.

실제로 방각본을 소재로 한 역사소설은 국문학 연구와는 완전히 다른 '꿈의 역사'를 펼친다. 김탁환은 소설 속 주인공의 입을 빌려 소설의 의미에 대해 말한다. 조선의 지식인이 지금까지 본 책이 모두 성현의 말씀을 담은 큰 이야기, 곧 대설大設이라면, 인간이라서 생기는 나약함이나 어리석은 실수, 검은 욕망이나 처절한 눈물을 담은 작은 이야기가 소설小說이다. 전자에는 인간이 살아가는 데 지침이 되는 성현의 가르침이 있지만, 후자에는 보통사람으로서 살아가는 인간 삶의 구체적인 모습이 있다. 유교 경전은 전자에게만 가치가 있고 후자에게는 가치 없는 하찮은 이야기로 배제했다. 하지만 "가치 없는 것에서 가치를 발견하는 작업", 이것이 바로 소설이라는 것이다.[49] 김탁환은 정조시대 백탑에 모여 북학을 갈망하는 서생들의 꿈과 야망을 방각본 소설을 둘러싼 소설 속의 소설로 이야기한다.

소설 속에서 피지배층 독자들은 방각본 소설에 열광했다. 그들이 열

---

49 김탁환,《방각본살인사건 : 백탑과 그 첫 번째 이야기》下, 황금가지, 2004, 255쪽.

광한 이유를 주인공은 이렇게 말했다. "사람은 말일세, 밥 없이는 살아도 이야기 없이는 못 산다네. 소설 하나가 수백 수천 번 필사되는 이유도 여기에 있지. 필사하는 데 들이는 그 고생을 덜면서 더 빨리 소설을 접할 방법이 생겼는데, 어찌 소설에 푹 빠진 이들이 이 길을 포기할 수 있겠는가? 몇 달 혹은 몇 년 정도는 방각 소설이 출간되는 횟수나 흘러 다니는 소책의 양을 줄일 수는 있겠지. 하지만 필사 소설에서 방각 소설로 유통 방식이 달라지는 건 막지 못할 걸세."[50] 매체사의 측면에서 이 대사에는 중요한 두 가지 변화가 나타나 있다. 하나는 현실을 비판하고 그 대안을 추구하고자 하는 민중의 열망을 투영하는 소설에 대한 수요가 급격히 증가했다는 사실이고, 다른 하나는 그런 수요를 충족할 수 있는 필사에서 방각으로 생산방식의 전환이 일어남과 동시에 수요와 공급을 매개하는 유통망이 만들어졌다는 사실이다.[51]

실제로 18세기 조선에서 서구 역사학에서 쟁점이 되는 '독서혁명'과 같은 현상이 일어나서,[52] 프랑스혁명 전야에서와 같은 '문필공화국'의 전조가 있었는지 확인하는 연구는 아직 없다.[53] 그런데도 독서를 통해 생각

---

50 김탁환, 앞의 책, 256쪽.

51 실제로 18세기 초 한양에는 소설의 성장에 부응하는 새로운 유통방식으로 상업적 대여와 출판이 등장했다. 전문적으로 책을 베껴 돈을 받고 빌려주는 세책貰册과 상업 출판인 방각으로 성행했다(이에 대해서는 정병설, 위의 글, 145쪽 참조).

52 중세부터 1750년대까지 사람들은 대체로 단지 성경, 연감, 신앙서와 같은 몇 권의 책을 집중적으로 반복해서 읽었다. 하지만 1800년대 이르면 사람들은 한두 권의 책을 '깊게 읽는' 질적인 독서가 아니라 '넓게 읽는' 양적인 독서를 하기 시작했다. 읽는 방식도 집단 속에서 크게 낭독하는 대신 혼자서 묵독으로 읽는 경향이 생겨났다. 이런 18세기 말 이래의 대중적 독서의 경향성을 롤프 엥겔징Rolf Engelsing은 '독서혁명'이라고 지칭했다. 대중적 독서는 19세기 기계제지, 증기 인쇄기, 석판화와 보편적 문자해독에 힘입어 폭발적으로 증가했다.

53 '문필공화국'이란 1750년 크레티앵 기욤 드 라무아뇽 드 말제그브Chrétien Guillaume de Lamoignon de Malesherbes의 회고록에 처음 등장하는 단어로, 이는 교회, 아카데미, 행정당국이 가졌던 전통적인 지적 헤게모니로부터 벗어나 기존의 사회질서에 대한 비판을 자유롭게 전개하면서, 신분에 관계없이 평

이 변한 일반 독자가 구체제를 바꾸려는 행동에 나서면 혁명이 발발할 수도 있었다는 추정은 충분히 가능하다. 실제로 《조선왕조실록》 정조 9년 2월 29일, 3월 1일과 8일에 평민 지식인들이 도모한 '정감록 역모 사건'에 대한 기록이 자세하게 나온다는 사실은 이 같은 가능성을 방증한다.

도학정치를 꿈꾸던 정조가 보기에 아래로부터의 사회변혁 운동은 자신의 왕권은 물론 조선왕조의 정통성을 위협하는 매우 불온한 것임에 틀림없었다. 그의 '문체반정'은 근대로의 이행을 막기 위한 매체투쟁이었다. 정조의 '문체반정'을 통한 탕평책은 그의 사후 세도정치로 귀결됨으로써 이보 전진을 위한 일보 후퇴가 오히려 낭떠러지로 추락하는 결과를 초래했다. 그의 실패로 조선왕조는 급격하게 쇠락의 길로 접어들었다. 그의 실패가 조선왕조의 날개 없는 추락으로 이어졌다는 사실로부터 '보수개혁'을 꿈꾸던 정조를 개혁군주로 숭상하는 신화가 만들어졌다.

역사란 기본적으로 스토리텔링이다. 스토리텔링이란 스토리story와 텔링telling의 합성어다. 스토리는 어떤 줄거리를 가진 이야기를 의미하고, 텔링은 매체의 특성에 맞는 표현방법을 지칭한다. 역사의 스토리텔링은 과거 지식이라는 콘텐츠를 매체라는 형식에 담는 것으로 성립한다. 과거가 역사로 전화되기 위해서는 매체라는 매개물이 요청된다. 매체란 과거라는 콘텐츠를 전달하는 도구라기보다는 그것의 모양을 만드는 그릇이다. 과거는 매체를 통해 기억되고 역사로 전화되기 때문에 "매체는 마사지다"라는 매클루언의 말처럼 매체가 역사를 변형시킨다.[54]

등하게 의견과 사상을 교류하는 소통관계 속에서 자신의 사회적 위치가 결정되는 자율적인 문화공동체를 지칭한다.

54   마셜 매클루언, 김진홍 옮김, 《미디어는 마사지다》, 커뮤니케이션북스, 2001.

예컨대 《조선왕조실록》이라는 매체가 정조의 역사를 규정했다. 《정조 실록》에는 '차마 들을 수 없는 전교(不忍聞之敎)'라는 표현이 여러 번 나온 다. 실록이라는 매체는 그 거친 표현들을 기록할 수 없었다. 하지만 비밀 어찰은 그 표현이 어떠했을 것이라는 추측을 가능케 한다. 공적 역사는 사적 기억을 억압하고 배제한다. 전자만 주목한 종래의 역사연구가 정조 를 '학자군자'와 '계몽군주'로 성격을 규정했다면, 후자의 사적 기억은 그 것의 수정을 요구한다. 수취인 심환지는 보는 즉시 없애 버리라는 왕명 을 어기고 어찰을 보관했다. 왜 그랬을까? 발굴된 비밀어찰은 공적 역사 에 의해 은폐되고 망각된 사적 기억의 반란이고, 200년이 지난 오늘날에 서야 심환지의 역사에 대한 기억의 반란이 실현된 셈이다.

역사란, 테사 모리스 스즈키의 책 제목처럼 '우리 안의 과거'다.[55] 사극 〈이산〉이 텔레비전이라는 매체로 재현한 것은 과거 정조가 아니라 '우리 안의 정조'다. 정조의 비밀어찰은 '우리 안의 정조'를 수정할 것을 요구하 는 새로운 사료다. 우리는 정조를 개혁군주의 모범으로 기억한다. 하지 만 정조에 대한 이런 '문화적 기억'은 정조라는 나무만 보고 역사라는 숲 은 보지 못한 것으로 만들어졌다. 정조가 사적인 편지로 공적인 정치를 좌지우지할 때 프랑스에서는 왕을 민족 반역자로 처형하는 근대혁명이 일어났다.

'문체반정'으로 공론장 형성을 막은 정조의 정치의식은 "짐이 곧 국가 다"라고 말했다는 17세기 루이 14세의 수준을 넘어서지 못했다. 〈왕의 춤〉이란 영화가 보여 줬듯이 루이 14세가 춤이란 매체로 모든 권력을 자

---

55 테사 모리스 스즈키, 김경원 옮김, 《우리 안의 과거》, 휴머니스트, 2006.

신에게 집중시키는 절대왕권을 확립시켰다면, 정조는 낮에는 문장을 道의 매체로 보는 문화정책으로, 밤에는 거침없이 비속어를 구사하는 사적 서신을 매개로 해서 전제왕권을 관철시키고자 했다. 전자가 정조의 담론이었다면, 후자는 행동이었다. 매체로 역사를 보는 관점은 담론과 행동의 불일치를 통찰하고, "지금까지 존재한 모든 사회의 역사를 매체투쟁의 역사"로 보는 새로운 역사의 창을 열고자 한다.

소통과 매체로 보는

사학사

소통으로서 역사

역사학은 역사연구와 역사서술이라는 두 과정으로 존재한다. 두 과정은 모두 소통을 근간으로 한다. 역사연구가 사료라는 매체를 통해서 현재와 과거의 대화를 하는 소통이라면, 역사서술은 역사가가 연구 성과물을 메시지로 전하기 위해 책이나 논문과 같은 매체를 생산하는 행위다. 한 역사가에 의해 서술된 역사는 동일한 대상을 연구하는 다른 역사가에게 대화의 상대가 된다. 후대의 역사가는 이미 서술된 역사를 매체로 활용하여 과거와의 소통을 시도하며, 그 소통의 결과를 메시지로 전하는 새로운 역사를 서술한다. 따라서 역사의 역사로서 사학사는 이러한 역사연구와 역사서술의 연속과정으로 전개되며, 소통의 연속과정을 카는 "현재와 과거의 끊임없는 대화"라고 정의했다.

소통(communication)에 대한 가장 일반적인 정의는 라스웰이 내린 "누가(Source) 무슨 메시지(Massage)를 어떤 경로(Channel)를 통해서 누구(Receiver)에게 얼마만 한 효과(Effect)를 갖고 전달하느냐"다.[56] 소통을 위해서는 매체가 필수 불가결하다. "매체가 메시지다"라는 매클루언의 말대로, 현재와 과거의 대화로서 역사의 소통관계를 결정하는 것은 무엇보다도 매체다. 헤로도토스의 《Historiai》 이래로 역사는 기본적으로 문자를 매체로 하는 소통이라는 특징을 갖는다. 그런데 활자인쇄의 발명으로 탄생한 '구텐베르크 은하계'의 종말과 함께 우리 시대 문자역사는 사극과 같은 영상역사의 도전을 받고 있다.

이 같은 문제의 상황에 직면해서 오늘의 역사학은 어디로 가야 하는지 생각해 보기 위해, 먼저 역사의 역사로서 사학사를 현재와 과거의 소통관계의 변화 측면에서 살펴본 다음, 문자역사의 정체성을 고집하는 역사학의 운명을 성찰해 보고자 한다.

소통관계의 변화로 보는 사학사

헤로도토스는 페르시아전쟁을 벌인 과거 그리스인들과 페르시아인들과 소통하는 역사연구를 통해 후대 그리스인들과 소통하는 역사를 썼다. 이 경우 송신자는 헤로도토스, 메시지는 페르시아전쟁의 원인과 경과에 대한 그의 탐사보고, 채널은 그가 쓴 역사책 그리고 수신

---

56 라스웰의 소통 정의와 그 이후 소통이론의 패러다임 전환에 대해서는 김정탁, 〈라스웰과 맥루한을 넘어서 : 효과·미디어 패러다임에서 상징적 교환 패러다임으로〉, 《한국언론학보》 43~45, 한국언론학회, 1999, 가을, 113~154쪽 참조.

자는 후대 그리스인이다. 헤로도토스가 바란 효과는 기억이었다. 그는 메시지의 수신자를 그리스인으로 설정함으로써 인류를 그리스인과 비그리스인으로 나누고, 그리스인 기준으로 방위를 표현했으며 나라 이름도 그리스식으로 불렀다.[57] 이 같은 역사서술이 만들어 낸 일차적 효과가 페르시아전쟁에 관한 그리스인들의 집단기억이다.

헤로도토스는 페르시아전쟁을 그리스인의 자유와 페르시아인의 노예 상태의 싸움으로 기억하는 역사를 썼다. 만약 이 전쟁에서 그리스인이 승리하지 못했다면, 그 이후 그리스인들의 삶은 완전히 달라졌을 것이다. 과거 그들은 사라지고 없지만, 그들이 이룩한 업적은 후대 그리스인의 삶을 형성하고 영향을 미친다는 것을 깨닫는 것이 역사의식이다. 헤로도토스의 《Historiai》는 현재 그리스인들과 과거 조상들과의 소통을 통해 그들이 하나의 운명공동체임을 각성시키는 효과를 발휘했다.

동아시아 역사의 아버지는 헤로도토스보다 3세기 반 정도 후에 《사기》를 쓴 사마천이다. 《사기》는 중국 최초의 정사正史로 후세의 중국을 비롯한 동아시아 역사서술의 전범이 됐다. 사마천은 하늘과의 소통을 통해 "천도天道라는 역사의 법칙성을 통찰해 사실의 의미를 구조적으로 이해"[58]하는 것을 역사서술의 목적으로 삼았다. 유한한 존재인 인간이 초월적 존재인 하늘과 소통하고자 만든 의례와 학문이 제사와 천문이다. 사마천과 그의 아버지는 이 둘을 담당하는 관리인 태사령이었다. 사마천은 하늘과의 소통을 통해 천명天命의 메시지를 후세에 전하려는 취지로 《사기》

57   김봉철, 〈지중해 세계 최초의 역사서, 헤로도토스의 《역사》〉, 《서양사론》 제109호, 한국서양사학회,
      2011, 328~329쪽.
58   김한규, 《천하국가 : 전통시대 동아시아 세계질서》, 소나무, 2005, 18쪽.

를 편찬했다. 헤로도토스의 《Historiai》가 기억을 통해 그리스인들의 정체성을 고취했다면, 사마천의 《사기》는 중국이라는 상상의 정치공동체를 만들어 냈다.

《사기》는 〈본기〉, 〈표〉, 〈서〉, 〈세가〉, 〈열전〉의 다섯 부분으로 구성됐는데, 여기서 구체적인 역사서술에 해당하는 것이 〈본기〉, 〈세가〉, 〈열전〉의 세 부분이다. 이 셋은 역사서술 단위, 곧 현재와 과거의 소통공간의 차이로 구분된다. 〈본기〉가 천하의 차원에서 하는 과거와의 소통이라면, 〈세가〉는 국國, 〈열전〉은 가家를 단위로 했다. 《사기》는 최초의 천하의 통치자를 황제를 비롯한 오제五帝로 보아 〈오제본기〉로 시작했다. 하지만 여기서 천하란 실제로는 사마천 당시 한 무제가 통치하던 지역을, 시간을 소급해 만든 관념적 공간이며, 무제의 업적을 투사해서 황제의 이미지를 창출했다. 사마천은 이런 방식의 현재와 과거의 소통으로 신화 속 황제로부터 한 무제까지 이어지는 정통 왕조의 계보를 만들어 냈다. 이러한 정통 왕조의 계보를 근간으로 해 중국이라는 상상의 정치공동체가 생겨났다. 이와 같은 발명의 단초가 되는 역사적 사건이 진시황이 이룩한 천하통일이다. "서기전 221년 진시황제에 의한 천하통일 이전에는 아직 중국이라 부를 수 있는 세계는 없었을 뿐더러 중국인이라 부를 수 있는 민족조차 존재하지 않았다."[59]

《사기》가 만든 천하라는 역사범주는 전근대 동아시아에서 과거와의 대화를 위한 보편사적인 소통공간으로 효력을 발휘했다. 이에 대한 작용과 반작용으로 고려시대 김부식이 《삼국사기》를 편찬했다. 그는 중국사

---

59 오카다 히데히로, 강유원·임경준 옮김, 《중국의 역사와 역사가들》, 이론과실천, 2010, 51쪽.

라는 보편사에 의해 본국사라는 개체사가 망각되는 현실을 개선할 목적으로 자국사를 위한 '사기'를 썼다.《삼국사기》는 한국고대사를 연구하는 가장 중요한 사료다. 대부분의 고대사 연구자는《삼국사기》를 매체로 해서 삼국시대와 소통한다. 한국고대사 가운데 거의 700년의 시간을 삼국시대라고 부르는 시대구분도《삼국사기》에서 유래했다.

중국에서는 왕조 교체가 일어날 때마다 새 왕조가 전 왕조의 역사를 편찬하는 정사의 전통이 있었다. 정사 편찬으로 새 왕조의 정통성이 천명되고 중국사의 정통 계보가 만들어졌다. 고려도 건국 초기인 광종 때《삼국사》를 편찬했다.《삼국사》는 '고구려본기'로부터 시작했다고 한다.[60] 그런데 왜 김부식은 인종 때《삼국사》의 체계를 대대적으로 수정하는《삼국사기》를 편찬했을까? 그가 살던 당대의 현실이 과거와의 새로운 방식으로 소통하길 요청했기 때문이다.

삼국시대는 고구려, 백제, 신라가 주도권 다툼을 벌이던 무통無統시대다. 김부식은 신라, 고구려, 백제 순서로 각각의 '본기'를 기술했다. 그는 삼국의 역사를 동등하게 아방我邦의 역사로 서술했다. 신라에 의한 삼국통일은 여러 개의 아我를 하나의 '우리'로 통합하는 계기다. 신라가 삼국을 통일했기 때문에 본국사의 정통성이 신라에 있다면, 고구려는 정통성을 가질 수 없다. 그렇다면 고구려의 계보를 잇는다는 명분으로 건국된 고려의 정통성은 어떻게 되는가? 고려가 후삼국을 통일하는 전쟁을 벌일 때는 고구려의 이름으로 신라의 정통성을 부정해야 했지만, 신라가 멸망한 후에는 신라왕조의 정통성을 다시 인정해야만 하는 모순에 직면했다.

---

60   정구복,《삼국사기의 현대적 이해》, 서울대학교출판부, 2004, 11쪽.

모순의 결과로 《삼국사기》가 편찬됐다. 김부식은 '고구려본기'로 시작하는, 광종 때 편찬된 《삼국사》를 수정해 신라, 고구려, 백제 순서로 '본기'를 기술했다. 그로 하여금 고구려 중심의 《삼국사》를 신라 중심의 《삼국사기》로 '역사 바로 세우기' 기획을 추진하도록 만든 결정적 사건이 '묘청의 난'이다. '묘청의 난'을 통해 고구려와 신라 사이의 이중의 고려 정체성은 신라의 정통성을 계승하는 것으로 일단락됐다. 신채호는 이 같은 우리 역사의 전환점을 "조선 역사상 일천 년대 제일 대사건"이라고 지칭하면서, 김부식의 사대주의 관점으로 명명된 '묘청의 난'을 '서경전역'으로 바꿔 부를 것을 제안했다.[61] 하지만 김부식은 과연 사대주의자인가? 묘청과 비교해서만 그렇게 부를 수 있다. 왜냐냐면 김부식은 중국이 천하국가임을 의심하지 않은 중화론자면서도 삼국의 '본기'를 독립적으로 기술함으로써 세 나라가 작은 '천하국가들'임을 천명했기 때문이다.

한국사학사의 맥락에서 볼 때, 최초의 본국사로서 김부식의 《삼국사기》는 우리 역사의 범위를 두 방향으로 축소하는 결과를 낳았다. 첫째, 고려의 역사적 기원을 삼국시대로까지만 소급함으로써 삼국시대 이전의 과거, 곧 고조선 이래의 상고사를 우리가 소통해야 할 과거의 범위에서 제외했다. 둘째, 《삼국사기》의 편찬을 통해 해당 과거가 삼국시대로 시대구분됨으로써 가야사가 망각됐다.

일반적으로 삼국시대는 기원전 57년 신라의 건국부터 서기 668년 고구려의 멸망까지 약 700년간의 시간을 포괄한다. 하지만 고구려, 백제, 신라의 세 나라가 한반도를 삼분한 시기는 562년부터 660년까지로 98년

---

61 신채호, 〈朝鮮歷史上 一千年來 第一大事件〉, 단재신채호선생기념사업회, 《단재신채호전집》 중, 형설출판사, 1972, 104쪽.

밖에 되지 않는다. 문헌기록에 따르면 가야는 서기 42년에 건국해 562년에 멸망했다고 나오지만, 실제로는 신라와 마찬가지로 기원전 2세기 말 내지 1세기 초 영남 지역에 나타나 3세기에 들어 김해를 중심으로 연맹체를 구성하다가 3세기 후반에는 가야국이 연맹체의 중심으로 대두하기 시작했다. 따라서 김태식은 한국 고대 시기의 대부분은 고구려와 백제의 2강과 신라와 가야의 2약이 서로 뒤엉켜 세력 균형을 이루며 전개됐기 때문에 '삼국시대'가 아니라 '사국시대'로 불려야 한다고 주장했다.[62] 결국 한국고대사를 어떻게 쓰느냐는 현재의 우리가 소통하고자 하는 과거의 범위와 대상에 따라 달라지는 계보학적인 문제다.[63]

상고사를 배제한 김부식의 소통방식을 수정보완하려는 시도는 그로부터 150년 후에 일연의 《삼국유사》로 나타났다. 유사遺事의 문자 그대로의 의미는 '잃어버린 사실' 또는 '남겨진 사실'이다. 전자의 '잃어버린 사실'이란 《삼국사기》와 같은 역사로 기록되지 못함으로써 잊힌 사실을 뜻하며, 후자의 '남겨진 사실'은 역사가 되지 못함으로써 설화로 전락한 사실을 가리킨다. 史가 되지 못한 事는 설화의 매체로 소통된다. 유학자인 김부식이 유교적 합리성에 입각해서 소통 가능한 과거의 범주를 정했다. 이에 반해 불교 승려인 일연은 인간사에는 신비하고 기이한 일들이 일어나며 이것이 역사를 바꾸는 동인일 뿐만 아니라 인간의 역사적 행위를 추동하는 동력임을 인정했다.

당대의 우리가 '꿈꾸는 역사'를 사극으로 제작한다면, 고대인들은 꿈의 역사를 신화로 이야기했다. 신화는 그들의 집단무의식을 반영한다.

---

62   김태식, 〈삼국시대에서 사국시대로〉, 《역사용어 바로쓰기》, 역사비평사, 2006, 23~38쪽.
63   김기봉, 〈한국고대사의 계보학〉, 《한국고대사연구》 제52집, 서경출판사, 2008, 19~55쪽.

나의 정체성을 형성하는 것은 의식뿐 아니라 무의식이다. 전자보다는 오히려 후자의 영역이 더 깊고 넓듯이, 꿈의 역사로서 신화가 현실의 역사보다 우리의 정체성에 대해 더 많은 정보를 줄 수 있다. 일연이《삼국유사》에서 기록한 최초의 우리 꿈의 역사가 단군신화다.《삼국유사》는《삼국사기》가 배제한 고조선 건국신화를 '기이紀異'로 기록함으로써 우리 역사의 기원으로 소통할 수 있는 과거로 만들었다.

고려의 멸망과 조선의 건국은 우리 역사의 소통대상과 소통관계의 중대한 변화를 초래했다. 두 왕조가 지향하던 역사의 소통관계의 차이는《삼국사기》는 삼국의 왕들을 '본기'로 서술한 반면, 조선 초에 편찬된《고려사》는 고려왕들에 대한 기록을 '세가'로 편찬했다는 사실로 드러난다. 조선이라는 국호는 고조선에서 유래했다. 조선은 고구려에 기원을 둔 고려보다 본국사의 과거와의 소통범위를 고조선의 상고사까지 확장시켰지만, 중화사상에 입각해서 과거와의 소통관계를 확립시켰다. 명이 조선이라는 국호를 정해 주는 절차를 통해 중국 상고시대 주나라와 기자조선의 관계가 복원되기를 바라던 건국 세력들에게 조선왕조의 성립은 고대의 부활, 곧 '르네상스'로 이해됐다.

조선왕조의 뿌리가 되는 과거는 단군조선과 기자조선이라는 두 고조선이다. 조선은 단군과의 소통을 통해서는 천명을 받은 왕조라는 종족적 개체성을 자각하고, 공자 이전 초기 유교의 성인인 기자와의 소통을 통해서는 보편적인 중화문명의 후예라는 자부심을 고취하고자 했다. 조선왕조에서 단군이 정체성의 코드였다면, 기자는 정통성의 기표였다. 하지만 조선왕조의 과거와의 소통이 전자보다는 주로 후자의 효과를 얻고자 하는 의도로 이뤄졌다는 사실은《조선왕조실록》에 단군에 대한 언급이 121

번 나오는 데 비해 기자에 대한 기록은 무려 468번이나 나온다는 것으로 입증된다.

《삼국사기》가 중국 최초의 정사인《사기》를 모방하여 편찬된 고려의 본국사라면, 조선은 건국 초에 중국의《자치통감》을 모범으로 해서《동국통감》을 편찬했다. 단군조선에서 고려 말까지를 편년체로 기술한《동국통감》은 본국사의 전반적인 시대구분을 시도한 첫 번째 통사다. 단군조선 이래 삼한까지의 상고사를 권외券外의 외기로 서두에 서술한 다음, 삼국기-신라기-고려기의 순서로 본국사의 체계를 세웠다.

조선왕조의 역사담론을 지배한 것은 무엇보다도《조선왕조실록》이다. '실록'은 그것을 편찬해야 하는 사관을 제외하고 왕은 물론 어느 누구도 볼 수 없다는 금기로부터 '신격화'의 효과를 낳았다. 죽은 다음에 남아 있는 것은《조선왕조실록》에 실리게 될 자신에 관한 기록이라는 사실을 기억하면서 살던 조선의 왕과 신하들에게《조선왕조실록》은 '숨은 신'과 같은 효력을 발휘했다. 그들은 나중에 편찬될 '실록'을 자기가 살았을 때 했던 행동을 비추는, 염라대왕 앞에 있다는 명경明鏡과 같은 것으로 여기고 살았다. 사후에 역사의 심판을 내리는 '실록'은 현재와 과거가 아니라 현재와 미래의 소통관계에 입각한 조선시대의 역사담론을 형성했다.

심판의 방식으로 역사의 소통관계를 형성하는 토대가 된 사상은 인간사의 중요한 변화를 하늘의 뜻으로 해석하는 천인감응론天人感應論이다. 역사란 천도를 반영한다는 사마천의 역사관도 천인감응론에 입각했다. 그런데 문제는 하늘의 뜻인 천명은 무형이고 인간의 인지 능력을 초월해 있다는 점이다.[64] 인간이 하늘과 소통하기 위해서는 매개가 필요하다. 동아시아 고대인들은 천명의 매체는 일월성신日月星辰이 만들어 내는 자연

현상이라고 보았다. 이것을 읽어 내는 것이 바로 천문天文이다. 그래서 중국에서 사관史官은 본래 천문을 관찰하는 천관天官에서 유래했다. 사마천의 가문이 천관의 역할을 수행하던 태사령 집안이다. 하늘의 성상과 인간사회가 상응한다고 보았기 때문에 전근대 동아시아에서 새로운 왕권은 천명을 받아 탄생했다고 보았다.

천문天文과 인문人文이 동전의 양면이라는 점을 정당화하는 논리를 세우는 것이 바로 역사다. 새로운 왕권의 출현은 정통성을 천명의 교체로 설명하는 새로운 역사서술을 요청했다. 인문의 보고서로서 역사를 일월성신처럼 천명의 매체로 여길 때, 역사는 인간이 천도를 이해할 수 있는 책인 동시에 현실정치를 정당화하는 도구가 됐다. 따라서 문제는 역사가 정치의 시녀로 전락할 수 있다는 것이었다. 이 문제를 방지하는 해결책은 《조선왕조실록》처럼 역사 자체를 왕조차도 개입할 수 없는 신성불가침의 영역으로 숭상하고, 그것을 쓰는 사관에게 천명을 수행하는 천관의 역할을 부여하는 것이었다.

전통시대 동아시아에서 역사의 신격화는 천도라는 초월적 기의에 입각해서 하늘과 인간 그리고 과거와 현재의 소통을 해야 한다는 당위로 이뤄졌다. 이 소통관계에서 경학과 사학은 분리되지 않고 경사일체經史一體를 이뤘다. 둘의 분리는 천문과 인문을 하나로 묶는 천인감응론에 대한 믿음이 상실될 때 일어난다. 천도라는 초월적 기의가 더 이상 소통의 코드가 아니게 될 때, 소통관계의 탈주술화가 발생한다. 이에 따라 역사란 하늘이라는 송신자가 메시지로 전하는 천명을 인간이 수신하는 방식의

---

64 천통성, 장성철 옮김, 《사기의 탄생, 그 3천년의 역사》, 청계, 2004, 294쪽.

소통이 아니라, 시간 속에서 인간들 사이의 소통으로 의미가 바뀌었다. 이 같은 소통관계의 구조적 변동을 토대로 해서 근대 역사학이 탄생했다. 근대 역사학은 소통관계를 탈도덕화해서 과학화하려는 노력으로 성립했다.

현재와 과거의 소통관계의 탈도덕화를 통해 역사의 첫 번째 과학 모델을 정초한 역사가가 레오폴드 랑케다. 그는 역사의 과학적인 소통관계를 다음과 같이 천명했다. "역사학은 과거를 재판하고 미래의 유용함을 위해 동시대인들에게 가르침을 준다는 직무를 갖지 않는다. 그래서 여기서의 시도는 그런 고귀한 직무를 수행하는 것이 아니라, 그것이 본래 어떠했는가를 단지 보여 주는 것이다."[65] 전통시대 동아시아에서 현재와 과거의 소통관계를 규정하는 키워드는 거울(鑑)이었다. 역사의 거울을 통해 현재를 반성하고 미래를 전망하는 것이 소통의 목적이었다. 서구의 전근대 역사담론은 "역사는 삶의 스승(historia magistra vitae)"이라는 말로 대변됐다. '거울'과 '스승'이라는 표현은 현재와 과거가 소통하는 목적이 도덕적인 교훈을 얻는 데 있음을 의미한다.

랑케가 역사가의 임무는 "그것이 본래 어떠했는지(wie es eigentlich gewesen)"를 보여 주는 것이라고 말한 이유는 역사의 탈도덕화가 역사가 과학이 되는 전제조건이 된다고 봤기 때문이다. 과거에 대한 객관적인 인식이 가능해야 역사가 과학의 한 분야로 정립될 수 있으며, 이를 위해서는 무엇보다도 현재와 과거의 소통관계가 탈도덕화돼야 한다. 객관성을 화두로 삼아 현재와 과거의 소통관계의 재정립을 추구한 랑케는 "사

---

65   L. v. Ranke, *Sämtliche Werke 33/34*, Ⅶ, Leipzig, 1867~1990.

물로 하여금 말하도록 하기 위해 나 자신까지도 지우고 싶다"[66]라고 말했다. 현재의 역사가가 과거 송신자의 말을 불편부당하게 경청하는 수신자의 자세로 소통을 해야 있던 그대로의 과거를 이해할 수 있다는 것이다. 랑케가 이 같은 방식의 소통관계를 주장한 근거는 "모든 시대는 신에 직결된다"라는 말로 표상되는 역사신학이다. 그렇다고 그는 역사의 소통관계를 주재하는 원리인, 사마천이 말하는 '천도'의 의미로 '신'을 말하지는 않았다. 그는 역사가가 과거와의 소통을 객관적으로 해야 과학적 역사연구를 할 수 있기 때문에, 역사가에게 객관적인 자세를 요청하는 '규제이념(die regulative Idee)'으로서 신을 언급했다.

막스 베버 테제에 따르면, 근대 자본주의 정신은 직업을 신이 부여한 소명으로 여기는 개신교 윤리에서 유래했다. 마찬가지로 근대 역사학의 첫 번째 과학모델이 신이 과거에 새겨 놓은 상형문자를 해독하는 것을 역사가의 소명으로 본 랑케의 개신교적인 역사신학에서 기원했다는 것은 이상한 일은 아니다.[67] 역사의 과학화를 위한 선험적 토대가 된 랑케의 역사신학을 20세기 후반 독일 최고의 역사가인 토마스 니퍼다이Thomas Nipperdey는 "목적 없는 목적론(eine Teleologie ohne Telos)"이라고 규정했다. 랑케는 신을 종교적 기표가 아니라 현재와 과거의 소통관계의 객관성을 규제하는 역사학의 이념으로 이해했다.

인간에게 역사는 다양한 인간성의 거대한 경험이 있는 곳이다. 인간은 과거 인간들과의 소통을 통해 그들의 경험을 자기 것으로 만들 수 있기

---

66 L. v. Ranke, *Englische Geschichte,Sämtliche Werke* 15, Leipzig, 1867~1890, S.103.
67 젊은 랑케 역사학의 토대를 이루는 메타역사로서 역사신학에 대한 선구적인 연구로는 C. Heinrich, *Ranke und die Geschichtstheologie der Göthezeit*, Göttingen, 1954가 있다.

에 문명을 건설하는 존재가 됐다. 그런데 문제는 "과거는 낯선 나라다"라는 말처럼, 과거라는 외지의 사람들과 어떻게 소통할 수 있는가다. 이 문제에 직면해서 랑케는 신의 공평성을 근거로 과거를 절대화했다. 이미 결정된 필연의 세계인 과거의 모든 시대는 신에 직결되어 있다는 것을 그는 다음과 같이 말했다. "가치는 그 시대로부터 나온 것이 아니라 그 존재 자체에, 그 자신 안에 내재해 있는 것에 근거한다. 모든 시대는 그 자체로 타당하고 가장 고찰할 만한 가치가 있는 어떤 것으로 간주됨으로써, 역사학적인 고찰과 심지어 역사학의 개인적인 삶에 대한 고찰까지도 고유한 매력을 가진다. … 인류의 모든 세대는 신의 눈앞에서 동등하게 정당화되며, 역사가는 그런 방식으로 사물을 보아야 한다."[68]

랑케는 신에 직결되어 있는 과거와의 소통을 통해 신의 섭리가 아니라 시대적 연관성(Zusammenhang)을 통찰하고자 했기 때문에 근대 역사학의 아버지가 됐다. 그는 과거를 현재의 거울로 삼아서 교훈을 얻거나 과거를 현재의 전사前史로 보고 미래의 진보에 복무하는 목적론적인 소통을 거부했다. 그 대신 현재와 과거의 연관성을 해명하는 것을 목표로 해서 소통을 해야 한다고 주장했다. 그는 역사가는 신의 목소리를 듣는다는 자세로 마음을 비우고 과거와의 대화를 시도할 때 현재와의 연관성을 해독할 수 있다고 봄으로써, 전통시대의 도덕적 역사관은 물론 근대의 진보사관을 거부했다.

하지만 신에 직결되어 있는 과거 의미의 무한성을 유한한 인간이 다 읽어 낼 수는 없다. 이 같은 인간적 한계를 극복할 수 있는 유일한 길은

---

68 Ranke, Über die Epoche der *Neueren Geschichte*, Stuttgart, 1954, S.7.

역사가는 불편부당한 객관적 태도로 과거와의 소통을 끊임없이 하면서 이전의 역사가들이 인식하지 못한 새로운 연관성을 발견함으로써 역사를 다시 쓰는 시시포스와 같은 노력을 경주하는 것뿐이다.

하지만 소통관계의 중심을 과거에 두면서 있던 그대로의 실재를 보여주는 것으로 연관성이 드러날 수 있는가? 드로이젠은 랑케가 주장한 역사가의 주관이 배제된 소통관계를 '거세된 객관성'이라고 비판했다. 또 연관성을 구성하는 주체는 어디까지나 현재의 역사가라는 사실에 입각해서 현재와 과거의 소통관계가 성립되는 선험적 조건을 탐구했다. 그는 이 작업을 역사학론(Historik)이라고 지칭했다. 그리고 인간 인식의 가능 조건에 대해 탐구한 칸트의 선험철학에 영감을 받고 역사의 과학론을 정립할 목적으로 '역사이성비판'을 시도했다. "인식이 대상을 향해 있는 것이 아니라, 대상이 인식을 향해 있다"라는 칸트의 코페르니쿠스적 혁명을 역사학에서 실현하고자 했다. 칸트는 '세계'란 우리의 눈앞에 있는 모든 것을 그대로 받아들여 성립하는 것이 아니라 우리의 인식이 적극적으로 관여함으로써 구성되는 것이라고 보았다. "개념 없는 직관은 맹목이고, 직관 없는 개념은 공허하다"라는 것이 그의 테제다. 칸트의 선험철학에 입각할 때, 역사가의 주관을 소거한 역사인식이란 인간 오성의 적극적인 개념 작용이 없기 때문에 무의미하다고 드로이젠은 주장했다.

사료를 매체로 해서 과거와의 소통을 할 수 있다고 믿은 랑케는 사료비판에 입각해서 역사과학론을 정립하고자 했다. 이에 반해 드로이젠은 역사연구의 시작은 사료가 아니라 역사가의 문제의식이라고 주장했다. 사료 혼자서는 말문을 열지 못한다. 역사가가 말 걸지 않은 과거는 메시지를 보내는 송신자가 될 수 없다. 모든 과거가 역사가 되는 것이 아니라 역사가에 의해 대화의 상대자로 선택된 과거만이 역사로 인식되는 것이 역사학의 실제상황이다. 따라서 드로이젠은 현재와 과거의 소통관계를 선험적으로 규정하는 역사가의 오성 형식, 곧 그런 방식으로 현재와 과거의 연관성을 구성하게 만드는 역사가의 인식범주를 밝혀내는 것을《역사학론》의 목표로 삼았다. 드로이젠의 테제를 칸트식으로 정식화하면, "실증 없는 개념은 공허하고, 개념 없는 실증은 무의미하다." 드로이젠은 현재의 역사가와 과거의 소통관계로 이뤄지는 역사연구의 본질을 "연구하면서 이해하는 것(forschend zu verstehen), 곧 해석"이라고 말했다.[69] 현재의 역사가가 사료를 연구해 과거의 메시지를 이해하는 역사이성이란 하버마스가 말하는 '의사소통적 이성'의 특성을 가진다.

"현재와 과거의 대화"라는 역사의 소통관계를 선험적으로 규정하는 메타역사는 인간·공간·시간이라는 역사의 세 요소를 어떻게 조합하느냐로 결정된다. 역사서사를 구성하는 방정식의 첫 번째 매개변수인 인간은 대화의 상대자를 누구로 하느냐의 문제다. 과거의 누구를 대화 상대자로 하느냐에 따라 한국사, 미국사, 일본사 등의 다양한 역사서술이 생겨난다. 같은 일본사라고 해도 한국인이 보는 일본사와 일본인이 쓰는 일본사는 다르다. 이 둘 사이의 소통장애로 역사분쟁은 발생한다. 소통장애를 역사왜곡이라고 일방적으로 비난하면 소통은 원초적으로 불가능하다. 쌍방이 차이점을 대화를 통해서 해소한다는 자세를 견지할 때 해결의 실마리를 찾을 수 있다. 다시 말해 서로가 대화의 코드를 맞추려는 노력을 기울일 때 역사분쟁을 중재할 수 있는 가능성이 생겨난다.

---

69 John Gustav von Droysen, *Historik*, Textausgabe von Peter Leyh, Stuttgart–Bad Cannstatt: frommann–holzboog, 1977, S.22.

두 번째 요소인 공간은 현재와 과거의 소통의 장을 형성하는 매개변수다. 우리나라에서 역사지식의 분류는 한국사·동양사·서양사의 3분법으로 이뤄진다. 그런데 이 분류체계는 기본적으로 한국·동양·서양이라는 상상의 지리에 입각해서 소통의 공간적 범위를 정함으로써 생겨난 허구다. 문제는 역사지식 분류체계의 자의성이다. 예컨대 역사의 소통공간을 한국사·동양사·서양사의 3분법으로 나누는 분류체계는 아프리카인들을 역사 없는 사람으로 만드는 문제를 낳는다.

분류는 권력으로 작동한다. 한국 역사학에서 3분법적 분류체계는 한국사·동양사·서양사 연구자 사이에 소통할 수 있는 공간을 허용하지 않으며, 심지어 타 전공 분야에 관여하는 것을 영역 침범으로 비난하는 풍조를 낳는다. 하지만 최근 서구 역사학에서는 소통공간의 구조적 변동이 일어나고 있다. 소통공간을 작은 마을로 축소하는 미시사와 더불어 지구를 벗어나 우주로까지 확장하는 거대사가 나왔다. 미시사와 거대사는 소통공간의 축소와 확장으로 기존 역사학이 의미 없게 배제한 것에 의미를 부여하고 의미를 부여하던 것을 무의미하게 만드는 해체를 통해 인간의 역사적 소통능력을 향상시켰다.

세 번째 요소인 시간은 소통범위의 경계를 정하는 매개변수다. 경계설정은 일반적으로 시대구분이라 불린다. 우리나라에서 역사학의 시대구분은 일반적으로 고대, 중세, 근대로 이뤄진다. 이 시대구분법이 가진 문제점은 크게 두 가지다. 먼저 인류역사를 고대, 중세, 근대로 시대구분하는 것은 46억 년 지구 역사에서 역사학이 다루는 시간을 고작 5000년 정도로 축소하는 결과를 초래했다. 근대 역사학의 아버지 랑케가 문헌 중심의 실증사학을 역사학의 과학 모델로 정립함으로써 문헌사료를 남기지 못한 과거는 소통범위에서 제외됐다. 하지만 우리와 같은 인류인 호모 사피엔스가 지구상에 나타난 25만 년 전부터 농경시대가 시작하는 기원 전 1만 년까지 인류사의 가장 오랜 시기는 수렵채집시대다. 물론 수렵채집시대는 양적으로는 가장 긴 시대이지만 질적인 변화가 거의 일어나지 않은 긴 시간이다. 양적인 시간과 질적인 시간의 차이를 고려해서 데이비드 크리스천은 역사의 소통범위를 빅뱅으로까지 거슬러 올라가는 거대사의 시대구분법을 제안했다.[70] 거대사적인 소통은 문자를 매체로 하는 과거와의 대화를 넘어 고생물학의 화석을 매체로 한 대화를 시도한다.

새로운 소통방식의 등장과 함께 무엇보다도 구텐베르크시대가 저물어 가고 있는 상황이 문자매체와 문헌사료 위주로 전개된 사학사에 대한 근본적인 반성을 요청한다. 문자역사의 쇠퇴는 과연 역사학의 종말을 초래할 것인가? 이 같은 문제를 화두로 삼아 매체사의 관점에서 사학사를 고찰해 보고자 한다.

매체사의 관점으로 보는 사학사

역사가들이 과거라는 사라진 실재를 가리키는 손가락으로 문자만을 고집하는 이유는 무엇인가? 문자역사의 전통은 헤로도토스가 《Historiai》를 쓴 것에서 유래한다. 문자역사가 처음 나온 시점을 역사의 탄생 연도로 보는 사학사의 전통이 문자역사의 헤게모니를 낳았다. 문제는 구텐베르크시대가 종말을 고한 전기매체시대(electric age)에서도 역사

---

70 데이비드 크리스천, 김서형·김용우 옮김, 《거대사 : 세계사의 새로운 대안》, 서해문집, 2009.

학의 문자 헤게모니가 유지될 수 있는가다. 대중문화에서 사극은 계속해서 인기를 누리지만 역사학은 만성적 위기에서 벗어나지 못하는 중요한 이유 가운데 하나가 전기매체시대에 문자에서 영상으로 '매체적 전환'이 일어났기 때문이다.

역사학이 이런 구조적 위기에서 벗어나기 위해서는 문자라는 단일 채널만을 고집하는 것에서 벗어나 영상역사를 적극적으로 수용해야 한다. 하지만 이처럼 발상의 전환을 촉구하는 주장은 역사학의 정체성을 포기하라는 주문으로 여겨져 오히려 위기를 심화시킨다는 오해를 받는다. 위기의 원인이 역사학 내부에 있음에도 사극과 같은 영상역사가 역사학을 위협하기 때문에 발생했다고 그 원인을 외부로 돌리는 역사가들의 태도가 바뀌지 않는 한, 역사학 위기 극복은 요원하다.

구텐베르크시대의 종말과 전기매체시대의 도래를 통해 스마트폰 문자메시지나 트위터와 같은 소셜미디어에서 문자문화와 구술문화의 융합 내지는 재구술화의 경향성이 나타난다. 매체의 진화가 소통관계의 구조적 변동을 일으킨다. 변동과 함께 오늘날 구술사와 영상역사가 문자역사의 헤게모니에 대항해서 기억투쟁을 벌인다. 예컨대 한국전쟁의 트라우마를 이야기로 풀어내는 구술사는 공식적인 역사담론에 의해 억압당한 민중의 기억을 풀어내고자 한다.[71] 그리고 〈황산벌〉과 같은 영화는 삼국통일이라는 민족의 기억이 배제한 '거시기'라는 민초와 계백 장군의 아

71 윤택림, 《인류학자의 과거 여행 : 한 빨갱이 마을의 역사를 찾아서》, 역사비평사, 2003; 박찬승, 《마을로 간 한국전쟁 : 한국전쟁기 마을에서 벌어진 작은 전쟁들》, 돌베개, 2010; 한국구술사학회, 《구술사로 읽는 한국전쟁 : 서울 토박이와 민통선 사람들, 전쟁미망인과 월북가족, 그들이 말하는 아래로부터의 한국전쟁》, 휴머니스트, 2011.

내와 같은 하위 주체의 목소리들을 대변한다.[72] 전자의 구술사를 역사학은 수용하지만, 후자의 영상역사는 팩션faction으로 취급한다. 하지만 대중은 전자보다는 후자에 더 공감하며, 토플러가 말하는 제3의 물결에 따라 미래의 부는 전기매체가 성립시킨 소통관계를 토대로 해서 지식정보사회로 이동하고 있다.

이 같은 시대 변화 속에서 오늘의 역사학은 어디로 가야 하는가? 문자역사로서의 정체성을 고수함으로써 계속 쇠락의 길로 갈 것인가, 아니면 소통매체의 다양성을 인정하는 방향전환을 통해 진화의 길을 모색할 것인가? 이 같은 문제의식으로 문자역사의 관점으로만 보는 사학사의 프레임에서 탈피해 매체사적 맥락에서 사학사를 재조명해 볼 필요가 있다.

매클루언은 매체의 발달이 촉발하는 소통관계의 변화에 따라 인류 역사를 원시부족시대 → 문자시대 → 인쇄술시대 → 전기매체시대의 네 단계로 나눴다.[73] 이 같은 매체사적인 시대구분에 맞춰서 사학사도 구술사 → 문자역사 → 인쇄역사 → 영상역사(visual history)로 시대구분할 수 있다. 먼저 헤로도토스가 《Historiai》를 저술한 기원전 4세기는 구술시대에서 문자시대로 이행하던 시기다. 《Historiai》는 "이 책은 할리카르나소스 출신의 헤로도토스가 … 연구 조사한 바를 서술한 것이다"라는 문장으로 시작한다. 이처럼 저자의 목소리가 책의 서두에 직접 나타나는 것은 구술문화의 유산이다. 구술문화의 잔재는 문자문화로의 이행과 더불어 나타나는 역사서술에서는 점차 사라진다. 헤로도토스는 《Historiai》를 문자로 쓰기 전 수차례 청중의 기호에 맞게 발췌해서 부분 내용을 구연했

72 김기봉,《팩션시대, 영화와 역사를 중매하다》, 프로네시스, 2006.
73 마셜 매클루언, 위의 책, 제2판 서문 vi, 해제 426~428쪽.

고, 그 경험을 바탕으로 나중에 전체 내용을 구상해서 퇴고를 거듭한 끝에 노작을 완성했다. 구술사는 청중과 상호소통하면서 공연(performance)을 벌이는 상황에 따라 임의적으로 구연되는 역사인 반면, 문자역사는 역사가의 외로운 내면적인 성찰로 일관성 있게 구성되는 폐쇄적인 플롯을 가진 역사다.

서구의 구술문화시대에 이야기꾼이던 역사가는 문자문화시대에는 전지적 작가로 바뀌었다. 이에 비해 동아시아에서는 공자의 《춘추》의 전통에 따라 역사가는 술이부작述而不作, 곧 편찬자의 역할만을 해야 했다. 역사가는 천명天命의 메신저이지 메시지를 만드는 사람이 돼서는 안 된다는 것이다. 이런 차이는 결국 정치와 역사의 관계 설정에서 기인한다. 서구에서 기독교 같은 종교가 왕권을 정당화하고 신성화했다면, 동아시아에서는 역사가 그 역할을 수행했다. 새 왕조를 창업하면 이전 왕조의 역사를 편찬하는 정사의 전통을 이어 온 동아시아에서 목판 인쇄역사는 일찍부터 발달했다. 하지만 정사는 독자층을 일반 민중이 아니라 왕과 지배세력을 대상으로 하는 의사소통관계에 입각해서 편찬됐다. 우리가 고려시대에 이미 세계 최초로 금속활자를 발명했지만 인쇄술시대를 열지 못한 이유는 그것이 책의 독자층을 전체 인구로 확대시키는 소통관계의 혁명으로 이어지지 않았기 때문이다.

서구에서 책은 독서혁명을 일으키고 문필공화국을 탄생시킴으로써 공론장의 구조적 변동을 통한 근대 시민사회적 의사소통관계 형성에 결정적인 기여를 했다.[74] 책이라는 매체가 역사를 변화시키는 동인이 될 수 있던 계기는 인쇄술의 발명과 종교개혁이다. 인쇄술의 발명이 종교개혁을 낳았는가, 아니면 종교개혁이 인쇄술의 혁신을 이끌었는가는 닭과 달걀의 선후관계처럼 논란거리다.

하지만 중요한 것은 그 둘의 연관성 속에서 인쇄자본주의가 개화했다는 사실이다. 활판 인쇄물은 책의 대량생산을 가능하게 만들어서 인쇄자본주의를 성립시켰다. 혼자 책을 읽고 생각하는 근대적 자아의 탄생은 부족적인 인간사회에 혁명적인 변화를 야기했다. 서적의 광범위한 확산을 위해 인쇄술은 표준화됐고, 이는 독자들의 사고방식을 동질화했다. 인쇄문자는 표준어를 요청하고 표준어는 인쇄문자의 확산을 낳음으로써 하나의 언어공동체로서 민족이 형성됐다.

의사소통공동체로서 민족 형성에 결정적 기여를 한 것은 무엇보다도 신문과 소설이다. 신문은 민족을 독자로 상정하고 정기적으로 발행됐고, 근대 소설은 민족을 의사소통의 장으로 하여 스토리를 구성했다. 날마다의 사실을 취재해 기사로 보도하는 신문과 허구를 창작하는 소설이 "동질적이고 공허한" 근대의 단선적 시간을 같은 공간 속에서 공유하는 '상상의 공동체'로서 민족이라는 의사소통공동체를 탄생시켰다.[75]

민족이라는 의사소통공동체의 요구에 부응해 탄생한 역사서술 패러다임이 민족사로서 '국사'다. 전통시대 국사가 역사의 주체를 왕으로 설정하는 왕조사였다면, 근대 '국사'는 민족을 주인공으로 하는 역사담론이다. 랑케를 '국사'의 원조라고 말할 수 있다. '국사'의 탄생과 근대 역사학의 성립은 동시에 이뤄졌다. 현재와 과거의 소통관계를 국민국가를 단위로 해 구성하는 '국사'를 탄생시킨 독일 역사주의가 근대 역사학의 첫 번째 과학 모델이다.

---

74 육영수, 《책과 독서의 문화사 : 활자인간의 탄생과 근대의 재발견》, 책세상, 2010.
75 베네딕트 앤더슨, 윤형숙 옮김, 《상상의 공동체》, 사회비평사, 1996, 43~44쪽.

근대 역사학의 성립 이후 현재와 과거의 소통관계를 구성하는 코드가 정치에서 사회 그리고 문화로 바뀌는 것과 조응해서 근대 사학사의 패러다임 전환은 일반적으로 정치사-사회사-신문화사로 정리된다. 하지만 이 전환은 어디까지나 문자역사의 전통 내에서 이뤄졌다. 기념물이나 박물관 등과 같은 조형매체도 있었지만, 역사의 소통관계는 인쇄매체가 주도했다. 하지만 구텐베르크시대가 종말을 고하고 전기매체시대가 등장하면서 사태는 달라졌다. 전기매체시대에 사람들은 한동안 라디오·텔레비전·전화·전신·영화·컴퓨터 등 여러 매체로부터 다양한 메시지를 수신하다가 인터넷의 출현으로 정보의 송신자가 될 수 있는 기회를 획득했다. 특히 인터넷 이용자들이 직접 창조한 콘텐츠로 서비스를 구성하는 웹 2.0의 등장은 전문 학자만이 지식을 생산하는 소통관계를 해체했다.

인쇄매체가 아닌 영상매체로 역사이야기를 구성하는 영상역사와 역사다큐의 제작자는 전문 역사가가 아닌 PD들이다. 이에 따라 역사가가 역사지식을 생산하고 그 밖의 사람들은 그것의 소비자였던 근대 역사학 분업체계가 붕괴되기 시작했고, 역사가의 저작을 자의적으로 소비해 콘텐츠를 생산하는 '프로슈머들(prosumers)'이 등장했다. 우리 시대 제작된 역사다큐와 같은 영상역사물은 후대 역사가들에게는 사초史草가 되며, 영상역사시대에서는 비단 역사학자만이 아니라 소설가, 극작가, PD도 역사가며, 더 나아가 UCC까지를 고려하면 그 범위는 일반인에게까지 확대된다. 전기매체시대에 사용자들이 직접 콘텐츠를 제작할 수 있게 됨으로써, 이제는 모든 사람이 시대의 기록자고 역사의 이야기꾼이 될 수 있는 시대가 열렸다. 역사의 과학화가 대중의 '역사하기(doing history)' 능력의 퇴화를 초래했다면, 전기매체시대에서 이야기체 역사의 부활은 역사의 대중화를 촉진했다. 이 같은 경향성의 변화가 역사학 위기 상황에서 사극이 전성기를 맞이하는 역설을 낳는다.

　사극이란 역사와 드라마의 융합으로 만들어진 복합장르다. 역사란 신도 바꿀 수 없는 정해진 과거 사실이지만, 드라마는 인간 마음대로 창작할 수 있는 허구다. 이렇게 사실과 허구를 결합해 만든 사극은 그 자체가 모순의 장르다. 역사가 사실임을 강조하는 역사가는 사극이 역사를 왜곡한다고 비판하지만, 사극 제작자들은 사극을 드라마로 봐 달라고 주문한다. 문자역사가 역사지식 생산을 독점하던 구텐베르크시대에 사극은 아류 내지 사이비 역사로 취급됐다. 하지만 전기매체시대에서는 이 같은 역학관계가 역전되어 역사가들이 오히려 수세적 입장에 처해 있다. 따라서 이제는 역사학자들이 적극적으로 나서서 역사와 드라마의 모순을 변증법적으로 지양할 수 있는 방안을 모색해야 한다.

　현재와 과거의 소통을 통해 역사가 다시 서술되듯이, 사극도 계속해서 리메이크된다. 사극은 문자가 아닌 영상을 매체로 현재와 과거의 소통을 함으로써 새로운 작품을 만들어 낸다. 사극의 역사란 '꿈꾸는 역사'의 역사다. 한 시대 사람들의 꿈은 그 시대 사람들의 무의식을 반영한다. 우리 시대 사람들이 주몽, 광개토대왕, 선덕여왕, 연개소문, 근초고왕, 계백 등과 꿈의 대화를 하고자 하는 욕구와 열망을 반영해서 새로운 사극이 만들어진다.

　지금까지 역사가들은 머리로만 과거 사람들과의 소통을 추구했다. 그 연구의 결과물을 기술한 책이나 논문은 과거에 대한 지식은 주지만 그 시대를 느끼게 하지는 못한다. 오히려 역사소설과 사극을 통해 대중은 과거를 느끼고 그 시대를 살던 사람들을 공감하면서 그들과 인간적인 소통을 한다. 종래의 역사교육이 현재와 과거의 이성적인 소통만을 강조하는 역사 IQ교육에 치중했다면, 이제는 사극을 매개로 해서 과거의 그들과 인간적 소통을 하는 역사 EQ교육도 같이해야 한다. 문자역사에서 영상역사로의 전환은 역사학뿐 아니라 역사교육의 새로운 패러다임을 요청한다. 역사 IQ교육에서 역사 EQ교육으로 패러다임 전환을 할 때, 대중과 학생들은 우리 역사를 통해 위대하고 자랑스러운 한국사뿐 아니라 재미있고 행복한 한국사를 배울 수 있다.

"변하지 않기 위해서는 변해야 한다"

현재와 과거의 대화로서 역사란 기본적으로 현실에서는 불가능한 꿈의 대화다. 직접 대면해서 오감으로 소통하는 구술사가 '신화적' 역사를 말로 전승했다면, 문자역사는 신화에서 탈피해 합리적으로 소통 가능한 과거만을 탐구해 역사로 서술했다. 구텐베르크시대의 인쇄역사는 책의 소통력이 형성한 소통관계를 토대로 역사를 과학화했다. 그 결과 꿈의 대화의 길로 접어들게 하는 역사적 상상력은 역사소설과 같은 문학의 영역으로 추방되고, 현실의 역사만이 연구 성과로 인정받는 역사학 체계가 정립됐다.

하지만 전기매체시대에 문자역사는 쇠퇴하고 영상역사가 등장함에 따라 사극은 전성기를 구가하고 있다. 이 지점에서 역사학은 기로에 서 있다. 역사학이 죽느냐 사느냐는 결국 '매체적 전환'이라는 시대적 조건에 맞춰 문자역사로서의 역사학 정체성을 바꾸느냐에 달려 있다. 오늘의 역사가들이 영상역사를 더 이상 거부하지 않고 역사적 소통매체와 소통공간을 확장할 수 있는 기회로 여기고 포용하는 자세를 보일 때, 역사학은 보호학문이나 잉여학문으로 전락하지 않고 학문적 진화를 할 수 있다. 결국 "변하지 않기 위해서는 변해야 한다."

HISTORIA, QUO VADIS

5장

1

사극으로 보는

"역사란 무엇인가"

사극 정체성 – 역사인가, 드라마인가?

사극(historical drama)이란 역사를 드라마로 각색한 장르를 지칭한다. 역사가 사실이라면 드라마는 허구다. 상반된 둘이 만날 수 있던 조건은 역사의 내용이 드라마라는 형식에 담기는 역할분담을 했기 때문이다. 둘의 결합을 섹시하게 표현하면, 역사라는 정자가 드라마라는 자궁에 착상됨으로써 사극이라는 자식이 탄생했다.

문제는 이렇게 태어난 사극을 누구의 족보에 올리느냐다. 사극은 일반적으로 역사가 아닌 드라마의 한 장르로 여겨진다. 역사가들에게 사극은 역사의 사생아다. 드라마라는 밭에 역사라는 씨가 뿌려지지 않았다면 사극은 생겨날 수 없었다고 믿는 역사가들은 사극에 대한 연고권을 주장하면서 사극의 탈선을 꾸짖는다. 이에 반해 사극제작자들의 반응은 유쾌하고 관대하다. 그들은 역사와의 결합을 로맨스로 즐기며 사극은 엄연히 자신들의 자식으로 입적돼 있음을 역사가들이 인정하라고 주장한다.

역사와 드라마의 자식인 사극은 부모 세대의 영광을 능가하게 성장했다. 대중문화에서 사극 열풍은 끊임없이 불고 있다. 텔레비전과 영화에서 사극은 가장 인기 있는 장르다. 특히 영화에서의 성장은 눈부시다. 〈왕의 남자〉에 이어 〈명량〉이 1700만 명 관객이라는 한국 영화사의 흥행 신기록을 갱신했다.

세상이 변하면 남녀 관계가 변하는 것은 당연한 이치다. 사극은 성장하면서 장르를 진화시켰다. 사극은 어릴 적 역사라는 엄부嚴父 밑에서 아버지를 모방하는 것으로 자의식을 형성했다. 이것이 이른바 정통 사극이다. 정통 사극은 역사의 내용을 드라마 형식으로 충실히 재현하는 것을 목표로 한다. 왕조시대 왕, 장군, 신하와 위대한 업적을 남긴 위인들을 다룬 이야기가 정사의 기록에 근거해 드라마로 제작됐다. 그리고 가끔은 왕비를 비롯한 궁중여인들의 암투가 야사를 참조해 그려졌다.

과거는 신도 바꿀 수 없는 정해진 사실이지만, 역사는 끊임없이 다시 서술되는 이야기다. 현재를 사는 우리가 과거 속으로 들어가 질문을 제기해서 답을 얻고자 하는 노력으로 역사는 계속해서 다시 써진다. 역사이야기를 구성할 때, 시작에 해당하는 1과 끝인 2는 절대로 바꿀 수 없는 과거의 사실이다. 하지만 1과 2 사이에 소수가 무한대로 있는 것처럼 역사이야기는 주제를 끊임없이 바꿔서 변주할 수 있다. 아무튼 정통 사극은 사실은 진실이고 허구는 거짓이라는 사실주의 문법에 의거해서, 과거의 거울에 현재의 문제를 비춰서 답을 제안하는 이야기들을 만들어 낸다.

현재를 사는 우리는 당대사가 아닌 경우 사료의 증언을 통해서만 과거가 실제 어떠했는지 추측할 수 있을 뿐이다. 역사적 사실을 전하는 사료는 거의 언제나 과거의 전모를 파악하기에는 부족하고 불완전하다. 역사가는 사료의 파편을 갖고 퍼즐 맞추기를 하듯이 과거의 진실을 재현하고자 한다. 사료와 사료 사이의 틈새를 보완하고 연결하는 것은 역사적 상상력이다. 역사적 상상력을 얼마나 많이 어떻게 발휘하느냐에 따라 이야기가 달라지고 역사의 진실이 바뀐다.

그런데 문제는 역사적 상상력을 사용하는 정도와 그 문제의식을 결정하는 것이 역사의 내용이 아니라, 내용을 담아내는 그릇에 해당하는 드라마의 형식이라는 점이다. 역사적 사실들의 연관관계를 엮어 내고 의미를 만들어 내는 것은 드라마적 상상력으로 구성되는 플롯이다. 정통 사극은 이 같은 역사의 문학성을 무시하고 역사적 사실로 드라마적 상상력을 구속하는 가부장적 질서에 입각해서 이야기를 창작했다.

팩션 사극은 정통 사극의 가부장적 위계질서를 해체해 드라마적 상상력을 해방시킨다는 문제의식으로 나왔다. 팩션 사극은 이야기 구성에 필요한 역사적 사실의 결핍을 보완하는 차원을 넘어서 역사적 사실을 만드는 방향으로 드라마적 상상력을 발휘하는 것으로 성립했다. 예컨대 이준익 감독의 〈왕의 남자〉(2005)를 낳은 것은 《연산군일기》의 한 구절이다. "공길이 《논어》를 외어 말하기를 '임금은 임금다워야 하고 신하는 신하다워야 하고, 아비는 아비다워야 하고 아들은 아들다워야 한다. 임금이 임금답지 않고 신하가 신하답지 않으면 아무리 곡식이 있더라도 내가 먹을 수 있으랴'." 공길이 연산군에게 이 말을 했다는 것은 사실이지만, 〈왕의 남자〉 이야기는 허구다. 〈광해, 왕이 된 남자〉(2012) 역시 동일한 팩션 사극이다. 이 영화는 "광해군 8년 2월 28일, '숨겨야 할 일들은 기록에 남기지 말라 이르라'"라는 한 구절을 모티브로 해,《광해군일기》에 기록되지 않은 15일 동안의 일들에 대한 역사적 상상력의 나래를 펼쳤다.

팩션 사극의 출현은 역사와 드라마 사이의 결합방식 변화와 함께 목적과 수단의 전도를 가져왔다. 역사의 목적을 위해 드라마를 수단으로 사용하는 정통 사극이 '역사드라마'라면, 역사를 드라마의 수단으로 전유하는 팩션 사극은 '드라마역사'라고 말할 수 있다. 그런데 이 변화는 사극의 진화인가, 종말인가?

이 논쟁에 결정적인 불을 붙인 것이 팩션 사극의 출현이다. 정통 사극과 팩션 사극은 정도의 차이는 있지만 역사적 사실에 근거해서 과거를 재현하고자 했다. 정통 사극은 역사적 사실들의 퍼즐 맞추기로 과거의 전모를 복원하고자 노력한 데 비해, 팩션 사극은 역사적 사실들을 물감으로 사용해 과거의 풍경을 그려 내고자 했다. 둘 사이 논쟁의 쟁점은 퍼즐 맞추기와 풍경화 그리기 가운데 무엇이 더 많은 역사의 진실을 잘 보여 줄 수 있는가 하는 점이었다. 이에 반해 팩션 사극은 역사적 사실들을 재료로 해 과거의 풍경을 구상화로 그리는 것이 아니라, 물감과 물감을 혼합하는 시대착오로 추상화를 창작한다. 과연 이 같은 추상화도 사극이라고 말할 수 있는가?

근대 사실주의 문법은 사실만이 진실이고 허구는 거짓이라는 공리에 근거해 성립했다. 이 문법에 따르면, 역사는 문학보다 인간 삶의 진실에 대해 더 많은 것을 이야기할 수 있다. 하지만 일찍이 아리스토텔레스는 《시학》에서 반대의 주장을 펼쳤다. 실제로 일어난 일을 이야기하는 역사는 이미 지나간 개별적인 것에 대해서만 증언하지만, 일어날 법한 일을 이야기하는 문학은 보편적인 것에 대해 말할 수 있기 때문이라는 것이다.

역사가들은 연구해 낸 역사적 사실들을 소통하기 위해 이야기를 구성하기 때문에, 그들에게 역사는 과학이 되어야 한다. 하지만 사극제작자들이 과거에서 찾는 것은 사실이 아니라 이야기다. 그들은 역사를 이야기를 만들어 내기 위한 수단으로 사용하기 때문에, 역사의 드라마적 변형은 문제가 아니라 필수불가결하다. 따라서 역사가와 사극제작자 간의 생산적 대화를 위해서는 무엇보다도 먼저 이 차이에 대한 이해부터 필요하다.

'프로슈머' 역사가로서 사극제작자

역사가가 역사의 일차 생산자라면, 사극제작자는 이미 생산된 역사를 드라마적으로 재사용해 영상역사로 제작하는 '프로슈머'다. 일차생산자로서 역사가와 프로슈머인 사극제작자의 역사생산력과 생산관계 그리고 소통의 장은 다르다. 앞서 4장 "역사와 매체"에서 인용했듯이, 라스웰은 커뮤니케이션을 "누가(source) 무슨 메시지(massage)를 어떤 경로(channel)를 통해서 누구(receiver)에게 얼마만한 효과(effect)를 갖고 전달하느냐"로 정의했다. 이 소통의 정의에서 일차적으로 중요한 것이, 매클루언이 "매체가 메시지다"라고 말했듯이, 매체다. 어떤 매체로 소통하느냐를 결정하는 것은 경로다. 역사학자들은 주로 학술잡지라는 경로를 통해 논문이라는 매체로 역사지식을 송신한다. 학술잡지의 독자는 주로 같은 전공 분야의 역사가들이다. 이들은 그렇게 많지 않다. 우스갯소리로 논문의 독자는 본인과 투고한 논문을 심사한 두 명 내지 세 명의 동료 이외에 별로 없다고 말한다. 그 결과 소통의 효과는 매우 미미하다. 이 같은 소통 부재가 역사학 위기의 본질적 원인이다.

이에 비해 사극제작자는 논문이 아닌 작품을 제작한다. 사극 소통의 장은 대중문화다. 모든 사극이 성공하는 것은 아니지만, 텔레비전 드라마와 영화로 제작된 사극은 전성시대를 구가한다. 전문가들끼리만 소통하는 논문은 연구의 결과물이다. 이른바 과학적 연구의 성과물이다. 이에 비해 역사가의 연구 성과물을 원료로 사용해 만든 제품인 사극은 작품이면서 동시에 상품으로서 부가가치를 생산한다. 〈대장금〉 같은 사극은 중국과 일본과 같은 인접국을 거쳐 동남아시아, 중동, 중앙아시아로 수출되어 한류의 표상이 되기도 했다.

역사학의 생산력이 실증적 연구라면, 사극의 생산력은 역사적 상상력이다. 역사학 논문의 경우는 소통의 장이 대체로 같은 학계의 전공 분야로 국한되지만, 사극은 대중문화의 총아다. 대중은 사극을 드라마가 아닌 역사로 소비한다. 생산자는 사극을 역사가 아닌 드라마로 제작하지만, 대중은 역사로 소비하면서 드라마적 재미를 향유한다.

이 같은 상황에서 영국 맨체스터 대학의 제롬 드 그루트Jerome de Groot 교수는 유명 역사학자들 가운데 대중문화에서 역사담론의 소통의 관문을 통제하는 '문화적 게이트키퍼gatekeeper'가 등장했다고 말했다. 텔레비전 토크쇼의 진행자이자 영국사뿐 아니라 미술사 프로그램의 해설자로 스타가 된 사이먼 샤머Simon Shama가 대표적이다. "샤머는 '역사를 섹시하게 만들었'으며, 스타일이라든가 직설적인 어법, 가죽 재킷 같은 캐주얼한 옷차림을 통해 텔레비전 역사가들의 고상한 이미지를 한 단계 끌어내렸다. 비록 그의 약간 귀족적인 자태와 억양이 전통적 역사가의 분위기를 유지하기는 했지만 말이다. 샤머는 1980년대의 대중적 역사학자와 포풀리스트 역사가가 생각하지 못한 방식으로 대중문화의 영역에 진입했다."[1]

사머는 역사학과 역사문화를 성공적으로 융합하는 '공공의 역사(public history)'를 통해 역사학 위기를 기회로 삼아 역사 전성시대를 이끈 선구자다. '공공의 역사'로의 변신은 오늘날 대중사회가 역사를 어떻게 소비하느냐에 맞춰서 "역사란 무엇인가"를 재정의해야 할 필요성을 제기했다. 우리 시대 역사는 게임, 광고, 엔터테인먼트에서 하나의 중요한 상품이 됐다. 텔레비전, 영화, 웹 등의 대중매체가 역사를 콘텐츠로 한 문화적 기억을 만들어 내고, 대중은 여기에 참여하면서 열광한다. 이 열광에는 단순히 역사가들이 만들어 놓은 역사지식의 소비자가 아니라 참여자 내지는 프로슈머라는 자각이 한몫했다. "역사는 국민성, 향수, 상품, 깨달음이나 지식의 형태로, 또 개인적인 증언과 체험, 폭로 같은 것으로도 등장해 왔다. 역사란 한편으로는 멀게 느껴지는 담화지만, 다른 한편으로는 다양한 미디어 속에서 개인이 마음대로 나름의 방식으로 변화시키거나 체험할 수 있는 것이다."[2]

역사의 대중화를 통한 민주화와 참정권 확대는 역사를 소통하는 매체가 문자에서 영상으로 바뀌면서 일어난 '가상적 전환(virtual turn)'이 크게 기여했다. 역사의 '가상적 전환'은 사극제작자의 역사학으로부터 해방과 독립을 가져왔다. 정통 사극은 역사학이 생산한 역사를 드라마적으로 재현하는 관계로 성립했다. 여기서 역사학과 사극의 관계 맺음 방식은 역사학의 과거와 역사 사이의 관계처럼 후자가 전자를 모방하는 '유사성'을

---

1   제롬 드 그루트, 이윤정 옮김,《역사를 소비하다 : 역사와 대중문화》, 한울아카데미, 2014, 45쪽.
2   제롬 드 그루트, 앞의 책, 18쪽

코드로 했다. 이에 반해 역사의 '가상적 전환'은 사극을 하나의 '시뮬라크르 역사'로 생산하고 소비하는 역사문화를 낳았다.

시뮬라크르simulacre란 가짜 복사물을 일컫는, 원래 플라톤에 의해 정의된 개념이다. 플라톤은 사람이 살고 있는 이 세계는 원형인 이데아, 복제물인 현실, 그리고 복제의 복제물인 시뮬라크르로 이뤄져 있다고 보았다. 그가 '동굴의 비유'로 말했듯이, 우리가 살고 있는 현실은 실재가 아닌 그것의 그림자로서 복제물이고, 시뮬라크르는 이것을 다시 복제한 것이라고 했다. 역사가 과거라는 이데아를 복사한 것이라면, 그 역사를 다시 복사하는 사극은 시뮬라크르다. 복제의 복제로서 시뮬라크르는 가짜 복사물로서 부정적인 의미를 내포했다.

시뮬라크르의 부정성을 지양하는 새로운 의미를 부여한 철학자가 질 들뢰즈Gilles Deleuze다.[3] 과거를 완벽하게 복제하는 역사를 쓸 수 없듯이, 완전한 복제란 불가능하다. 사진조차도 모델의 진짜 모습을 담을 수 없고, 사진사의 해석이 개입한다. 그래서 모든 사진은 가짜다. 플라톤은 시뮬라크르란 한 순간도 자기 동일성을 가질 수 없는 존재, 곧 지금 여기에 실재實在하지 않는 것이라 해서 전혀 가치가 없다고 보았다. 하지만 남아 있는 것은 사진뿐이지 않은가? 사진은 역사처럼 실재가 사라진 후에도 그것이 존재했음을 증명하고 기억하게 만든다. 이 지점에서 들뢰즈는 시뮬라크르란 단순한 복제의 복제물이 아니라, 모델이나 모델을 복제한 복제물과는 다른 독립성을 가진, 그 자체로 의미를 가지는 어떤 것으로 재해석했다. 시뮬라크르란 단순한 복제가 아니라 예술작품이라는 것이다.

---

3   질 들뢰즈, 이정우 옮김, 《의미의 논리》, 한길사, 2000.

요컨대 들뢰즈는 시뮬라크르를 모델과의 닮음을 추구하는 것이 아니라, 모델을 뛰어넘어 새로운 자기 공간을 창조해 가는 역동성과 자기정체성을 가질 수 있는 가상 실재로 봄으로써 객관적 진리를 부정하는 탈근대 철학의 중요 개념으로 부각시켰다.

시뮬라크르 개념을 우리 현재적 삶의 현실을 특징짓는 키워드로 발전시킨 사람이 장 보드리야르Jean Baudrillard다.[4] 보드리야르는 발터 벤야민이 말한 "기술복제시대"에서는 예술 작품의 무한 복제가 가능해짐으로써 원본과 복제의 관계가 더 이상 진품과 위조품과 같은 위계 관계로 설정되지 않는 사회가 도래했음을 선언했다. 하나의 코드로 같은 제품을 대량으로 생산해서 수많은 복제 상품을 만들어 내는 자본주의적 생산 양식이 경제뿐 아니라 정치와 문화까지도 일반화된 시대를 우리는 살고 있다. 이 시대에 사람들은 상품이 아니라 허상을 소비하고 이미지를 종교화한다.

시뮬라크르시대의 역사를 대변하는 것이 사극이다. "기술복제시대"에서 역사는 더 이상 과거라는 원본의 '아우라'에 의거해서 이전에 누리던 "역사는 생의 스승"이라는 '예배적 가치(Kultwert)'를 견지할 수 없다. 그 자리를 대신한 것이 시뮬라크르 역사로서 사극이다. 이 같은 사극의 힘을 가장 강력하게 보여 준 것이 2014년에 한국 영화사의 흥행 신기록을 수립한 〈명량〉이다. 디지털 기술을 이용해 실감나는 해상 전투 장면을 재현해 낸 〈명량〉은 우리 시대 대중이 사극 소비를 통해서 무엇을 얻고자 하는지 가장 잘 보여 주는 예다.

---

4   장 보드리야르, 하태환 옮김, 《시뮬라시옹》, 민음사, 2001.

〈명량〉과 '꿈꾸는 역사'로서 사극

　움베르토 에코는 《장미의 이름》의 마지막 문장을 "그 아름답던 장미는 없고, 남은 것은 그 이름뿐"이라고 장식했다. 과거의 위대한 사람은 없고 남은 건 그의 이름뿐이다. 한국인이 과거의 인물 가운데 가장 자주 언급하는 영웅이 이순신 장군이다. 영화 〈명량〉의 누적 관객 수가 놀랍게도 1700만 명이 넘는다는 것은 우리나라 사람 세 명 가운데 한 명 이상이 그의 이름을 불렀다는 것을 뜻한다. 그렇다면 당시 우리 사회에서 어떤 이유로 그토록 많은 사람이 이순신의 이름을 부른 것일까? 많은 비평가와 학자들이 이 물음에 대한 답을 내놓았다. 무엇보다도 위기에 처한 한국사회를 구할 리더십에 대한 열망이 〈명량〉 신드롬을 낳은 일차적 이유라고 했다.

　〈명량〉은 사극 장르에 속하는 영화다. 사극이란 역사의 내용을 드라마로 각색한 서사를 지칭한다. 역사란 스토리뱅크다. 장미처럼 과거는 없고 이름을 전하는 이야기만이 남아 있다. 그래서 우리는 은행에 저축한 돈을 꺼내 쓰듯이 역사라는 스토리뱅크에서 지금 우리에게 필요한 이야기를 소설, 연극, 뮤지컬 또는 영화 등으로 각색해 만들어 낸다. 한 인물에 대한 서사를 그 시대 사람들이 어떻게 각색했는지 분석하면, 그 시대의 문제가 무엇이고 그들의 바람이 무엇이었는지 알 수 있다. 한국사에서 자기 시대의 표상으로 가장 많이 호명된 이름이 이순신이다.

　왜 한국인은 계속해서 이순신을 자기 시대를 비추는 거울로 애용하는 것일까? 이순신이라는 과거의 인물은 한 명이지만, 한국사에서 각 시대 사람들은 자기 시대를 비추는 거울로서 이순신의 이미지를 조금씩 다르게 변용시켜 왔다. 왕조시대에는 충절의 상징, 일제강점기에는 국가의 부재를 민족으로 보상할 목적으로 '민족의 태양'과 '역사의 면류관'으로, 그리고 5·16 군사정변 이후 군부독재시대에는 '성웅 이순신' 담론을 통해 민족주의 정치종교의 아이콘이 됐다. 그런 이순신을 김지하는 '구리 이순신'이라고 풍자했다. 거대담론이 종말을 고하는 탈근대에서 이순신의 탈신성화와 인간화가 이뤄졌다. 그것의 결정판이 김훈의《칼의 노래》다. 그런데 영화〈명량〉은 이순신의 인간으로서의 내면적 고뇌와 더불어 다시 국가와 민족이라는 거대담론을 귀환하는 조짐이 보인다는 점에서 새로운 시대정신을 대변한다.

과연 이순신은 누구인가? 김춘수 시인의 언어를 빌려 말하면, 과거의 이순신은 우리가 그의 이름을 불러 주기 전에는, 그는 다만 하나의 몸짓에 지나지 않았다. 우리가 그의 이름을 불러 주었을 때 그는 우리에게로 와서 꽃이 됐다. 그렇다면 우리에게 정말 중요한 질문은 오늘 우리에게 이순신은 어떤 꽃으로서의 의미를 가지며, 〈명량〉이 영화적 상상력으로 그려 낸 이순신이 지금 우리에게 의미 있는 '꽃'인가 하는 점이다. 흥행 신기록을 세운 〈명량〉에 대한 평가는 대체로 긍정적이다. 이념, 지역 그리고 세대의 차이를 넘어 이순신은 한국인이라면 거의 모든 사람이 인정하고 존경하는 위인이다. 더구나 과거의 잘못을 반성하지 않는 일본이 역사의 과오를 다시 범하지 않을까 염려하는 우리에게 이순신이 명량해전에서 거둔 통쾌한 승리를 현장에서 생중계하듯 컴퓨터그래픽으로 재현한 영화는 청량제가 아닐 수 없다.

흥행에 성공한 영화가 과연 좋은 영화인가? 진중권은 〈명량〉 신드롬은 영화의 인기가 아니라 이순신의 인기일 뿐이고, 영화로서 〈명량〉은 졸작이라고 혹평했다. 〈명량〉은 이순신을 갖고 '꽃 장사'를 잘해서 흥행에 성공한 것일 뿐, 작품으로서 영화의 완성도는 떨어진다는 것이다. 하지만 〈명량〉의 인기와 이순신의 인기가 과연 나뉠 수 있는 것인가? 현재 〈명량〉의 인기가 과거 인물인 이순신의 인기를 자산으로 해서 나온 것이라는 말은 옳다. 하지만 이순신을 소재로 한 모든 영화가 〈명량〉처럼 흥행에 성공할 수 있는가?

영화 말미에 이순신과 아들 '회'가 대화하는 장면이 나온다.

아들 : 울돌목의 회오리를 이용할 생각을 어찌했습니까?
장군 : 천행이었다.
아들 : 그 순간에 백성들이 알면 낭패를 보지 않았겠습니까?
장군 : 그 순간에 백성들이 나를 구해 주었다.
아들 : 그럼 백성들이 회오리였습니까?
장군 : 니 생각엔 무엇이 천행이었겠느냐?

이순신 생각에, "천행天幸은 백성이었다." 백성들은 피난을 가는 대신 기울어 침몰하는 장군의 배에 줄을 던져 죽을힘을 다해 끌어당김으로써 그를 구해 냈다. 이순신은 백성을 구하고, 백성은 이순신을 구했다. 이것이 오늘날 우리 국민이 바라는 통치자와의 관계다.

"나의 천행은 백성이었다"라는 말을 패러디해서 김한민 감독의 천행은 이순신 그 자체였다는 평으로 흥행 성공의 이유를 말하는 사람들이 있다. 하지만 이 말은 반쪽 진실일 뿐이다. 이순신이 김한민 감독을 구한 것이 아니라 김한민 감독이 과거의 '몸짓'이던 이순신을 우리 사회를 다시 아름답게 만들 '꽃'으로 불러왔기 때문이다.

그렇다면 〈명량〉을 대박 나게 한 김한민 감독의 진짜 천행은 무엇인가? 이순신 장군의 천행이 백성이었듯이 김한민 감독의 천행은 관객이다. 의미는 영화에 있는 것이 아니라 관객이 만든다. 영화란 꿈의 공장이다. 우리는 실제 현실에서는 이순신 장군을 만날 수 없지만 꿈에서는 볼 수 있다. 관객이 영화에서 본 것은 실제 현실이 아니라 꿈꾸는 현실이다. 역사가는 현실의 역사를 서술하고, 영화감독은 꿈꾸는 역사를 제작한다. 김한민 감독이 〈명량〉으로 만들어 낸 것은 역사라는 형태로 우리의 잠재의식 속에 있는 이순신을 우리의 집단무의식을 반영하는 꿈의 서사로 보여 준 것이었다.

　모든 꿈은 나름대로 의미가 있다. 꿈 없는 현실은 무의미하지만, 현실 없는 꿈은 위험하다. 이처럼 우리 삶이 현실과 꿈의 모순의 변증법으로 전개된다는 사실로부터 〈명량〉 신드롬의 의미와 무의미가 나온다. 꿈을 현실로 만드는 에너지로 전화시키기 위해서는 먼저 둘 사이의 차이에 대한 인식이 전제되어야 한다. 〈명량〉이 보여 준 이순신은 과거의 실제 그가 아니라 오늘날 우리가 꿈꾸는 이순신이다. 따라서 〈명량〉 신드롬의 사회적 의미에 대한 분석은 꿈의 해석처럼 접근해야 한다. 꿈이란 현실의 콘텍스트라는 모태로부터 생성된 텍스트다. 따라서 〈명량〉 신드롬의 의미와 무의미를 가르는 준거는 영화라는 텍스트의 작품성보다는 지금 대한민국이 처한 시대상황, 곧 콘텍스트와의 연관성이다.

　2014년 당시 대한민국이 12척의 배로 330척의 적선과 마주해 있는 것처럼 위태롭다고 대중이 느꼈기 때문에 〈명량〉 신드롬이 일어났다. 그런데 문제는 당시의 전쟁에서 적은 외부가 아니라 내부에, 그리고 사회 전반에 잠복해 있었다는 사실이다. 그 적들이 각종 사건 사고를 통해 연일

뉴스에 등장했다. 진도와 육지 사이의 바다가 1597년에 명량해전이 일어난 울돌목이라고 한다. 울돌목에서 417년 후에 세월호 참사가 일어난 것은 단순히 한 대형 여객선이 침몰해 많은 학생들이 희생된 교통사고가 아니라, 지난 반세기 동안 앞만 보고 달린 대한민국호號가 난파당한 것이다. 그렇다면 세월호를 침몰시킨 적은 누구인가?

세월호 참사가 일어났을 때, 전 국민은 참사가 일어나기 이전과 이후로 시대구분을 해야 한다고 말할 만큼 엄중한 사태로 인식했다. 하지만 세월호 특별법 제정을 둘러싸고 정치권이 공방을 벌이는 것을 보면서 대한민국호號의 항해를 책임지고 있는 정치 지도자들이 얼마나 반성했으며, 이후 대한민국이 얼마나 변했는지 회의하지 않을 수 없었다. 이 답답한 현실에서 국가 개조의 칼을 들고 나라를 구할 위인에 대한 갈증이 이순신 숭배로 나타났다.

하지만 과연 〈명량〉의 이순신이 현재 대한민국의 위기를 구할 영웅인가? 〈명량〉이 만든 이순신이라는 '꽃'은 과거 이순신의 '몸짓'에 의미를 부여한 것이 아니라, 그 이전의 역사가 만든 '꽃'을 지금 우리의 사회적 콘텍스트와 연관해서 리메이크한 '꽃'이다. 역사를 새로 쓰거나 사극을 리메이크한다는 것은 이순신에 대한 새로운 기억을 만들어 내는 것을 의미한다. 역사적 기억은 과거 사실들의 합집합이 아니라 그것들에 대한 현재 우리의 바람과 욕망 그리고 믿음을 재현하는 이야기들의 합집합으로 구성된다. 〈명량〉은 지금 우리의 이순신에 대한 하나의 역사적 기억을 만들어 냈고, 그것이 많은 대중에게 공감과 감동을 주었기에 흥행에 성공할 수 있었다. 많은 사람이 조선시대 이순신과 같은 영웅이 우리 시대에 초인처럼 나타나길 꿈꾼다. 하지만 꿈은 꿈일 뿐이다. 꿈꾸는 동안 꿈은 생생한 현실처럼 보이지만, 깨어나서 보면 그건 허상일 뿐이다. 허상이기 때문에 무의미한 것은 아니다. 문제는 그 꿈을 우리 현실을 성찰하는 거울로 어떻게 사용하느냐다. 요컨대 중요한 것은 꿈이 아니라 꿈을 현실로 만들기 위한 우리의 행동과 노력이다.

이 영화의 화두는 두려움을 어떻게 하면 용기로 바꿀 수 있는가다. 〈명량〉에서 이순신은 그것을 성취할 수 있었기에 전투에서 승리할 수 있었다. 죽느냐, 사느냐 하는 위기는 모든 인간에게 두렵다. 특히 승자냐 패자냐로 생사의 갈림길이 결정되는 전쟁이라는 최악의 위기 상황에서 인간의 두려움은 최고조에 달한다. 〈명량〉은 두려움을 화두로 삼고 이순신의 전쟁을 이야기했다. 우리는 임진왜란을 이순신의 전쟁으로 기억한다. 그렇게 기억하면 임진왜란은 우리가 이긴 전쟁이다. 전근대에 전쟁은 왕조의 존망이 걸린 문제고, 그래서 일반적으로 왕이 전쟁의 주체로 여겨진다. 임진왜란 당시 조선의 왕은 선조다. 하지만 선조는 한양을 버리고 도망친 이후 더 이상 전쟁의 주체가 되지 못했다. 백성을 버린 왕은 더 이상 왕이 아니다. 영화에서 말하듯이 "백성이 있어야 나라가 있고 나라가 있어야 임금이 있을 수 있다." 따라서 백성을 버린 왕은 나라를 버린 것이므로 더 이상 왕권의 정통성을 가질 수 없다. 임진왜란에서 조선의 운명을 짊어진 백성의 어버이는 이순신이었고, 그래서 선조는 마음속으로는 그를 적으로 간주했다.

이중의 적에 포위된 이순신은 두렵지 않을 수 없다. 하지만 이래저래 죽을 수밖에 없는 그에게 삶과 죽음은 하나다. 이렇게 생사일여生死一如 깨달음을 표현한 말이 "살고자 하면 죽을 것이요, 죽고자 하면 살 것이다"라는 임전무퇴의 군인정신이다. 생사일여를 깨달은 사람은 죽음을 초월했기 때문에 더 이상 두려움이 없다.

하지만 부하들이 문제다. 이순신은 이 문제에 집중한다. "독버섯처럼 번진 두려움이 문제다. 두려움을 용기로 바꿀 수 있다면 그 용기는 백배, 천배로 나타날 것이다." 이 말은 《난중일기》, 《이충무공전서》에는 없는, 김한민 감독이 창작한 말이다. 12척 대 330척이라는 조선군의 절대적 열세로부터 나오는 두려움을 용기로 바꿀 수 있는 반전의 기회를 이순신은 울돌목의 회오리에서 보았다. 그래서 결전 하루 전 이순신은 부하들 앞에서 전략과 전술을 말했다. "죽고자 하면 살고 살고자 하면 죽는다. 한 사람이 길목을 지키면, 1000명을 두렵게 할 수 있다(必死則生 必生則死 一夫當逕 足懼千夫)."

절체절명의 국가적 위기에 직면해서 두려움 극복을 일차적 과제로 삼은 유명한 정치가가 프랭클린 루스벨트다. 1929년에 발생한 대공황은 미국 역사상 가장 심각한 위기 중 하나였다. 루스벨트는 1932년 대통령 취임사에서 국가를 재건할 새로운 정책으로 뉴딜을 실천에 옮기겠다는 공언과 함께, 대공황과의 싸움에서 "우리가 두려워해야 할 것은 우리 마음속에 있는 두려움 그 자체뿐"이므로, "두려움 그 자체가 우리의 가장 큰 적"이라고 말했다.

두려움 그 자체로부터 어떻게 해방할 것인가? '세월호 사태'로 한국사회가 위기에 빠졌을 때, 국민은 과연 우리 사회가 위험사회로부터 벗어날 능력이 있는지 회의하며 두려움을 가졌다. 〈명량〉은 회오리물결에 빠진 대한민국호號를 구할 진정한 영웅은 누구인지에 대한 해답을 제시했다. 〈명량〉에서 침몰하는 이순신의 배를 죽을힘을 다해 줄을 당겨 구해 낸 것은 백성들이었다. 과거 이순신에게 백성이 천행이었듯이, 현재의 적들에 대항해서 대한민국호를 구할 이순신은 결국 일반 국민임을 깨닫게 하는 장면이다.

이 같은 현재의 문제에 대한 답을 과거에서 구하기 위해 사극의 시뮬라크르 역사는 현실의 역사가 아닌 꿈꾸는 역사를 추구한다. 현재와 과거의 소통을 통해 역사가 다시 서술되듯이, 살아 있는 동안 우리가 꿈꾸기를 계속하는 한 사극도 계속해서 리메이크될 것이다. 한 시대 사람들의 꿈은 그 시대를 사는 사람들의 무의식을 반영한다. 우리 시대 사람들이 주몽, 광개토대왕, 선덕여왕, 연개소문, 근초고왕, 계백, 정도전, 광해군, 정조, 사도세자, 이순신, 유성룡 등과 꿈의 대화를 하고자 하는 욕구와 열망을 반영해서 새로운 사극은 만들어진다.

지금까지 역사가들은 머리로만 과거 사람들과의 소통을 추구했다. 그 연구의 결과물을 기술한 책이나 논문은 과거에 대한 지식은 주지만 그 시대를 느끼게 하지는 못한다. 오히려 역사소설과 사극을 통해 대중은 과거를 느끼고 그 시대를 살던 사람들을 공감하면서 그들과 인간적인 소통을 한다. 종래의 역사학이 현재와 과거의 이성적인 소통만을 강조하는 역사 IQ 능력을 키우는 데만 치중했다면, 이제는 과거의 그들과 인간적 소통을 하는 역사 EQ 능력도 증진시키는 사극과 같은 '공공의 역사'에도 관심을 가져야 한다.

픽션 사극 – 사극의 종말인가, 진화인가?

인간은 현실과 꿈이라는 두 세계에 살고 있다. 지구상에서 인간만이 문명을 건설한 유일한 생명체가 된 이유 가운데 하나가 현실세계를 넘어서 꿈꾸는 세계에 대한 상상력을 펼칠 수 있는 상징적 언어의 소통능력을 가졌다는 점이다. 결국 역사학과 사극은 인간의 두 세계와 연관돼 있다. 요컨대 현실과 꿈이라는 두 세계에 살고 있는 인간은 과거 현실을 재현하는 역사와 더불어 '꿈꾸는 역사'로서 사극을 만들어 낼 필요가 있었다.

현실을 비추는 거울로서 역사학은 꿈꾸는 인간의 욕망을 충족시키기에는 부족하다. 이 결핍이 '꿈꾸는 역사'로서 사극 장르를 만들어 낸 요인이다. 그리고 계속해서 삶의 또 다른 대안적 거울을 추구하는 인간의 열망이 픽션 사극에 이르기까지 사극의 변형을 이끌었다. 따라서 계속 이어지는 사극 신드롬은 우리 시대 역사가들이 대중과 소통하는 역사를 생산하지 못하기 때문에, 이 같은 결핍을 '꿈꾸는 역사'를 통해 보상받고자 하는 대중의 욕망이 유발한 증후군이다.

그런데 문제는 증후군이 날마다 새로운 지식과 문제로부터 발생하는 삶의 병리학에서 기인한다는 점이다. 디지털시대에서 아날로그시대를 살았던 아버지 세대는 권위를 상실하고 뒷방으로 물러나 있다. 그들뿐 아니라 지식과 정보의 증가 속도가 마침내 특이점을 넘어서는 단계로 접어드는 문명사적 전환기에서 삶의 나침반 상실은 모든 사람의 문제가 되고 있다. 소설가 김영하는 "이전 세대의 경험과 규칙이 시시각각 무화無化되는 세계에서 혼자 살아남아야 한다는 점에서 우리는 모두 고아"라고 말했다. 아버지 없는 세대, 아니 오히려 아버지가 아들에게 배워야 하는 시대에 역사란 도대체 무슨 의미가 있는가?

픽션 사극은 이 같은 역사의 종말시대에서 고아들이 만들어 낸 역사이야기다. 고아들은 역사라는 과거 인물들의 도서관에 가서 그들과의 대화를 통해 우리 시대가 갈망하는 새로운 캐릭터를 만들어 내고자 한다. 이렇게 해서 만들어진 가상 역사인물이 〈해를 품은 달〉의 이훤과 같은 왕이다. 그는 세종, 중종, 숙종의 퓨전fusion이며 컨버전스convergence로 만들어진, 우리 시대 대중이 꿈꾸는 지도자의 '아바타'다. 이 같은 인간의 열망이 사라지지 않는 한, 사극의 진화는 계속될 것이다. 그리고 이 같은 자식의 탈선에 대한 역사가들의 꾸지람과 염려 또한 끊이지 않을 것이다. 결국 이런 부친 살해로 인간의 문명은 발전한다. 따라서 역사에 대한 외경을 갖고 진실을 추구하는 역사가들과 역사를 맘대로 갖고 놀며 즐기는 픽션 사극제작자들이 함께 공존하면서 '초자아 역사'와 '이드 역사'가 균형을 이룰 때, 우리 사회의 '역사적 자아'는 건강할 수 있다.

2

역사극,

무대로 나온 역사

역사극의 발생론적 기원

연극은 연극이고, 역사는 역사다. 그렇다면 역사극이란 무엇인가? 무대
로 나온 역사가 역사극이다. 역사가 무대에 나오면 그것은 역사가 아니라
연극이다. 문자로 쓰여서 책으로 인쇄되는 역사는 영속하지만, 무대에서
배우의 연기로 공연되는 역사극은 시간 속에서 사라지고 희곡만이 남는
다. 장르를 결정하는 것은 내용보다는 형식이다. 역사를 소설 형식으로
구현하는 역사소설이 문학 장르로 분류되는 것처럼, 역사를 배우의 연기
로 재연하는 역사극은 연극의 범주에 속한다.

　인류 최초의 연극은 석기시대의 동굴 벽화에서 발견된다. 시대에 따라
비중이 변하지만 연극은 제의, 모방, 유희라는 세 가지 인간 행위의 복합
체가 창조한 예술이다. 제의기원설, 모방본능설, 유희본능설의 세 학설

은 상호 배타적이 아니라 상호 보완적이다.

연극의 지리적 기원을 연구하는 민속학자들은 연극은 세계의 거의 모든 문화에서 발견되는 사회적 의사소통의 한 형태라고 말한다. 연극은 초월적 존재와의 소통을 추구하는 제의보다 더 근본적이고 보편적인 인간 언어다. "연극은 인간이 인식한 세계를 모방하고 소통하고 변화시키려는 뿌리 깊은 본능의 산물이다."[5] 인간이 현실과 상상의 두 세계를 사는 존재라는 점이 인간을 연극하는 동물로 만들었다. 연극을 통해 인간은 "현실을 절대적인 것으로 받아들이지 않고 유희 속에서 '마술적으로' 개조하려는, 그리고 유희를 통해 현실을 변형하려는 인간의 충동을 드러낸다."[6]

역사극도 연극과 같은 맥락에서 발생했다. 제의, 모방, 유희라는 기능 가운데 역사극 탄생의 제일 원인은 역사를 연극으로 재현한다는 특징 때문에 과거의 모방이다. 인간은 과거를 왜 모방하고자 할까? 과거는 사라진 실재이기 때문이다. 모든 과거의 사건은 일회적이다. 역사란 일회적인 과거를 재현해 낼 목적으로 만든 서사다. 과거는 역사로 이야기될 때야 비로소 망각의 강을 건너 인간 세상에 다시 나올 수 있다. 역사는 실제 일어난 과거의 사실을 증언한다는 점에서 다른 서사와 구별된다. 문학과 연극이 허구서사라면, 역사는 사실서사다. 그렇다면 역사극은 둘 가운데 무엇인가? 역사극이 사실서사와 허구서사의 접합으로 이뤄졌다는 점이 역사극 개념과 범주의 애매함과 복잡함을 야기한다.

현재와 과거의 대화로서 역사의 소통을 연극으로 하는 것이 역사극이

---

5   안드레아 그로네마이어, 권세훈 옮김,《연극 : 한 눈으로 보는 흥미로운 연극이야기》, 예경, 2005, 8쪽.
6   안드레아 그로네마이어, 앞의 책, 같은 곳.

다. 역사극이 언제 어디서 어떻게 만들어졌는지에 대한 정확한 기원을 추적하는 일은 거의 불가능하다. 역사극은 태어난 시간이 애매할 뿐 아니라 태어난 장소 또한 복잡하다. 고대 그리스, 르네상스 시기 영국은 물론 근대 한국에서 역사극이 태어난 역사적 배경과 조건은 상이하다.[7]

다양한 역사극의 개체적 발생을 어느 하나의 탄생 신화로 환원하지 않고 역사적 격변을 통해 단층처럼 어그러져 있는 역사적 의미의 층위를 치밀하게 읽어 내기 위해서 푸코가 제시한 방법론이 계보학이다. 계보학은 처음부터 정해진 형태가 모든 시간의 흐름을 관통해서 작동한다고 생각하는 '기원의 망상'을 해체한다. 진화론적인 설명 방식을 거부하는 계보학은 우연적 요인들로 취급된 미세한 일탈들이 만들어 내는 불연속적인 출발점들에 주목한다. 계보학적 탐구는 토대를 발견하는 것이 아니라, 이전에는 부동의 구조로 자리 잡고 있던 것을 해체하며, 동질적인 것으로 생각하던 것의 이질성을 드러내며, 통일적인 것으로 여기던 것을 조각낸다.[8]

각 민족과 국가의 역사극이 나름대로의 역사성을 갖고 탄생했다면, 역사극의 역사는 하나의 '기원' 대신에 여러 '출발점'을 확인하는 계보학적

---

7 유치진은 〈역사극과 풍자극〉(《조선일보》, 1935. 8. 27)에서 한국 역사극의 기원에 대한 의미심장한 견해를 제시했다. 그는 우리에게는 두 가지 형식의 역사극이 있는데, 하나는 외국 역사극 형식에 따라 쓰는 것이고, 다른 하나는 이전부터 내려온 조선 창극의 형식을 답습하는 것이라고 했다. 그는 〈춘향전〉을 전자의 역사극 개념에 의거해서 각색했지만, 전통적인 역사극 형식도 우리가 앞으로 연구하면 세계 연극사에 비추어 유의미한 존재가 될 것이라고 전망했다. 이 같은 유치진의 전망은 한국 역사극의 역사화를 위한 지침이 될 수 있다. 근대가 세계사적 보편성에 의해 한국사적 개체성이 포섭당한 시대였다면, 탈근대에서는 "가장 한국적인 것이 가장 세계적인 것"이라는 담론이 나왔다. 한국 역사극의 역사는 전자에서 후자로의 이행을 고찰하는 것이 주요과제가 된다.

8 M. Foucault, "Nietzsche, die Genealogie, die Historie", *Von der Subversion des Wissens*, Frankfurt/M., 1987, S.69~90.

작업을 통해 해명돼야 하다. 한국 근대 역사극의 역사도 계보학으로 접근해야 한다. 하지만 접근을 시작하는 기점에 있어야 하는 것이 막스 베버가 말하는 '이상형(ideal type)'으로서의 역사극의 개념과 범주다. 여기서의 이상형이란 다양성과 복잡성을 환원하기 위해서가 아니라 그것들을 드러내기 위한 발견적 학습(heuristic) 도구를 의미한다. 예컨대 실제 현실에서는 무한한 형태로 존재하는 원들을 정의할 목적으로 설정하는 "한 점에서 같은 거리에 있는 점들의 집합"과 같은 관념적 구성물이다.

그렇다면 역사극의 경우 다양성과 복잡성을 배제하지 않고 오히려 그것들을 발굴해 낼 수 있는 도구로서 이상형을 어떻게 구성할 수 있는가? 일단 역사를 연극적으로 보여 주고자 하는 인간의 보편적 욕망과 의지가 있다는 점이 구성을 시도할 수 있는 근거가 된다. 과거 없는 사람이나 공동체는 없다. 어느 특정 과거를 연극으로 재현하고자 하는 욕망과 의지로 역사극은 탄생했다. 이 같은 전제를 인정하면 여러 출발점을 포괄하는 발생론적 기원을 탐구할 수 있다.

헤켈Ernst Heinrich Haeckel은 "개체 발생은 계통 발생의 단축된 급속한 반복이다"라는 테제를 제시했다. 이 같은 발생반복설에 입각해서 문화인류학자들은 현재도 존재하는 원시사회에 대한 연구를 통해 선사시대 인간의 삶을 추론한다. 마찬가지로 헤켈의 발생반복설에 입각해서 역사극의 발생론적 기원을 추적해 보는 시도를 할 수 있다. 미국의 인류학적 역사가 로버트 단턴이 발굴한 역사 《고양이 대학살》에는 역사극의 발생론적 기원을 짐작하게 해 주는 단서가 있다.[9] 단턴이 이야기하는 1730년대

---

9 일각에서는 헤켈의 발생반복설에 입각해 역사극의 발생론적 기원을 '고양이 대학살'의 예로 제시하는 것은 자의적이며 추론 자체가 합성의 오류일 수 있다는 견해를 제시했다. 이에 대해 전자의 자의적이라

프랑스 자크벵상의 인쇄소에서 일어난 고양이 대학살이라는 엽기적 사건의 전말은 다음과 같다.[10]

18세기의 프랑스 인쇄공들의 생활은 무척 고생스러웠다. 그들은 새벽부터 밤늦게까지 혹사당했다. 고된 노동 이외에도 그들은 주인과 주인마님으로부터 참기 어려운 모욕과 굴욕을 견디며 살아야 했다. 이에 반해 주인마님이 애지중지했던 고양이는 큰 호강을 누렸다. 당시의 인쇄공들은 '부르주아'였던 주인에게서 고양이들보다도 훨씬 못한 대우를 받았다. 그래서 인쇄공들은 주인과 고양이로부터 이중의 모욕을 당하고 있다는 수모와 불만을 느꼈다.

이런 상황 속에서 인쇄공이었던 제롬과 레베이예는 그들의 분노를 고양이에 대한 복수로 풀 수 있는 음모를 꾸몄다. 흉내를 내는 데 탁월한 재주를 가졌던 레베이예는 지붕 위에서 주인의 침실 근처까지 기어가 오싹할 정도로 고양이 울음을 반복함으로써 주인 부부의 수면을 방해했다. 며칠 밤에 걸쳐 그런 일이 계속되자 마침내 주인마님은 인쇄공들에게 고양이들을 없애라는 명령을 내렸다. 그런 명령을 내리면서 주인마님은 그녀가 애지중지했던 그리스라는 고양이를 절대 놀래게 해서는 안 된다는 주의를 내렸다.

드디어 복수할 기회를 잡은 인쇄공들은 대대적인 고양이 소탕 작전을 벌여서 그리스까지 포함해서 눈에 띄는 거의 모든 고양이들을 잔인하게 죽였

는 지적은 인정하지만, 후자의 추론 자체가 불가능하다는 평가에는 동의할 수 없다. 내가 '고양이 대학살'을 분석 대상으로 삼은 이유는 모방, 제의, 유희라는 연극의 세 가지 기원과 연관해서 역사극의 원형을 추론해 보기 위함이지, 그런 식으로 역사극의 기원을 환원하려는 의도는 결코 아니다.
10 로버트 단턴, 조한욱 옮김, 《고양이 대학살 : 프랑스 문화사 속의 다른 이야기들》, 문학과지성사, 1996.

다. 이런 고양이 대학살은 그들에게는 너무나 신나는 일이었다. 그래서 그들은 이 사건이 일어났던 후에도 그 환희를 되살릴 목적으로 그것을 기념하는 축제를 만들었고, 이 축제에서 그들 속어로 '복사(copie)'라고 불리는 광대극을 상연했다.

여기서 'copie'가 바로 역사극의 원형이라고 말할 수 있다. 인쇄공들이 광대극을 통해 과거 사건을 복사하고자 한 이유는 무엇일까? 인쇄공들은 '고양이 대학살'이라는 일종의 역사극을 통해 연극의 세 가지 기원과 연관된 다음과 같은 세 가지 욕구를 채울 수 있었다.

첫째, 역사극은 즐겁고 통쾌한 과거 사건을 망각하지 않고 기념하는 의식의 기능을 수행했다. 사진기나 비디오카메라가 없던 시대에 역사극은 기억을 만들어 내는 장치다. 일회적인 과거는 연극을 통해 현재로 재현될 수 있었다. 언어능력이 없던 원시시대 사냥꾼이던 인간들이 연극적 행위를 통해 과거의 성공 사례를 모방하고 자신의 희망사항을 투사했듯이, 자신들의 집단 경험과 미래에 대한 기대를 반영하는 역사로 쓸 수 없던 문명시대 하층민들은 역사극으로 역사의 결핍을 보상했다. 요컨대 승자가 역사를 썼다면, 자신의 역사를 기록으로 남길 수 없던 패자는 역사극을 만들었다.

둘째, 사라진 과거 사건인 고양이 대학살을 연극으로 되살리는 축제는 인쇄공들에게 일상적 노동의 고통을 해소하고 유희적 기쁨을 주는 청량제가 됐다. 역사극은 바흐친Mikhail Bakhtin이 말하는 민중의 카니발적 폭력을 표출하고 라블레식 웃음을 발산하는 해방구를 만들어 주었다. 역사가 사라진 과거를 문자 기록으로 모사한다면, 역사극은 그것을 배우의 행위로 재연(enactment)한다. 역사가 역사가의 재사고를 통해 과거를 문자로 기록하는 이론이라면, 역사극은 연출자의 상상력을 통해 과거가 배우들의 행위로 재연되는 실천이다. 이런 맥락에서 역사와 역사극은 이야기(story)와 담론(discourse), 파불라fabula와 수제sjuzhet의 관계를 형성한다. 역사극은 역사이야기의 주제와 변주를 통해 새로운 담론을 구성한다. 기억하고 싶은 과거의 인물들을 연극이라는 주술로 불러내 현재적 삶의 에너지를 공급받고자 하는 욕망으로 만들어지는 것이 역사극이다. 따라서 'copie'라는 역사극은 고양이 대학살이라는 과거 사건으로부터 만들어지고 축적된, 신역사주의 용어로 '사회적 에너지'를 유통하고 재생산하는 일종의 텍스트였다.

셋째, 인쇄공들은 고양이 대학살이라는 과거를 연극으로 재현하는 행위를 통해 그것을 역사로 기억하는 것을 넘어서 현실의 모순을 극복하려는 실천으로 나가기 위한 일종의 준비운동을 했다. 여기서 고양이는 노동자인 인쇄공과 '부르주아'인 주인 사이의 문화적 차이를 상징적으로 보여 주는 기호다. 고양이를 해석하는 문화적 코드의 차이는 근본적으로 계급모순에서 비롯했다. 울분에 쌓인 노동자들은 고양이를 희생양으로 삼아 '부르주아'에게 반격할 기회를 잡았다. 동물을 학대한다는 것은 '부르주아' 문화의 관점에서 보면 용인될 수 없는 야만이다. 그러나 애완동물을 기르고, 자신들이 부리는 일꾼들보다도 더 좋은 대우를 하는 '부르주아' 문화는 노동자들에게는 낯설고, 또한 참을 수 없는 모순이다. 이러한 두 문화 사이의 갈등이 고양이 대학살을 낳았다.

산업화가 일어나기 이전에 노동자 계급은 없었다. 고양이 대학살을 벌인 노동자들은 산업혁명 당시 기계 파괴 운동을 벌인 노동자들처럼 사회적 모순이 생산관계 내의 구조적 위치로부터 발생한다는 계급의식을 각성하지 못한 사람들이다. 이들은 에드워드 톰슨E. P. Thompson의 말대로 '계급 없는 계급투쟁'을 벌인 역사 속에서 이름 없이 사라진 사람들이다." 하지만 그들을 역사의 패배자라고 말하는 것은 후대에 태어난 사람들의 오만이다. 그들은 나름대로 주어진 삶의 조건 속에서 최선을 다해 계급투쟁을 벌였으며, 역사는 그들의 희생을 토대로 앞으로 나아갈 수 있었다. 그들이 처해 있던 삶의 조건과 그들의 계급투쟁 전략을 총체적으로 보여 주는 것이 역사극으로서 '고양이 대학살'이다.

18세기 산업화 이전의 수공업적 생산 시대는 결코 목가적이지 않았으며, 인쇄공과 장인 간의 관계는 온정주의로 맺어져 있지 않았다. 당시 노동자들이 '부르주아'에 대항해서 직접적으로 집단행동을 할 수 있는 자유의 공간은 매우 제한돼 있었다. 이 같은 현실의 질곡에서 그들이 선택할 수 있던 전략은 상징을 매개로 한 우회적 저항이었다. 그들은 고양이 울음소리를 흉내 내어 '부르주아'를 괴롭힘으로써 자신들에게 고양이 학살을 위임하도록 부추겼다. 그들은 '부르주아' 대신 고양이를 재판에 회부해 유죄 판결을 내리고 처형을 감행했다. 이 같은 '전도된 세계'가 역사극의 모티브가 됐다.

노동자들은 '부르주아'에 대한 통쾌한 복수를 잊지 않고 반복할 목적으로 고양이 학살을 민중극으로 재연하고, 그럼으로써 일종의 '한풀이'를 했다. 지배 계급에 대항해서 물리적 실력 행사를 할 수 없을 때, 고양이 대학살과 같은 역사극은 노동자의 한을 예술적으로 승화시킴으로써

11 김기봉, 〈역사서술의 문화사적 전환과 신문화사〉, 안병직 외, 《오늘의 역사학》, 한겨레신문사, 1998, 137~146쪽.

해소하는 것을 넘어서 저항의 잠재에너지를 보존하거나 확대재생산하는 기능을 담당했다. 역사에서 이 같은 잠재에너지가 운동에너지로 전화될 때 일어나는 것이 혁명과 폭동이다. 실제로 고양이 대학살이 있은 지 반세기 후 프랑스혁명이 일어났고, 여기서 노동자들은 고양이 대신에 적대적인 인간들을 무차별로 죽이는 9월 학살을 자행했다.

역사극은 역사를 기억하는 것을 넘어서 새 역사를 만들고자 하는 인간의 욕구로부터 발생했다. 원시시대 인간들은 이 같은 욕구를 사냥을 떠나기 전 성공을 기원하는 마술적인 의식으로 과거 성공의 순간을 연극적인 행위로 재연하는 것으로 표출했다. 역사극은 과거의 경험과 미래의 기대가 어우러져서 각색된 '꿈꾸는 역사'라고 말할 수 있다. 현실의 부재와 결핍을 보상하고 미래의 전조를 예시하는 꿈처럼 역사극은 현실의 모순을 지양하는, 때가 되면 실현될 '현실의 역사'의 예고편을 보고자 하는 인간의 열망으로부터 생겨났다. '꿈꾸는 역사'는 어느 시대에나 있었다. 단지 매체의 형식에 따라 장르의 변형이 일어날 뿐이다. '꿈꾸는 역사'를 연극으로 상연하면 역사극, 소설로 쓰면 역사소설, 그리고 영상으로 구현하면 사극이 된다.

역사극의 개념

투키디데스는 《펠로폰네소스 전쟁사》를 쓰는 목적을 다음과 같이 밝혔다. "인간성으로 말미암아 반복되거나 유사할 것이 틀림없는 미래에 대한 해석을 위하여, 과거에 대한 정확한 지식을 얻고자 하는 연구자들에게 본인의 《역사》가 유용할 것이라 판단된다면 그것으로 만족할 것이다. 《역사》는 한순간의 박수갈채를 얻기 위해서가 아니라 영원한 유산으로 쓰였다."[12] 펠로폰네소스전쟁은 단 한 번 일어난 과거 사건이다. 그러한 과거 사건에 대한 정확한 모사가 미래에 일어날 일을 해석하는 데 유용한 이유는 무엇인가?

"일은 같지 않지만 이치는 동일하다(事不同而理同)"라는 것이 동서양을 막론하고 역사의 유용성을 주장하는 근거가 된다. 이치의 동일성을 투키디데스는 보편적인 인간성에 근거했다. 그런데 문제는 펠로폰네소스전쟁과 같은 역사에 대한 지식을 갖는 것을 유용하게 만드는 보편적인 인간성이란 무엇인가다. 아리스토텔레스는 역사보다는 시가 보편적 인간성에 대해 더 잘 말해 주며, 보편적 진실과 의미는 사실과 허구의 이분법으로 판단될 사항이 아니라고 했다.

역사와 역사극은 동일하게 과거를 모방의 대상으로 삼지만, 모방하는 과거의 대상과 목적이 서로 다르다. 랑케가 역사가의 임무는 "그것이 본래 어떠했는지를 있던 그대로 보여 주는 것"이라고 말한 것처럼, 역사는 과거의 사실이나 사건을 재현의 일차 대상으로 삼는다. 이에 비해 역사극은, 아리스토텔레스가 연극을 "행위자(agent)가 이야기 줄거리(story)를 행동으로 표현해 모방을 성취"하는 것이라고 정의했듯이,[13] 과거 인물들의 행동을 모방 대상으로 삼는다. 역사가는 일회적인 과거 사실과 사건을 복원할 목적으로 모방을 하지만, 연극은 과거 인간들의 행동을 구성하기 위해 모방을 한다. 여기서 중요한 차이가 역사가는 과거의 모방을 위해 서사를 구성하지만, 연극연출자는 서사의 구성을 위해 모방을 한다는 점이

---

12 오흥식, 〈그리스인의 역사서술〉, 김진경 외, 《서양고대사 강의》, 한울아카데미, 1996, 198쪽 재인용.
13 김진경 외, 앞의 책, 24쪽.

다. 역사와 역사극은 모방과 구성의 목적과 수단이 서로 전도되어 있다.

아리스토텔레스는 보편적 인간성의 탐구는 과거 사건 자체를 복원하는 것이 아니라 사건을 일어나게 만든 인간 행동을 모방하는 것으로 이뤄질 수 있다고 생각했다. 그는 인간 행동을 일으키는 것은 성격과 사고이며, 이 두 요인이 원인이 되어 인간 생활의 성공과 실패의 결과가 나타난다고 보았다. 성격이 운명을 만들며, 그래서 오이디푸스 왕은 성격비극이면서 동시에 운명비극이다.

"인간은 그 성격에 따라 특질이 결정되고, 그 행동에 따라 행복 여부가 결정된다"[14]라는 아리스토텔레스의 말과 "마음에서 생각이 나오고, 생각에서 말이 나오고, 말에서 습관이 나오고, 습관이 성격이 되고, 성격이 운명을 이룬다"라는 법정 스님의 말 모두는 보편적 인간성을 공식화한 표현이다. 습관이 행동의 문법이고 성격이 사고의 문법이라는 전제로 연극은 인간 행동의 연관성을 구성하는 서사로 인생의 행복과 불행에 대한 보편적 진실을 이야기한다. 정리하면 연극이란 행동들의 조합을 통해 사건들을 배열하는 방식으로의 플롯 구성을 통해 보편적 인간성을 보여 주고자 하는 서사다.

실제 일어난 과거 인물들의 행동을 모방하는 역사극은 내용 측면에서는 역사지만, 행동들의 조합으로 플롯 구성을 하는 형식을 가졌다는 점에서 연극이라는 이중의 정체성을 갖는다. '역사의 연극화'를 위해 태어난 역사극은 역사라는 주어와 연극이라는 술어로 구성된다고 말할 수 있다. 역사라는 주어와 연극이라는 술어의 관계 맺음 방식은 역사적으로

---

14   김진경 외, 위의 책, 25쪽.

변해 왔다. 니체의 말처럼 비역사적인 것만이 정의할 수 있고 역사적인 것은 해석될 수 있을 뿐이라면, '역사극이란 무엇인가'는 역사극의 역사를 해석하는 것으로 해명되어야 한다. 역사극의 역사는 역사라는 주어와 연극이라는 술어의 관계 맺음 방식의 변화에 따라 셋으로 시대구분할 수 있다.

첫째, 전통시대 역사극에서 역사라는 주어는 연극이라는 술어에 종속됐다. 이 같은 주종 관계는 원래 주어(subject)의 라틴어 어원 'subjectum'이 논리학에서 술어를 통해 무엇이라고 진술되는 문법적 주어를 지칭하던 것과 일치한다. 술어에 의해 서술되고 정의된다는 것은 술어적 규정에 따르는 것이므로 수브 툼은 '종속된다'는 의미를 가졌다.[15] 김춘수 시인의 시를 빌려 표현하면, 연극의 무대로 부름을 받기까지 역사는 몸짓에 불과했다. 연극이 역사의 이름을 부르는 이유는 그로부터 창작 모티브나 소재 등을 제공받기 위해서다. 역사극은 역사의 연극화를 통해 개체적 사실을 보편적 진실로 승화시키는 것을 추구했다. 요컨대 이 시대 역사극은 연극이 역사를 술어적으로 규정해 인간 삶의 보편적 진실을 배우들의 연기로 연출해서 보여 주는 것을 목표로 했다.

둘째, 주어가 술어에서 독립해 주체로 등장한 시대가 근대다. 이에 따라 역사라는 주어와 연극이라는 술어가 이전 시대와 완전히 다른, 전도된 형태로 관계를 맺는 근대 역사극이 탄생했다. 근대란 "나는 생각한다. 고로 존재한다"라는 데카르트 테제로 정식화됐듯이 생각하는 자아가 세계를 표상하는 주체로 우뚝 서고, 그 주체가 세상이라는 무대의 주인공으로

---

15   강영안,《타인의 얼굴: 레비나스의 철학》, 문학과지성사, 2009, 58쪽.

등장한 시대다. 하이데거는 근대를 '세계상의 시대(die Zeit des Weltbildes)'라고 특징지었다. 근대에서 "세계는 관조의 대상이나 신의 피조물, 또는 나를 에워싼 환경 세계가 아니라 내가 짜 맞추고 필요할 때는 언제나 마음대로 바꿀 수 있는 대상에 지나지 않았다. 따라서 사물의 의미는 인간에게 표상되고 짜 맞춰지는 가운데, 다시 말해 대상으로 등장하는 가운데 비로소 확인될 수 있다."[16] 주체와 대상의 분리를 통해 객관적 인식에 도달한다는 과학적 태도에는 이미 인간이 자연과 세계에 대해 의미를 부여하는 주체라는 전제가 선험적으로 내재해 있었다. 인간이 세계를 해석하는 것을 넘어서 변화시키는 주체라는 의식으로부터 거대담론으로서 근대 역사개념이 생성했다.

서구에서 역사라는 말은 프랑스혁명 이전까지는 "○○○의 역사" 또는 "○○○에서 ○○○까지의 역사"처럼 단순히 이야기의 의미로만 쓰였다. 과거에 대한 이야기는 하나가 아니라 여럿이며, 그래서 소문자 역사들(histories)이 존재하는 것으로 여겨졌다.[17] 이러한 역사들을 총체적으로 포괄하는 대문자 역사(History) 개념은 원래 없었다. 그 같은 용례는 칸트가 1784년에 쓴 〈세계시민적 관점에서 본 보편사의 이념(Idee zu einer allgemeinen Geschichte in weltbürgerlicher Absicht)〉에서나 발견된다.[18] 여기서 칸트는 과거에 실제 어떤 일이 있었는지를 연구하는 역사가들의 작업으로는 밝혀질 수 없는 전체 인류를 포괄하는 보편사적 이념에 대해 말하고자 했다. 이 같은 보편사적 역사철학에 의거해서 칸트는 개별적 사건

---

16   강영안, 앞의 책, 53~54쪽.
17   라인하르트 코젤렉, 한철 옮김, 《지나간 미래》, 문학동네, 1998, 43~75쪽.
18   I. Kant, *Was ist Aufklärung? Aufsätze zur Geschichte und Philosophie*, Vandenhoeck & Ruprecht in Göttingen, 1985, S.40~54.

으로서 역사를 넘어서는 보편사적 이념으로서 역사개념을 상정했다. 전자의 역사가 과거 인간 삶에 대한 단편적 지식만을 제공하는 반면, 후자의 역사는 미래 인류 삶의 방향까지도 제시하는 거대담론으로서 역사(die Geschichte)를 지칭했다.

거대담론으로서 역사개념은 전근대의 과거 사건에 대한 이야기로서 역사와 다음 두 가지 차이점을 가진다. 첫째, 그것은 공간적으로는 전 세계 인류를 포괄했고, 시간적으로는 과거, 현재, 미래의 총체적 시간성을 내재했다. 이로써 세계 전체 인류가 하나의 선형적 시간의 흐름에 따라 진보해 나간다는 보편사적 역사개념이 생겨났다. 둘째, 이러한 진보사관은 역사인식의 중심을 과거로부터 미래로 이동시킴으로써, 일어난 사건에 대한 기술로써 역사를 넘어서는 '만드는 역사' 개념을 창안해 냈다. '만드는 역사' 개념이 생겨남으로써 '새역사 창조'라는, 이전 시대에서는 형용의 모순이던 담론이 나타났다.

인간이 역사를 쓰는 것을 넘어서 만들 수 있다는 의식으로부터 역사를 진보의 과정으로 파악하는 거대담론으로서 역사개념이 생겨났다. 거대담론으로서 역사란 이미 일어난 과거뿐 아니라 만들어야 할 미래, 곧 '지나간 미래'라는 '비동시적인 동시성'의 시간성을 내재했다. "○○○의 역사" 또는 "○○○에서 ○○○까지의 역사"에서 역사는 술어적인 규정에 종속됐지만, 무엇에 의해 수식되지 않는 거대담론 역사는 인류 삶 전체를 포괄해 이끄는 주체가 됐다. 다시 말해 거대담론 역사개념은 인간과 역사의 주종관계를 전도시켜서 인간이 역사의 주체가 되는 '인간의 역사'가 아니라 인간이 역사의 진보에 복무해야 하는 '역사의 인간'이 되게 만들었다.

근대 역사개념에 입각해서 과거를 '역사적 현재'로 파악하는, 루카치가 정의하는 근대 역사소설이 탄생했다. 루카치는 역사소설의 목표를 과거를 현재의 전사前史로 그려 내는 방식으로 인간 해방과 자유의 실현이라는 근대 거대담론의 목적론을 성취하는 것으로 설정했고, 근대 역사극은 역사소설의 아류로 태어났다. 대문자 역사가 과거, 현재, 미래 인류 삶전체를 포괄하는 주체가 됨으로써, 역사와 연극의 전근대적 관계에 역전이 일어났다. 역사가 더 이상 연극에 종속되지 않고, 연극이 역사에 복무하는 관계로 근대 역사극이 탄생했다. 근대에서 역사소설과 역사극이라는 독립된 장르의 탄생은 거대담론 역사에 대해 소설과 연극이 종속적 위치에 처하는 것을 대가로 해서 이뤄졌다. 근대에 역사소설과 역사극은 민족, 제국, 계급 등과 같은 역사 주체의 오디세이 항해를 이야기하는 서사로 창작됐다.

소설과 연극이 역사라는 엄처시하嚴妻侍下 아래 있었다는 것이 근대의 징표라면, 탈근대란 문학과 연극이 역사라는 엄처시하로부터 벗어나 자기 길을 가려는 시대라고 말할 수 있다. 역사의 내용이 연극의 형식을 규정하던 시대가 근대라면, 연극이 역사를 가지고 노는(play) 전통시대로 복귀할 수 있는 기회가 탈근대에서 새로이 열렸다.

근대가 대문자 역사(History)의 진보를 기획했다면, 탈근대는 소문자 역사들(histories)의 진화를 꿈꾼다. 근대 대문자 역사의 진보가 발터 벤야민이 말했듯이 과거, 현재, 미래를 하나의 공허하고 동질적인 시간으로 만들었다면, 그것의 해체를 전제로 해서 이야기되는 탈근대 소문자 역사들은 지배담론의 헤게모니에 포섭되지 않던 차이의 공간과 모순의 틈새를 역사의 헤테로토피아heterotopia로 발굴한다. 진화가 종의 다양성을 확보하는 방식으로 진행되듯이, 다양한 소문자 역사들의 발굴이 탈근대 역사극의 지향점이다. 예컨대 하인이라는 하위주체(subaltern)의 관점에서 세조와 사육신에 대한 역사서사의 주제와 변주를 한 오태석의 〈태〉가 이런 탈근대 역사극 계열에 속한다.

문제는 탈근대에서 '연극'이 '역사'를 어디까지 유희할 수 있는가다. 거대담론 역사의 종말이 일어난 탈근대에서 역사는 사소해지고 허구화됐다. 〈경숙이, 경숙이 아버지〉(박근형 작, 2006)와 같이 일상성을 소재로 하는 연극도 역사극으로 취급되고,[19] 〈조선 형사 홍윤식〉(성기웅 작, 2007)처럼 허구적 인물의 행동을 보여 주는 연극도 1930년대 식민지 조선의 시대상을 반영한다는 의미에서 역사극으로 인정받는다. 이 경우 역사는 배경으로 물러나고 개인의 드라마가 전경으로 등장한다. 탈근대 역사극의 특징은 역사라는 내용을 연극이라는 형식으로 표현하는 것이 아니라, "미디어가 메시지다"라는 마셜 매클루언의 말처럼 연극이라는 매체가 역사의 메시지를 결정한다는 것이다. 역사의 종말과 함께 연극의 해방이 이뤄졌다는 점이 탈근대 역사극의 위기이자 기회다.

근대 역사극이 '역사의 연극화'를 추구했다면, 탈근대 역사극은 '연극의 역사화'를 모색한다. '연극의 역사화'를 통해서 과거는 재현되는 것이 아니라 시뮬레이션됨으로써 '역사의 허구화' 현상이 벌어진다. '역사의 허구화'를 통해서 탈근대에 새롭게 등장한 장르가 팩션이다. 팩션으로서 역사극의 등장과 함께 제기되는 문제가 역사극의 범주를 어디까지로 설정할 것이냐다.

---

19   양승국, 〈역사극의 가능성과 존재 형식에 대한 소고 : 역사를 무대 위에 소환·재현하는 방식을 통하여〉,
      《한국극예술연구》 제25집, 한국극예술학회, 2007, 420~423쪽.

역사극의 범주

역사와 연극의 관계 변화가 역사극 개념 규정을 바꿔 왔다면, 이에 따라 역사의 내용이 연극의 형식으로 담기는 방식 변화로 역사극의 범주가 바뀌었다. 전근대에서 연극 형식이 역사 내용을 규정했다면, 거대담론 역사가 등장하는 근대에서는 역사 내용이 연극 형식을 지배하는 역사극 장르가 탄생했다. 계급, 민족, 제국과 같은 근대 거대담론에 의거해서 플롯 구성이 이뤄지는 역사극에서 연극이란 역사의 메시지를 전달하는 하나의 매체로 기능했다. 플롯이란 본래 허구다. 하지만 역사극의 플롯을 결정하는 계급, 민족, 제국과 같은 근대 거대담론은 허구가 아닌 실재로 여겨짐으로써, 사실은 진실이고 허구는 거짓이라는 사실주의 문법에 따라 역사의 연극적 연출이 이뤄졌다. 사실주의 문법은 "실재는 정확히만 해석된다면 허구보다 위대하며, 그래서 결국은 역사가 진짜 시"[20]라는 칼라일의 말처럼 아리스토텔레스의 시와 역사의 전통적 관계를 역전시켰다.

역사의 내용을 연극 형식으로 담아내는 역사극의 범주를 일차적으로 결정하는 것이 역사개념이다. 역사란 무엇인가를 규정하는 역사개념은 위에서 살펴본 것처럼 역사적으로 변해 왔다. 그 변화의 과정은 구체적으로 과거와 역사의 관계를 설정하는 방식이 바뀌는 것으로 나타났다. 서양 역사의 아버지 헤로도토스 이래 역사서술의 변하지 않은 원칙은 역사의 이중적 의미인 서술된 역사(history)는 일어난 역사(Geschichte)를 그대로 모사해야 한다는, 곧 과거와 역사는 원본과 모사의 관계를 형성해야 한다는

---

20 A. Fleishman, *The English Historical Novel*, Baltimore and London: The Johns Hopkins Press, 1971, xiv.

진리대응설이었다. 이에 따라 과거라는 실재에 대한 지식으로서 역사를 어떻게 구성하느냐가 역사인식론의 근본문제로 여겨졌다.

미국의 역사이론가 먼슬로는 역사인식론 모델을 재구성주의, 구성주의, 해체주의의 세 유형으로 구분했다.[21] 세 유형의 역사인식론이 서로 경쟁을 벌이고 있는 것이 오늘날 역사학의 이론적 지형도다. 20세기 서구 역사학에서 세 역사인식론은 시간 간격을 갖고 순차적으로 등장했기 때문에 이것의 이행과정이 사학사의 시대구분을 이룬다.

재구성주의와 구성주의에 따르면, 과거란 신도 바꿀 수 없는 정해진 실재다. 그것을 역사로 재현하는 방법의 차이에 따라 재구성주의와 구성주의로 나뉜다. 재구성주의는 사료 조각을 갖고 퍼즐 맞추기를 통해 역사를 복원하는 것을 목표로 한다. 이에 비해 구성주의는 사료란 나무며, 전체 숲을 보기 위해서는 사료 언어로는 파악할 수 없는 지도와 나침반이 필요하다고 본다. 여기서 지도와 나침반에 해당하는 것이 사회과학의 이론, 개념, 모델이다.

해체주의는 역사를 지나간 과거를 시뮬레이션해서 가상 실재로 보여 주는 것으로 이해한다. 지금 우리에게 남아 있는 것은 과거 실재는 없고, 단지 그에 대한 역사가 그 실재를 보여 주는 풍경화로 존재한다. 과거 실재는 하나지만, 풍경화는 여럿일 수 있다. 각각의 풍경화는 사료라는 물감을 갖고 역사가의 상상력으로 그린 그림이다. 사용된 물감의 색과 그려진 형상을 해체해 다른 풍경 그림으로 시뮬레이션해 보는 것으로 역사를 다시 쓴다고 믿는 것이 해체주의 역사인식론이다.

---

21 Alun Munslow, *Deconstructing History*, London : Routledge, 1997.

역사극이란 과거의 재현을 연극 양식으로 하는 장르를 지칭한다. 그런데 문제는 연극이라는 무대로 나온 역사란 무엇인가에 대한 개념 규정은 역사인식론의 세 가지 모델에 따라 다르며, 이에 따라 역사극 범주도 변한다는 점이다. 탈근대 이전 역사이론에서 역사가 과거라는 원본의 재현으로 이해됐다면, 역사극은 재현의 재현을 추구한 셈이다. 이 시대의 역사극은 '과거로서 역사'를 연극적으로 재현하는 것을 과제로 삼았다.

하지만 사라진 과거를 역사로 서술함으로써만 실재하던 것으로 인식할 수 있다고 보는 탈근대 역사인식론은 '과거로서 역사'가 아니라 '역사로서 과거'를 주장한다. 이에 따르면, 과거라는 원본은 없고 역사의 텍스트성에 의해 과거의 실재성이 만들어질 뿐이다. 데리다는 이것을 "텍스트 밖에는 아무것도 없다"라는 테제로 정립했다. 텍스트 밖의 실재가 없다면 재현이란 무엇인지가 애매해짐으로써 '재현의 위기'라는 문제 상황이 발생했다. 문제 상황 속에서 과거의 재현으로서 역사를 다시 재현하는 역사극을 재현의 재현으로 파악하는 것은 더 이상 의미가 없게 됐다.

'재현의 위기'는 실재로서 과거와 담론으로서 역사의 관계에 대해 근본적으로 성찰할 것을 역사학에 요구했다. 이 성찰을 통해 탈근대 역사이론이 도달한 하나의 결론은 "역사담론 없는 과거 실재란 무의미하지만, 과거 실재 없는 역사담론은 공허하다"라는 것이다. 이 결론에 이르는 과정에서 역사연구와 역사서술은 실재로서 과거와 담론으로서 역사의 일치가 아니라 오히려 반대로 차이를 근간으로 해서 이뤄진다는 점이 새롭게 부각됐다.

예컨대 "1894년 전라도 지방에서 농민봉기가 났다"는 것은 신도 바꿀 수 없는 엄연한 과거 사실이다. 하지만 이에 대한 역사는 동학난, 동학혁명, 갑오농민전쟁, 동학운동과 같은 복수의 담론으로 존재한다. 역사서술의 역사는 기본적으로 과거와 역사의 차이를 매개로 해서 전개된다. 만약 이 차이가 해소된다면 역사연구와 역사서술이 더 이상 필요 없는 역사학의 종말에 이르게 된다. 하지만 이런 일은 인류가 멸망하지 않는 한 결코 일어나지 않을 것이다.

근대 이후 인류는 역사를 과거로부터 왔지만 미래로 흘러가는 운동으로 파악한다. 미래가 열려 있는 한, 현재와 과거의 끊임없는 대화를 통한 역사서사의 해체와 재구성은 중단 없이 계속될 것이다. 해체와 재구성의 결과로 새로운 역사담론이 만들어진다. 앞에서 예로 든 '동학'의 경우 새로운 역사쓰기는 그에 대한 새로운 담론을 만들어 내는 것으로 성취된다. 역사로서 동학에 대한 새로운 담론을 통해 재현되는 것은 과거 사실이 아니라 그것이 현재의 우리에게 주는 의미다. 탈근대 역사이론은 '과거로서 역사'에서 '역사로서 과거'로의 인식론적 전환을 통해 재현의 대상을 사실에서 의미로 바꾸었다. 이 같은 재현 개념의 탈근대적 재규정은 역사극의 범주를 확대시키는 효과를 낳았다.

탈근대 역사이론은 재현의 실재로부터의 독립을 통해 '재현의 위기'를 극복할 수 있는 방안을 제시했다. 사물의 실재가 아니라 사물의 재현이 중요하다는 선언은 이미 "세계는 나의 표상이다"라고 말한 헤겔과 같은 시대를 산 아르투어 쇼펜하우어에 의해 행해졌다. 역사극이란 역사에 대한 연극적 표상이다. 연극적 표상으로 연출자가 시도하는 것은 과거 실재의 모사가 아니라 과거의 가상현실을 무대에서 연출하는 역사의 시뮬레이션이다. 이는 사실주의 문법에 입각한 근대 역사극의 종말을 의미한다. 종말은 끝이 아니라 새로운 시작의 출발점이다. 근대 역사극의 종말과 함께 역사극의 탈근대적 진화가 일어나고 있다.

일반적으로 역사의 존재 방식은 텍스트다. 과거의 실재성은 역사의 텍스트성에 근거해 있다는 사실로부터 과거에서 역사로의 탈근대 역사인식론의 중심이동이 일어났다. 역사극은 텍스트성 대신에 연극성에 의거해 역사담론을 생산한다. 엄밀히 말하면 담론으로서 역사가 만들어 낸 것은 실재가 아니라 의미, 곧 '역사효과'다. 역사극은 '역사효과'를 창출해 낼 목적으로 과거의 인물들을 호명한다. 말은 사라지고 그 효과만 남아 우리 행동을 촉발하듯이, 실재로서 과거는 없고 효과로서 역사만이 남아 우리 삶에 영향을 미친다.

역사극이 역사효과를 일으키는 전형적인 방법이 역사적 유추법 (historical analogies)이다.[22] 역사극의 역사적 유추는 주로 시대착오에 의해 이뤄지며, 루카치는 소설에서보다 극에서 훨씬 더 시대착오는 필수불가결하게 일어난다고 말했다.[23] 이 같은 현상이 역사가들로부터 사극이 역사를 왜곡한다는 비난을 더 많이 받는 이유가 된다. 하지만 역사극의 입장에서 보면, 역사왜곡이 아닌 역사적 상상력의 발현이다. 근대 역사극은 역사적 상상력을 대문자 역사개념에 입각해서 발현했다는 특징을 가진다. 루카치는 대문자 역사에 의거해서 플롯 구성을 하는 것을 통해서 "모든 인간들로부터, 역사과정 속에서 상대적으로 가장 오래 지속되고 가장 보편적이며 합법칙적으로 존재하던 특징들을 이끌어 내 보여 주는" '역사적 현재'로서 과거를 체험하는 감동을 주는 것이 역사극이라고 규

---

22 김용수, 〈역사극의 이론적 관점에서 본 한국 역사극의 특성〉, 《한국연극학》 제35호. 한국연극학회, 2008, 12쪽.
23 게오르그 루카치, 이영욱 옮김, 《역사소설론》, 거름, 1987, 192쪽.

정했다.[24]

한국 근대 역사극의 키워드는 근대의 대표 거대담론인 계급, 민족, 제국이다. 하지만 일제 식민지라는 시대적 조건 속에서 세 키워드는 착종되어 나타날 수밖에 없었다. 착종된 형태의 역사극의 전형이 망국사 이야기다. 하지만 〈낙랑공주〉(최병화, 1930)와 〈낙화암〉(함세덕, 1940)과 같은 역사극이 만들어 낸 역사효과는 비역사적이다. 과거와 현재의 시간적 차이를 무시하는 시대착오를 프랑스의 역사가 뤼시앵 페브르는 역사가가 결코 범해서는 안 되는 가장 큰 죄라고 말했다.

〈낙랑공주〉에서 신라는 조선으로 비유되고 고려는 일제를 연상시킨다. 그리고 〈낙화암〉은 백제가 신라에 의해 멸망당한 과거에 비추어 조선이 일제에 의해 병합된 현재의 비극적 상황을 상기시킨다. 하지만 이런 역사적 유추가 성립할 수 있는 전제는 왕건의 후삼국통일과 신라의 삼국통일이 일제에 의한 한국병합과 동일한 역사적 맥락과 의미를 가져야 한다는 점이다. 그렇다면 고구려, 백제, 신라는 통일되어야 할 같은 민족이 아니란 말인가? 고려에 의한 후삼국통일도 똑같은 문제를 제기한다.

신라와 백제가 각각 고려와 신라에 의해 멸망당했다는 역사적 사실만을 부각시키는 망국사 이야기는 '조선적인 것'이 무엇인지 애매하게 만드는 문제점이 있다.[25] 두 역사극에는 국가는 있지만 민족은 없다. 백제

---

24 게오르그 루카치, 앞의 책, 194쪽.

25 이상우는 '조선적인 것'을, 한편으로는 민족의 정체성을 구성하면서도, 다른 한편으로는 제국의 지방으로서의 위상을 지향함으로써 민족담론과 식민담론의 양가성이 교차하는 것으로 파악했다(〈표상으로서의 망국사 이야기 : 식민지 후반기 역사극에 나타난 민족담론과 식민담론의 문제〉, 《한국극예술연구》 제25집, 한국극예술학회, 2007, 55~90쪽). 하지만 이 같은 테제가 설득력을 갖기 위해서는 함세덕의 '낙화암'에서 민족담론으로서 '조선적인 것'이 무엇인지가 분명히 드러나야 한다. 다시 말해 백제의 적인 신라를 배제한 '조선적인 것'으로서의 민족담론이 과연 성립할 수 있는가? 백제만을 '조선적인 것'으로 파악했다면 함세덕

와 신라 그리고 일제는 민족이라는 코드가 아닌 개별 국가로만 파악됐을 뿐이다. 일제로부터 독립을 이룩해야 할 민족이란 무엇인지에 대한 역사적 성찰 없이 망국사 이야기를 해야 한다는 것이 식민지시대라는 역사적 한계가 만들어 낸 사고의 감옥인지, 아니면 민족에 대한 역사적 상상력 빈곤의 결과인지는 검토해 봐야 할 문제다. 민족을 말할 수 없다는 현실과 제국을 말해서는 안 된다는 당위가 복잡하게 얽혀 있는 식민지라는 회색지대가 이처럼 애매한 역사극을 만들어 냈다고 볼 수 있다. 하지만 두 작품은 망국이라는 모티브만을 차용했을 뿐 루카치가 헤겔의 표현을 빌려 말하는 인물들의 극적 충돌로 구현되는 '운동의 총체성'을 보여 주지 못했다는 점에서 근대 역사극으로서는 미완성이라고 말하지 않을 수 없다.[26]

역사극이 역사효과를 생산할 목적으로 하는 역사적 유추는 상당 부분 비역사적이기에 역사가들로부터 오늘날의 TV 사극처럼 아류 내지는 사이비 역사로 취급된다. 하지만 '과거로서 역사'에서 '역사로서 과거'로의 인식론적 전환을 주장하는 탈근대 역사이론에 의해 역사극과 역사학 사이의 간극은 해소되는 경향을 보이고 있다. 근대 거대담론에서 해방된 탈근대에서 탈맥락화되고 탈역사화된 역사극의 귀환이 일어나고 있다. 영화와 연극 그리고 문학에서 일고 있는 '경성신드롬'이 이 같은 경향성을

에게는 민족담론 자체가 부재했다고 밖에 볼 수 없다.

26 양승국은 "역사극은 핵심적 갈등의 역사적 진실성을 해치지 않고서도, 이 사건들로부터 수백 년 동안 격리되어 있던 관객들에게 직접적으로 현재적인 공감을 불어 넣어 줄 인간적 특성들을 제시해야 한다"라는 루카치의 역사극 개념에 의거해서 우리의 근대문학사에서 역사극은 존재하지 않았다고 보았다(양승국, 〈한국 근대 역사극의 몇 가지 유형〉, 《한국극예술연구》, 제1집, 한국극예술학회, 1995, 66쪽).

반영한다.[27]

탈근대에서 일어난 '과거로서 역사'에서 '역사로서 과거'로의 인식론적 전환에 부응해 역사극의 문법도 '역사로서 역사극'이 아니라 '역사극으로서 역사'로 바뀌고 있다. 예컨대 〈춘향전〉은 근대 역사극의 사실주의 문법으로 보면 역사극이 아니다. 하지만 이상우는 유치진 연구에서 〈춘향전〉은 역사극은 아니지만 유치진 연극사에서 〈춘향전〉을 역사극으로 봐야 한다는 주장을 폈다.[28] 이 주장은 역사가 역사극의 범주를 결정하는 것이 아니라 역사극이 역사를 정의한다는 전제로 성립한다. 이 같은 연극 사적인 해석은 '역사의 텍스트성'뿐 아니라 '텍스트의 역사성'을 부각시키는 신역사주의와 일맥상통한다. 신역사주의의 관점에서 보면, 역사극의 역사는 '역사의 연극성'과 '연극의 역사성'의 변증법으로 전개된다.

먼저 '역사의 연극성' 측면에서 볼 때, 춘향은 과거 실존인물이 아니므로 〈춘향전〉은 (고)소설 범주에 속한다. 기껏해야 '춘향'은 루카치의 역사소설이 만들어 내고자 하는 전형에 해당한다. 춘향은 해당 시대의 역사적 맥락과 의미를 실존인물보다 더 잘 보여 주는 허구적 인물이다. 하지만 '연극의 역사성' 측면에서 보면, 〈춘향전〉은 역사극이다. 서사가 파불라와 수제의 관계로 만들어지듯이 〈춘향전〉도 각 시대의 역사적 맥락에 따라 재창작됐고, 이 같은 주제와 변주 자체가 역사성을 내재한다. 차이와 반복으로 역사서사의 해체와 재구성을 하는 방식으로 역사효과를 발휘하는 모든 연극을 역사극의 범주에 넣는다면, 〈춘향전〉은 역사극으로

---

27 영화에서 나타난 '경성신드롬'을 '재현의 욕망'과 '욕망의 재현'의 탈근대적 발현으로 해석한 것으로는 김기봉, 《역사들이 속삭인다 : 패션 열풍과 스토리텔링의 역사》, 프로네시스, 2009, 190~208쪽이 있다.
28 이상우, 〈1930년대 유치진 역사극의 구조와 의미 : 〈춘향전〉과 〈개골산〉의 텍스트 연구를 중심으로〉, 《어문논집》 34, 고려대학교국어국문학연구회, 178쪽.

분류될 수 있다.

"모든 것은 변화한다. 변화하는 것은 역사다. 고로 모든 것은 역사다." 이 삼단논법에 의거해서 탈근대 역사개념이 성립한다면, 무엇이 역사극에 속하는가 하는 범주 또한 이에 근거해서 정해진다. '과거로서 역사'에서 '역사로서 과거'로의 인식론적 전환을 주장하는 탈근대 역사이론에 따르면, 모든 역사는 역사서술의 역사로 성립한다. 마찬가지로 '역사로서 역사극'이 아니라 '역사극으로서 역사'로의 전도를 통해 탈근대 역사극의 범주는 실제 일어난 역사가 아니라 상연된 역사극의 주제와 변주로 재규정되는 경향성을 보인다.

'꿈꾸는 역사'로서 역사극

탈근대의 시대적 징표는 역사의 종말, 문학의 종말, 과학의 종말 등 각종 종말론이 대두했다는 것이다. 종말론이 공통적으로 선언하는 것은 거대담론의 죽음이다. 탈근대의 선지자들은 산에서 내려오면서 차라투스트라가 "신은 죽었다"라고 말한 것처럼 근대의 거대담론이던 역사, 문학, 과학의 죽음을 선언했다. 거대담론의 죽음과 함께 미시담론의 부활이 시작됐다. 우리 시대에 만개한 이야기 전성시대는 이 같은 맥락에서 생겨났다.

우리 시대 화두 가운데 하나가 "작은 것이 아름답다"다. 거대담론이 미시담론으로 조각나는 현재의 사태는 카오스이면서 새로운 질서의 탄생을 예정하는, 들뢰즈가 말하는 카오스모스chaosmos 시간의 징표다. '포스트' 담론은 카오스모스의 자궁에서 태어난 이야기들이 귀환해 유령처럼 우리 주위를 떠돌고 있는 상황을 반영한다. 거대담론으로서 과학, 역사, 문학의 파편화와 더불어 미시담론의 전성시대가 열렸다.[29]

미시담론의 전성시대를 맞이해서 과학으로서 역사를 추구하던 대학의 사학과는 위기지만 대중적인 역사서사의 인기는 식을 줄 모른다. 끊임없이 이어지는 사극 열풍과 베스트셀러 역사소설의 등장이 그 증거다. 연극판에서도 역사극의 귀환은 계속 일어나고 있다. 왜 이런 모순이 생겨나는 것일까? 근대 거대담론이 내재한 세계상의 해체가 일어남으로써 서사의 부활이 일어나기 때문이다. 사실과 허구의 접합으로서 팩션 열풍은 이런 현실의 반영이다. 팩션이라는 신조어의 탄생은 사실은 진실이고 허구는 거짓이라는 근대 사실주의 문법의 파괴를 의미한다.

사실과 허구는 진실과 거짓이 아니라 현실과 꿈의 관계로 인간 삶의 동전의 양면으로 재인식돼야 한다. 인간은 현실과 꿈이라는 두 세계에 산다. 인간이란 니체 말대로 스스로 채워야 할 '결핍 존재'이기에 꿈을 꾼다. 인간은 현실역사의 결핍과 부재를 보상할 목적으로 '꿈꾸는 역사'에 대해 이야기하고자 한다. 탈근대 역사극은 근대 대문자 역사의 엄처시하에서 해방되어 연극적인 유희를 통해 과거와의 꿈의 대화를 시도한다.

인생이 연극이고 세계가 무대라면, 역사극이란 과거 세계를 무대로 한 '꿈의 역사'다. 과거의 인물들을 무대로 불러내 그들과 한판 놀아 보면서 역사적 상상력을 마음껏 펼치는 것이 역사극이다. 역사학의 역사와 연극의 역사극은 현실과 꿈의 형태로 공존해야 한다. 꿈 없는 현실은 무의미하며, 현실 없는 꿈은 공허하다. 현실이 태양이라면 꿈은 달이다. 밤에 달

---

29 탈근대 종말론 시대에서 역사서사의 귀환에 대해서는 김기봉, 위의 책, 219~243쪽.

이 빛을 발할 수 있는 것은 낮의 태양이 있기 때문이다. 마찬가지로 역사극은 역사의 빛으로 존재한다.

이병주는《산하》마지막 장에서 "태양에 바래면 역사가 되고, 월광에 물들면 신화가 된다"라고 썼다. 역사로 기억되지 못했기 때문에 신화가 된 것처럼, 현실의 서사로 이야기할 수 없기에 꿈을 꾼다. 인간은 '현실의 역사'가 빠져 있는 질곡을 벗어날 목적으로 역사적 상상력을 발휘해 '꿈의 역사'를 이야기한다. '꿈의 역사'란 반反역사가 아니라 현실의 역사를 초월해 미래 새역사를 창조할 수 있는 역사에너지를 만들어 내는 발전소다. 이 같은 '꿈의 역사'를 무대에서 공연하는 연극이 역사극이다. 탈근대에서 재정의되는 역사극이란 '역사효과'를 낼 목적으로 무대에 올린 모든 연극 및 뮤지컬을 지칭한다. 다음으로 이 같은 탈근대 역사극의 대표 작품들을 다뤄 보고자 한다.

탈근대 역사극,

'역사의 인간'에서
'인간의 역사'로

〈혜경궁 홍씨〉, 역사의 신神을
고발한다

이윤택은 역사에 의해 가려진 인간의
속살을 드러내는 우리 시대 역사극의
달인이다. 2013년 12월 그가 무대에
올린 〈혜경궁 홍씨〉는 궁중 비극이다.
궁중이란 권력의 심장부다. 오늘날에
도 모든 권력은 국민이 아니라 청와대
에서 나오는데 왕조시대에는 오죽했으

연극 〈혜경궁 홍씨〉 포스터

랴. 모든 권력이 왕을 정점으로 한 궁

정에서 발원해 그곳으로 귀결되는 왕조시대에 누가 왕이 되느냐는 권력투쟁의 시작인 동시에 끝인 셈이다.

〈혜경궁 홍씨〉는 권력이 비극의 씨앗임을 잘 보여 주었다. 막스 베버는 권력을 "한 사회적 관계 내에서 한 행위자가 다른 행위자의 저항에도 불구하고 그의 의지를 관철시킬 수 있는 위치에 있을 가능성"이라고 정의했다. 이 같은 권력의 정의에는 폭력이 내재해 있다. 권력은 타인을 강제하고 심지어 죽일 수도 있는 칼이다. 누가 권력의 칼을 잡을지 전쟁을 벌이는 것이 정치다. 피 흘리지 않고 하는 전쟁이 정치라면, 피 흘리면서 하는 정치가 전쟁이다.

전쟁은 도덕적일 수 없다. 하지만 정치는 대의명분을 잃으면 권력을 잡아도 유지하기 어렵다. 도덕과 정치, 현실과 당위 사이의 모순에 대한 문제의식으로부터 역사라는 인간서사는 탄생했다. 동아시아에서 《사기》라는 역사책을 씀으로써 역사의 아버지로 일컬어지는 사람이 사마천이다. 그는 《사기》의 집필 목적을 "하늘과 인간의 관계를 연구하고, 고금의 변화를 통달해, 한 학파의 학설을 이루려는 데 있다"라고 천명했다. 그가 하늘과 인간의 관계를 연구하고, 고금의 변화를 통달할 수 있는 원리로 제시한 것이 천도天道다. 역사란 하늘의 도가 인간세상에서 실현되는 과정이라는 것이다. 그런데 문제는 실제 일어난 역사에서는 정의가 승리하지 못한다는 점이다. 그런데도 어떻게 역사가 천도의 구현이라고 말할 수 있단 말인가? 사마천은 실제 역사의 정의롭지 못함을 역사로 기록하는 심판을 통해 역사를 천도의 구현 과정으로 만들 수 있다고 믿은 사람이다. 요컨대 현실로서의 역사와 당위로서의 역사를 구분하는 것을 전제로 할 때, 역사는 정치의 거울로 기능할 수 있다.

역사가 현실과 당위를 동전의 양면처럼 가질 수 있는 근거는 기본적으로 역사의 이중적 의미에서 비롯한다. 서구에서 역사라는 말은 독일어의 'Geschichte'로 지칭되는, 실제 일어난 사건과 영어의 'history'로 표현되는, 그에 대한 기록이라는 이중의 어원을 가진다. 물론 후자의 인식론적인 역사개념은 전자의 존재론적인 역사를 근거로 해 성립한다. 하지만 김춘수 시인이 〈꽃〉에서 노래했듯이, 전자의 역사란 역사가가 그의 이름을 불러 주기 전에는 다만 하나의 몸짓에 지나지 않은 과거에 불과하다. 역사가가 역사로 기록해야만 그 과거는 후세인들에게 꽃으로서의 존재 의미를 가질 수 있다. 따라서 중요한 것은 몸짓이 아니라 이름이다. 수많은 과거의 몸짓 가운데 무엇을 이름으로 부르느냐를 결정하는 초월적 기의에 해당하는 것이 천명天命이다. 전통시대 사관史官은 천명을 대변하는 사람으로 여겨졌다.

우리 역사에서 천명의 대변인으로서 사관이 남긴 가장 위대한 역사기록이 유네스코 세계기록문화유산으로 등재된《조선왕조실록》이다. 조선왕조가 500년 넘게 존속할 수 있던 생명력의 원천은《조선왕조실록》을 지켜 내고 실록 편찬을 멈추지 않은 역사정신이었다. 궁극적으로 기억되는 것은《조선왕조실록》에 실리게 될 자신에 관한 기록이라는 사실로부터 조선의 왕들은 역사에 대한 외경을 가졌다. 볼 수는 없지만 청사靑史로 존재하는《조선왕조실록》은 조선의 왕들에게는 자신의 행위를 규제하고 심판하는 '숨은 신'이었다.

혜경궁 홍씨의《한중록閑中錄》의 문자 그대로의 의미는 '궁궐 여인이 한가롭게 쓴 이야기'다. 하지만 그것이 담고 있는 내용은 왕조의 공식 역사인《조선왕조실록》이 숨기고 있는 삶의 진실이다. 그녀는 자기 기록이 '숨은 신'으로서《조선왕조실록》에 대한 도전임을 알았기에 궁중 여인의 사사로운 이야기라는 제목을 붙였다.

왕조실록의 주인공은 어디까지나 왕이다. 왕은 천명을 받은 사람이다. 천명은 선악을 초월한다. 이성계를 비롯해 조선의 왕들이 어질거나 정의롭기 때문에 왕이 되지 않았기 때문이다. 자기 자식을 뒤주에 가둬 죽인 영조는 결코 선한 사람이 아니다. 하지만 그가 그런 엄청난 일을 할 수밖에 없던 이유는 태조 이성계가 조선을 건국한 이래 400년간 이어 온 왕조를 지켜 내기 위해서였다. 그는 사도세자와 같은 정신병자가 왕이 됐을 때 조선왕조의 종묘사직이 보존될 수 없다고 판단했다. 조선이라는 왕조국가를 형성하는 두 기둥은 역대 왕과 왕비의 신위가 모셔진 종묘宗廟와, 토지와 곡식의 신에게 제사 지내는 사직社稷이었다. 나라가 망한다는 것은 종묘사직이 없어지는 것을 의미했고, 그래서 종묘사직을 지키는 것이 왕의 첫 번째 임무였다. 영조는 종묘사직을 지켜야 한다는, 왕으로서의 공적 임무를 수행해야 할 천명을 부여받았기에 사적으로는 아버지가 아들을 죽이는 인륜을 범하는 결단을 내릴 수밖에 없었다.

영조가 결단을 실행에 옮겼을 때 염두에 뒀을 것이 바로 역사의 심판이다. 역사는 천명이라는 믿음이 영조로 하여금 사적인 도덕을 초월하게 만들었다. 이처럼 왕조의 국가권력을 수호하는 역사의 신은 잔인하고 냉정하다. 역사의 신은 개인들의 희생을 요구한다. 그렇다면 물을 수 있다. 무엇을 위한 역사인가? 혜경궁 홍씨의 《한중록》은 역사의 신이 가진 악마성을 고발한다.

혜경궁 홍씨가 누구인가? 시아버지 영조가 죽인 사도세자의 아내이자 아들인 정조가 죽음에 이르게 한 홍봉한의 딸이다. 영조, 사도세자, 정조 그리고 생부 모두로부터 한 맺힌 인생을 살아야 했다. 아마 역사상 그녀

만큼 비극적인 인물도 없었을 것이다. 그래서 이윤택은 '패자의 역습'을 위해 혜경궁 홍씨를 연극 무대로 불러냈다고 말했다.

사도세자의 죽음을 목격한 정조는 햄릿처럼 '죽느냐, 사느냐'를 고뇌했을 것이고, 마침내 생존의 줄타기에 성공해 왕이 됐다. 그가 왕이 되자마자 영조의 시신 앞에서 부르짖은 제일성이 "과인은 사도세자의 아들이다"였다. 이는 복수의 선언이고, 실제로 집요하고 교활하게 뜻을 이루었다. 그리고 더 나아가 개인적인 트라우마를 조선왕조의 르네상스를 추진하는 개혁의 에너지로 승화시킴으로써 세종대왕 이래 조선의 명군名君으로 역사에 이름을 남겼다.

이에 비해 혜경궁 홍씨는 어떠한가? 정조의 복수가 그녀의 행복은 아니었고, 반대로 엎친 데 덮치는 불행만을 가중시켰다. 그녀의 입장에서 볼 때, 역사의 신은 악마다. 정치의 거울로서 역사란 권력투쟁에서 승리한 남성의 전리품일 뿐이다. 《한중록》은 역사라는 국가종교로부터 희생당한 여인의 이야기다. "승자는 역사를 쓰고 패자는 소설을 쓴다"라는 말이 있다. 《한중록》은 소설이 아니라 증언이다. 누가 증언을 하는가? 아우슈비츠 생존자가 증언을 한다. 왜냐면 아우슈비츠라는 지옥에서 살아남았다는 것 자체가 죽음의 생존 게임에서 타인을 죽음에 이르게 하고 대신 살아남았다는 죄를 지은 것이기 때문이다. 혜경궁 홍씨 또한 남성들의 당파싸움에 직간접적으로 연루돼 있었다는 혐의를 받아 왔다. 그렇게 생각하는 사람들은 자기 변명을 할 목적으로 혜경궁 홍씨가 《한중록》을 썼다고 주장한다.

이에 대해 이윤택은 "역사적 결과물에 저항해, 자기 삶의 정당성을 끊임없이 호소하고 주장하는 한 조선 여성의 개인적 글쓰기, 그 처절한 주체적 삶 의식을 희곡으로 재구성"하기 위해 〈혜경궁 홍씨〉를 연출했다고 말했다. 혜경궁 홍씨의 《한중록》은 남성 역사가 낳은 그림자의 기록이다. 혜경궁 홍씨에게 삶이란 '죽느냐, 사느냐'가 아니라 '죽느냐, 쓰느냐'였다.

그녀에게 글쓰기는 삶의 고통에서 벗어나게 해 주는 구원의 종교였다. 그녀는 사실을 사실로 적을 것이며, 만약 사실이 아니라면 하늘의 죽으심을 면치 못하리라는 각오로 피로 쓰는 글쓰기를 했다. 이윤택의 〈혜경궁 홍씨〉는 《조선왕조실록》이라는 '숨은 신'이 죽은 우리 시대에서 권력의 화신이던 역사로부터 피해를 당했고 한 맺혔던 궁중여인의 목소리를 복원하는 탈근대 역사극이다.

일제 '식민지 근대'를 역사화하는 탈근대 역사극

한국사에서 가장 쟁점이 되는 주제가 식민지 근대화론이다. 그런데 과연 근대와 민족과 같은 거대담론에 의거하지 않고 일제 식민지시대를 역사화할 수는 없으며 또 그래서는 안 되는 것일까? 이 같은 탈근대의 문제의식으로 그 시대의 역사화의 가능성에 대한 연극적 시뮬레이션을 한 역사극들 가운데 대표작인 〈조선 형사 홍윤식〉과 〈경성스타〉를 살펴본다.

〈조선 형사 홍윤식〉, 식민지 근대에 대한 '지식의 고고학'

이제는 세월이 지나서 기억하는 사람이 별로 없겠지만, 2007년 12월 대통령 선거를 앞둔, 7월에 두 명의 홍윤식이 화제가 된 적이 있다. 한 사람은 현실의 실제 홍윤식이고, 다른 한 사람은 〈조선 형사 홍윤식〉(성기웅

작, 김재엽 연출, 2007)이라는 연극 속 인물이다. 두 사람 모두 미스터리를 갖고 있다는 점에서 공통적이다. 전자의 홍윤식은 당시 한나라당 유력 대선 후보의 대외협력위원회 전문가 네트워크 위원장으로, 같은 당내 경쟁 후보 친인척의 주민등록초본 입수 경위에 관한 미스터리를 푸는 열쇠를 쥐고 있었다. 후자의 홍윤식은 1930년대 경성에서 일어난, 머리가 잘린 유아 살인

연극 〈조선 형사 홍윤식〉 포스터

사건의 미스터리를 풀다가 그 스스로가 미스터리가 된 인물이다.

미스터리와 진실은 모순이다. 진실을 모르기 때문에 미스터리라고 말한다. 대선을 앞둔 시점에는 온갖 미스터리가 범람하기 마련이다. 한 치 앞도 못 내다보는 인간 삶 자체가 미스터리다. 그 미스터리를 과학이 풀수 있다고? 연극은 이런 근대 과학을 웃음거리로 만들었다.

진실은 과연 있을까? 있다면, 그 진실을 누가 어떻게 찾을 수 있는가? 또 찾아낸 진실이 진실임을 어떻게 입증할 수 있는가? 근대 과학은 세계는 법칙에 따라 만들어졌고 인간은 그 법칙을 인식할 수 있다는 공리에 입각해서 성립했다. 공리에 따르면, 우연과 미스터리는 실재하는 것이 아니라 무지의 징표다. 그것은 인간이 아직 그 인과관계를 완전히 해명해 내지 못한 무지 상태에서 나타난 일시적 현상일 뿐이며, 과학적 연구는 우연적 현상을 필연적 법칙으로 설명함으로써 미스터리를 해소할 수 있

다는 믿음을 바탕으로 한다.

하지만 과학이 진실에 이르는 유일한 길일까? 과학은 선험적 전제인 세계는 법칙에 따라 만들어졌으며 인간은 그 법칙을 인식할 수 있다는 것의 진실성을 어떻게 증명할 수 있는가? 탈근대에서 과학은 세계와 인간을 설명하는 유일한 지식체계가 아니라 여러 담론 가운데 하나가 됐다. 인간이 세계와 인간에 대한 지식을 축적하면 할수록 모르는 것이 더 많아지고, 과학기술로 자연을 정복하면 할수록 위험과 재앙은 늘어 간다는 것이 과학의 종말은 아니지만 과학에 대한 믿음의 종말을 가져왔다.

이 같은 불확실성 시대에 과학은 결국 전통적 인식체계인 점성술을 정복하지 못했다. 이는 마치 문명화된 일제가 식민지 조선을 동화시키지 못하고 물러났고, 우리 시대에 한국과 일본은 '가깝고도 먼 이웃'으로 공존하면서도 끊임없이 갈등을 빚듯이, 위 두 가지도 인간의 두 가지 앎의 형태로 병존하면서 상호경쟁을 벌인다. 〈조선 형사 홍윤식〉은 이러한 탈근대 이야기를 일상의 차원에서 해학적으로 펼쳤다.

1930년대 식민지 조선은 전통과 근대라는 '비동시적인 것의 동시성'이 난무하는 카오스적 공간이었다. 연극은 카오스적 일상을 조선어와 일본어, 야만과 문명, 광기와 이성, 미신과 과학, 더러움과 위생이 혼재하는 현실로 재현했다. 일제 식민지 권력은 전자의 낡고 나쁜 것으로부터 후자의 새롭고 좋은 것으로의 이행을 근대로 규정했다. 일제는 조선에서 이러한 이행을 완성시켜 주는 것을 식민지 지배의 정당성으로 설파했다.

내지에서 건너온 홍윤식은 일제 식민지 권력을 '과학'의 이름으로 내면화한 조선 형사다. 연극의 연출가 김재엽은 "내가 일제강점기에 태어났다면 과연 독립운동을 했을까"라는 문제의식으로 홍윤식이라는 인물을 무대에 세웠다고 말했다. 우리가 배운 역사교과서는 이 시대를 일제가 건장한 조선 남자들을 강제징병하고 꽃다운 처녀들을 정신대로 끌고 갔으며, 애국지사들은 만주 등지에서 독립투쟁을 벌였다고 기술했다. 하지만 이렇게 배운 역사지식으로는 연극이 제기하는 불온하지만 중요한 질문에 대한 답이 안 나온다.

당시 조선 지식인들은 물론 일반 대중은 일제 식민지 지배하에서 이등국민으로 살아야만 하는 현실에 울분과 좌절을 겪었다. 하지만 문명과 야만의 이분법으로 식민지 규율 권력을 내면화한 그들은 일제에 대항해 투쟁을 벌여야 한다는 생각을 감히 하지 못했다. 일제가 심어 놓은 '식민지 근대'의 생체권력으로부터 해방되지 않고는 홍윤식처럼 조선 형사가 되어 일제의 협력자로 살아야 했다. 식민지 근대의 이데올로기로 작동하는 과학의 담론으로부터 탈피할 때야 비로소 조선인으로서 자의식 각성과 독립투쟁 의지가 고양될 수 있었다.

일제강점기의 탈정치화된 일상을 재현하는 연극은 정말 기묘한 방식으로 정치 문제를 제기했다. 연극은 식민지 규율권력에 사로잡힌 일제강점기 일상의 무의식을 각성해 의식화시키는 과정을 재연해 식민지 근대의 무의미함과 공허함을 보여 주는 전략을 사용했다. 당시 실제 일어난 죽첨정 '단두유아斷頭幼兒' 사건이라는 엽기적 살인사건의 해결을 둘러싸고 벌어지는 해프닝을 통해 조선의 전통과 일제의 근대 사이의 한판 승부를 연출했다. 조선의 전통과 일제의 근대 가운데 무엇이 우월한가 하는 판가름은 결국 누가 어떤 식으로 사건을 해결하느냐에 달려 있었다.

전통과 근대 모두는 진실이란, 눈에 보이는 것 너머에 존재한다는 점을 인정한다. 차이는 진실에 이르는 방식이다. 홍윤식이 눈에 보이지 않는 단서를 찾기 위해 사용한 것은 현미경이다. 과학은 육안으로 볼 수 없는 사물을 보여 주는 무기를 갖고 있다. 이 과학적 수사의 우상은 셜록 홈스다. 과학적 수사는 모든 진실을 밝혀낼 수 있으므로 완전범죄는 불가능하다는 전제로부터 출발한다.

하지만 과학의 시대에도 인간은 미스터리한 현실을 살아야 한다. 2007년 대선 당시 이명박 후보와 박근혜 후보는 한나라당 내에서 치열한 후보 경쟁을 벌였다. 두 사람 가운데 누가 마침내 대선 후보로 선정되고, 또 누가 차기 대통령이 될 것인가를 과학적으로 예측하는 방식은 여론조사다. 그래서 정치의 계절이 오면 가장 바쁜 곳 가운데 한 곳이 여론조사기관이다. 하지만 여론조사란 현재의 사실을 말할 뿐 미래의 진실을 대변한다고 말할 수 없다. 그래서 선거를 앞두고 여론조사기관처럼 전성시대를 맞이하는 다른 곳이 점집이다. 미래의 결과를 미리 알기를 원하는 정치가들로 점집이 문성성시를 이룬다는 것은 공공연한 비밀이다.

이 경우에서도 "태양에 바래면 역사가 되고, 월광에 물들면 신화가 된다"라고 말할 수 있다. 여론조사기관이 태양에 비친 사실을 말한다면, 점집은 월광에 물든 허구를 이야기한다. 그렇다면 둘 가운데 어떤 것이 진실을 말하는가? 근대 과학적 사고에 따르면, 전자의 사실만이 진실이고 후자의 허구는 거짓이다. 하지만 우리는 과학에 만족하고 사는가? 과학이 우리 삶의 모든 진실을 해명해 주는가?

예컨대 사후 세계에 관한 것과 같은, 인간이 가장 알고 싶은 진실은 태양 아래 명명백백한 사실로 밝혀지는 것이 아니라 불가사의한 미스터리로 존재한다. 그래서 연극의 결말 또한 사건의 진실을 속 시원히 밝히지 못하고 미스터리로 남기는 것으로 애매하게 처리됐다. 결국 자기 나름대로의 방식으로 찾은 각자의 진실만이 있을 뿐인가? 연극에서 일본을 대표하는 이노우에 주임은 법의학자가 밝힌 과학의 진실을 믿었다. 왜냐하면 그럼으로써 일본 내지로 영전해 가는 꿈을 이룰 수 있기 때문이다. 도깨비의 도움으로 피해자의 머리가 남자아이에서 여자아이로 바뀜으로써 법의학적 진실이 전도됐다는 것은 그에게 전혀 문제가 되지 않았다. 사건 해결의 공을 세워서 내지로 영전해 가는 꿈을 이뤘다는 것만이 중요한 사실이었다.

이에 반해 조선 형사 홍윤식은 '과학적' 수사로 출발했지만 결국 해결의 실마리는 도깨비의 도움으로 풀었다는 트라우마에서 벗어나지 못함으로써 카오스에 빠졌다. 그는 과학이라는 태양과 주술이라는 월광 사이에서 정체성 위기에 봉착했다. 법의학적 사실이 주술적 진실에 의해 전도되는 경험을 한 이후 그가 어떤 삶을 살았는지에 대해 연극은 말하지 않고 미스터리로 남겼다.

그 이후 이야기에 대한 상상은 관객의 몫이다. 해설자인 마리아는 마지막 대사로 홍윤식은 아마 아이의 진짜 머리와 몸통을 찾지 않고는 다시 돌아오지 않을 것 같다는 말을 했다. 왜 그는 그 사건의 진실을 밝히는 것에 인생 전부를 걸고자 했을까? 바로 조선인으로서 자기정체성에 관한 문제였기 때문이다. 행방불명된 조선 형사 홍윤식은 아마 유아 살인의 미스터리를 찾아서 헤맨 것이 아니라, 식민지 근대의 모순을 깨닫고 이후 독립투사의 삶을 살았을지 모른다.

1930년대 그들이나 오늘의 우리는 똑같이 낮과 밤 그리고 현실과 꿈이라는 두 세계를 왕래하며 일상을 반복한다. 연극을 보면서 과거 그들과 현재 우리가 그렇게 다르지 않은 삶을 살고 있다는 것을 새삼 깨닫는다.

일상이란 기본적으로 반복으로 이뤄진다. 반복되는 삶은 무의식적인 삶이기 때문에 역사가 없는 곳으로 여겨졌다. 하지만 일상에서 역사를 발굴하는 일상사라는 새로운 역사서술이 등장했다.

프로이트 심리학이 주장하듯이 의식이란 결국 무의식이라는 빙산의 일각으로 드러난 부분이고, 삶의 진실은 드러난 의식이 아니라 잠재된 무의식에 숨어 있다. 마찬가지로 역사적 진실은 일어난 사건들의 인과관계를 구성하는 과학적 연구가 아니라 일상적 삶의 무의식을 발굴하는 '고고학적' 작업을 통해서 드러날 수 있다.

종래의 역사학은 일제강점기 조선에서 식민지 근대화가 이뤄졌는지 아니면 제국주의적 수탈만이 자행됐는지를 둘러싸고 논쟁을 벌였다. 후자의 수탈론은 연극이 보여 주는 것처럼 1930년대에 우후죽순처럼 나타난 근대적 현상들을 부정하는 오류를 범했다. 이에 반해 식민지 근대화론은 일제강점기를 미화한다는 혐의로부터 자유롭지 못했다.

조선의 식민지 근대를 보는 제3의 눈은 일상사적인 문제의식으로부터 열릴 수 있다. 1930년대 경성은 일상의 전통과 근대가 혼재하던 곳이다. 일제는 전자는 야만이고 후자는 문명으로 재단하는 에피스테메로 식민지 규율권력을 일상생활 속에 각인시키고자 했다. 식민지 근대화론은 이런 제국주의 논리를 계승하고 있다는 점에서 비판의 대상이 된다. 식민지 근대화론에 대한 부정이 수탈론의 긍정은 아니다. 일제강점기에도 우리 역사가 근대를 향해 나아갔다는 것은 부정할 수 없는 사실이다. 단지 문제는 전통과 근대를 선악의 이분법이 아니라 인간 삶의 본질적 이중성, 곧 모순적인 동전의 양면으로 이해해야 한다는 것이다.

연극에서 사환 손말희는 셜록 홈스의 존재 여부를 홍윤식에게 물었다.

과학의 신봉자인 그는 무식한 그녀에게 사실과 허구의 차이를 설명한다. 하지만 결국 도깨비가 진실을 알려 주었으며 무당이 그것을 예시했다는 것을 깨달은 후 그녀는 "그래, 얘기 속에서만큼은 그럴 듯하게 살아 있으니까 … 그 얘기가 살아 있는 한 쉽게 죽을 수가 없겠구나"라고 말했다. 이야기로 존재하는 것도 실재하며 또 이야기가 덧붙여짐으로써 그 주인공은 계속해서 살아 움직이는 존재가 된다. 어쩌면 현재 존재하는 모든 것 또한 사라지고 이야기되는 것만이 계속해서 존재하는 것으로 여겨지기 때문에, 참 실재로서 진실이란 이야기의 형태로 존재하는 것이라고 말할 수 있다. 현재 우리가 로렐라이 언덕을 찾아가는 이유는 그에 대한 전설이 이야기로 전하기 때문이고, 낙화암이 존재하는 것은 의자왕의 3000 궁녀 이야기를 통해서다.

인간이 꿈꾸는 한 도깨비와 같은 전통적 실재는 문명화된 근대사회에서도 존재한다. 인간은 꿈꾸는 존재다. 프로이트는 꿈이란 미래의 예시라기보다는 과거의 결핍에 대한 보상이라고 말했다. 현재의 결핍을 과거에 투사함으로써 미래를 꿈꾸는 것이 인간이고, 그럼으로써 문명을 이룩한 유일한 동물이 됐다. 인간은 꿈꾸지 않고는 현실을 살 수 없는 존재지만, 꿈속에서만 사는 인간은 광인이다.

식민지시대 조선의 일상생활에서 전통은 야만이 아니라 조선인 나름대로 이룩한 집단적 꿈의 세계였다. 조선인으로서의 정체성은 그 꿈을 공유하면서 같이 키워 나가는 가운데 형성되며 보존됐다. 전통과 근대는 야만과 문명의 이분법으로 나뉘는 대상이 아니라 근원적으로는 꿈과 현실처럼 교차하는 인간 삶의 두 세계를 지칭하는 다른 이름일 수 있다. 모든 시대 인간은 이 두 세계를 살지만, 그 사는 모습은 반복과 차이로 나타나며 그 과정에서 이뤄 낸 것들로 인간 역사는 진화한다. 전통시대 인간이 말과 문자로 꿈의 세계를 열었다면, 근대인들은 영상으로 꿈의 세계를 그려 냄으로써 '꿈의 공장'으로서 영화를 향유한다.

일상생활 차원에서 보면, 인간의 삶에서 "하늘 아래 새로운 것은 없다"라는 성경 말씀이 맞지만, "하늘 아래 똑같은 것 없다"라는 것 또한 진실이다. 인간은 현실의 막다른 골목에서 도깨비와 같은 허구의 존재를 꿈꾼다. 그들에게서 영감을 얻고, 또 무당을 찾아가서 불확실한 미래에 대한 상담을 한다. 이것이 시간과 문화의 차이를 넘어서 반복하는 인간 삶의 방식이다. 1930년대 일상생활과 오늘날 우리 삶의 모습은 연극과 현실에 나타난 두 명의 홍윤식처럼 다르면서 같다. 식민지 근대의 일상에 대한 '고고학적' 탐구는 민족의 거대서사가 아니라 일상적 삶의 차이와 반복을 이야기한다.

불확실한 현실과 미래의 리스크risk를 감수해야 하는 인간에겐 삶 그 자체가 미스터리다. 우리는 미스터리를 태양 아래서 사라지게 만들 것이 아니라 월광에 물든 인간 삶의 비밀로 즐기면 된다. 〈조선 형사 홍윤식〉은 거대담론 역사의 무게를 거둬 내고 일상적 삶의 즐거움과 의미를 관객들에게 보여 줌으로써 날마다 반복되는 삶의 참을 수 없는 존재의 가벼움을 벗어나게 해 주는 탈근대 역사극이다.

〈경성스타〉, 역사가 된 연극, 연극이 된 역사

1910년대부터 1945년까지 한반도의 역사는 한국사인가, 일본사인가? 당시 한국은 없었고 일본제국 식민지로서 조선만이 있었다. 그 당시 조선인은 한국인이 아닌 일제의 신민으로 살았다. 오늘날 우리는 그

시대를 일제강점기라고 시대구분
하면서 한국사의 일부로 당연하게
포함시킨다. 하지만 일제강점기에
황국신민으로 살다가 도둑처럼 찾
아온 해방을 통해 다시 조선인이
돼야 했던 사람들의 삶을 한국사
의 시각으로 서술하는 것이 과연
객관적인 역사일까?

연극 〈경성스타〉 포스터

〈경성스타〉(김윤미 작. 이윤택 연출,
2010)는 우리 연극의 암흑기라 불
리던 1920~1940년대 연극인들의
삶을 무대로 불러냈다. 일제가 진주만을 폭격하면서 연합군과 전쟁을 벌
이던 1940년대는 조선총독부의 억압과 검열이 극에 달한 시기였다. 일본
어를 '국어'라 부르는 것을 강요당한 시대 조선에서 조선어로 연극한다
는 것은 무엇을 의미하는가? 〈사랑에 속고 돈에 울고〉를 연출해서 유명
해진 임선규는 연극을 계속하기 위해 일본인과 조선인은 공동운명체임
을 주입하는 〈빙화〉를 상연해 제1회 국민연극경연대회 단체상을 수상했
다. 그렇다면 그는 일제 협력자인가, 아니면 순전히 연극을 할 목적으로
일제에 협력했을 뿐인가?

과거의 그들은 죽고 없고 그들의 이야기만이 있다. 〈경성스타〉는 민족
이 아닌 연극인의 관점으로 그들의 이야기를 당시 공연된 연극들을 중심
으로 플롯 구성해 무대에 올린 메타연극이다. 오늘의 한국 연극이 존재
할 수 있는 것은 그들의 고뇌와 열정 그리고 눈물이 있었기 때문이다. 한

국 근대 연극 최초의 여성 스타 이월희는 "조선의 집 나간 노라는 어디로 갔을까"라고 물었다. 조선의 여배우는 모두 집 나간 노라라는 것이다. 당시 가부장사회에서 연극배우가 되고 싶던 여성들은 가출해 극단에서 생활할 수밖에 없는 처지였기 때문이다. 〈경성스타〉는 당시 연극의 풍속도를 그려 내는 것을 넘어 어떤 진통과 희생 속에서 한국 근대 연극이 탄생했는지를 연극사적으로 재구성해 보여 준 연극이다.

역사가 일제시대, 해방공간, 분단시대로 격동적으로 바뀌어도 삶은 계속됐듯이 연극인들은 연극을 계속했다. 그들에게 연극은 존재의 의미였다. 배우가 되기 위해 남매가 함께 집을 나와 천신만고 끝에 배우가 됐지만, 역사의 격동 속에서 꿈이 좌절되는 위기를 맞이한 오빠 전민은 마지막 대사에서 여동생에게 말했다. "혜숙아, 연극인에게는 근본적으로 이데올로기가 없어. 나는 내가 할 수 있는 연극을 하러 북으로 가는 거고, 너는 남쪽에서 기회를 주니까 여기서 연극을 하는 거야. 그러니 우리 서로 헤어진다고 서러워 말자. 연극 만세다. …"

이처럼 연극인들의 삶과 연극을 이제는 민족과 친일, 좌와 우의 이분법으로 재단하는 것이 아니라 모두 한국 연극사의 한 페이지로 무대에서 재현했다. 이런 연극이 나왔다는 사실은 그만큼 우리 역사의식이 성숙했음을 보여 주는 증거다. 우리는 이렇게 "역사가 된 연극, 연극이 된 역사"를 보면서 우리 자신이 그 시대 연극인으로 살았다면 어떤 선택을 했을지 반성한다. 역사가 마르크 블로크가 조국 프랑스가 독일 나치에 의해 점령당하는 현실에 직면해서 《역사를 위한 변명》을 썼다면, 〈경성스타〉에서 임선규의 마지막 대사는 역사가 아닌 "연극을 위한 변명"이다. 그는 조선의 여인이 러시아 군인들에게 2층에서 강간을 당하는데 1층에서 통소나

붙어야 하는 것이 조선 남자의 처지였고, 그것이 식민치하에서 연극인의 운명이었다고 회상한다. 그는 오늘날 우리에게 자기 심정을 토로한다. "여러분이 나를 작가로 대접해 준다면, 내가 만든 인물을 믿고 그 속으로 들어와 주시오."

〈경성스타〉는 오늘 우리를 있게 한 그들을 민족이나 이데올로기로 심판할 것이 아니라 공감할 목적으로 만든 연극이다. 인간이 위대한 것은 공감할 수 있는 능력이 있기 때문이다. 인간에게는 거울신경세포가 있어서 타인의 생각이나 행동을 개념적인 추리를 통해서가 아니라 직접적인 시뮬레이션을 통해 마치 자신의 것인 양 이해하는 능력이 있다는 것을 최근의 유전학 연구는 밝혀냈다. 인간이 연극하는 동물이 될 수 있던 것도 거울신경세포가 있기 때문이다.

지구상에 존재하는 수많은 동물 가운데 오직 인간만이 과거와의 대화를 통해서 역사라는 서사를 만들 수 있는 것도 거울신경세포 덕분이다. 연극이든 문자를 매개로 해서든 현재의 우리가 과거의 그들과 대화를 하기 위해서는 일단 그들의 인생을 공감하려는 노력부터 해야 한다. 그렇지 않으면 우리는 나중에 태어나서 결과를 이미 알고 있다는 오만으로 그들 삶을 심판하는 재판관이 되곤 한다. 현재의 입장에서 과거를 심판하는 역사로부터 배우는 교훈은 언제나 편파적이고 불완전하다. 현재의 잣대가 미래에는 다시 심판의 대상이 되기 때문이다.

오늘의 우리가 과거의 그들과의 만남을 통해 즐거움과 교훈을 얻을 수 있다는 것이 역사를 읽고 연구하는 이유다. 이 같은 역사의 존재 이유를 충족하기 위해서는 《역사사용설명서》(권민 옮김, 공존, 2009)의 저자 마거릿 맥밀런이 썼듯이, "역사는 현 세대를 만족시키기 위해서 쓰여선 안 되고,

인간사가 복잡하다는 사실을 일깨워 주기 위해 쓰여야 한다.”

복잡하다는 건 애매하다는 것이 아니라 의미가 많다는 것이다. 오늘날 우리는 일제강점기보다 훨씬 더 복잡하고 애매한 세계화시대에 살고 있다. 이 불확실성의 시대를 어떻게 살 것인가? 기차역에서 내리자마자 달려드는 거지들에게 동냥을 주며 한겨울에 집도 없는 사람들이라고 불쌍해 하는 차홍녀를 향해, 전민은 “집도 없이 떠돌아다니는 건 우리도 마찬가지요”라고 신세를 한탄했다. 그러자 그녀는 말했다. “그래도 우리에게는 연극이 있잖아. 그렇지요? 후배님.” 이렇게 민족과 계급의 이름으로 역사의 희생자가 됐던 사람들을 인생 연극 무대로 호명해 그들 삶의 의미를 되찾아 주는 것이 탈근대 역사극이다.

탈근대 역사뮤지컬

한국의 대중문화에서 새로운 경향은 뮤지컬 시장의 급성장이다. 뮤지컬 산업은 최근 5년간 매년 15퍼센트대 성장세를 보이며 3000억 원대 이상의 시장을 형성했다. 미국 뉴욕의 브로드웨이, 영국 런던의 웨스트엔드로 양분돼 있는 세계 뮤지컬 시장에서 한국은 3대 시장으로 발돋움했다. 이에 따라 한국은 세계 뮤지컬 공연의 실험장이 되면서, 역사를 다룬 여러 작품이 무대에 올려졌다.

오늘날 우리는 1960년 4·19혁명 이후로 1987년 6월 항쟁까지 한국사회의 변혁운동이 ‘희미한 옛 사랑의 그림자’가 된 탈혁명 시대를 살고 있다. 이제는 옛사랑에 대한 추억을 노래하는 뮤지컬이 나오는가 하면, 혁명이 낳은 역사의 상처와 재난을 고발하는 작품도 공연된다. 2013년 거의 같은 시기에 프랑스혁명을 정반대의 관점으로 다룬 역사뮤지컬 〈레미제라블〉과 〈스칼렛 핌퍼넬〉이 공연됐다.

탈근대 역사극의 특징 가운데 하나가 '역사의 인간'이 아닌 '인간의 역사'를 주제로 한다는 점이다. 이런 관점에서 끝으로 베트남전쟁의 문제를 '아래로부터의 역사'의 관점으로 다룬 〈캣츠〉, 〈레미제라블〉, 〈오페라의 유령〉과 함께 세계 4대 뮤지컬의 하나로 손꼽히는 〈미스 사이공〉을 살펴본다.

〈레미제라블〉과 〈스칼렛 핌퍼넬〉, 프랑스혁명의 두 얼굴

프랑스혁명 발발 200주년이 되던 해인 1989년 프랑스혁명사의 교황이라 불리던 프랑수아 퓌레는 "프랑스혁명은 끝났다"라고 선언했다. 그렇다면 1789년 이래로 그때까지 200년 동안 프랑스혁명이 지속됐단 말인가? 일반적으로 전형적인 부르주아 혁명으로 일컬어지는 프랑스혁명은 미국혁명과 함께 근대 혁명의 아이콘이다.

혁명을 지칭하는 'revolution'의 라틴어 어원은 회귀, 순환을 의미하는 'revolutio'다. 영국에서 찰스 1세가 1649년 처형됐다가 1660년 왕정복고가 일어난 것을 revolution이라 부른 것처럼 원래 의미는 정상적인 상태로의 복귀였다. 그러던 것이 오늘날처럼 '비합법적인 수단으로 국가체제 또는 정치체제를 변혁하는 일'로 의미가 전도되는 시점이 18세기 중엽 계몽사상이 대두하면서부터다. 왜 이처럼 의미가 정반대로 바뀌는 일이 일어났을까? 독일 역사가 라인하르트 코젤렉이 개념사 연구를 통해 밝혀냈듯이, 이 시기에 만드는 역사개념이 출현했다. 역사란 과거에 일어난 일을 기록하는 것을 넘어서 미래의 기획이라는 생각이 생겨난 것이다. 새역사 창조라는 말을 사용하는 것도 그래서 가능해졌다. 사람들이 역사는 순환하는 것이 아니라 앞으로 나아간다고 생각하면서 과거면서 미래인 역사개념이 등장했다. 이러한 근대 역사개념에 입각해서 진보를 위해 많은 인간이 운동을 벌이는 것으로서의 혁명 개념이 탄생했고, 이 과정에서 결정적 역할을 한 것이 프랑스혁명이다.

역사학에서는 프랑스혁명 이전의 사회질서를 앙시앵 레짐, 곧 구체제라고 부른다. 근대 이전 서구의 봉건사회는 이른바 기도하는 사람, 싸우는 사람 그리고 일하는 사람이 각각 역할을 수행함으로써 유지되는 신분제 사회였고, 이 같은 신분질서를 근간으로 구체제가 유지됐다. 구체제의 붕괴가 일어나는 조짐은 위의 세 신분에 포섭되지 않는, 부르주아라 불리는 새로운 사람들이 등장해 구체제의 모순을 타파하려는 노력을 기울이면서 나타났다. 신분은 태생적인 생물학적 요인으로 결정되지만, 부르주아는 경제적 부와 자신의 능력에 입각해서 사회적 질서와 인간관계가 형성돼야 한다고 생각하는 사람들이다. 근대란 전자의 신분사회에서 후자의 계급사회로의 이행이 일어난 시대고, 이 같은 이행을 드라마틱하게 성취한 근대 혁명의 전형이 프랑스혁명이다.

프랑스혁명은 과연 역사의 진보를 이룩했는가? 역사학에서 이에 대한 정반대의 두 해석이 있다. 하나는 프랑스혁명 이후의 세계사는 프랑스혁명의 3대 이념인 자유, 평등, 우애가 실현되는 과정이라고 보는 고전적 또는 정통주의 해석이다. 이에 따르면 부르주아 혁명으로서 프랑스혁명은 자유는 실현했으나 계급간의 불평등 문제를 해결하는 데까지는 나아가지 못했고, 혁명의 미완성을 완수하는 역사의 진보를 이룩한 것이 1917년 러시아혁명이라는 것이다.

이에 반해 프랑스혁명은 역사의 진보가 아니라 파국이라고 보는 것이 수정주의 해석이다. 프랑스혁명은 '일반의지', '혁명의 적', '이성의 절대 존엄자'와 같은 새로운 정치언어를 만들어 내서 그 같은 담론으로 여론을 조작해 국민 전체를 공포와 테러의 희생자로 만드는 역사의 비극을 연출했다는 것이다. 마르크스주의 세례를 받은 정통주의 해석이 프랑스혁명을 구체제의 모순을 타파하고 근대사회로의 이행을 촉진한 진보적 사건으로 보는 반면, 수정주의 해석은 혁명이 야기한 이념적이고 사회경제적인 성과의 허구성을 밝혀내 혁명이 남긴 역사의 부정적 유산을 부각시킨다.

두 해석 사이의 공방은 1989년 현실사회주의 국가들이 붕괴하면서 마르크스주의가 이념적 허상에 불과했다는 것이 만천하에 드러나자 새로운 국면을 맞이했다. 자유민주주의가 진보의 종착점이라는 프랜시스 후쿠야마의 역사의 종말 테제가 언급되는 시대 분위기 속에서 수정주의 해석의 대부 퓌레는 프랑스혁명을 러시아혁명의 전사前史로 보는 정통주의 해석을 폐기처분해야 한다는 의미로 "프랑스혁명은 끝났다"라고 선언했다. 심지어 좌파 지식인을 대표하던 위르겐 하버마스도 동구권 사회주의 체제가 민중혁명으로 몰락하는 1989년 혁명을, 1789년 혁명 이념을 200년 후에서야 비로소 성취하는 '만회혁명'이라 불렀다.

퓌레가 현실로서 프랑스혁명을 평가했다면, 하버마스는 인류의 꿈으로서 프랑스혁명의 의미를 강조했다. 다시 말해 현실로서의 프랑스혁명은 종결됐지만, 자유·평등·우애의 이념을 실현시킨다는 프랑스혁명의 이상은 여전히 인류 전체가 실현시켜야 할 꿈으로 남아 있다는 것이다. 인간 삶에서 현실과 꿈은 동전의 양면이다. 어느 쪽을 중시하느냐에 따라 그 사람의 인생관과 세계관이 결정된다.

일반적으로 말해, 기존 현실을 중시하는 사람은 우파 보수주의자가 되는 반면, 꿈을 실현시키고자 하는 사람은 좌파 진보 진영에 서는 경향이 있다. 이에 따라 프랑스혁명의 재현도 극단적으로 이뤄진다. 실제로 우리나라에서 연극은 물론 뮤지컬로 〈레미제라블〉, 〈두 도시 이야기〉, 〈몬테크리스토 백작〉, 〈스칼렛 핌퍼넬〉, 〈마리 앙투아네트〉 등 프랑스혁명을 배경으로 한 작품들이 공연됐다. 이 가운데 〈레미제라블〉과 〈스칼렛 핌퍼넬〉이 프랑스혁명을 보는 양 극단의 시각을 잘 보여 주었다. 이 두 작품이 거의 같은 시기에 무대에 올랐다는 사실은 한국사회의 꿈과 현실의 '비동시적인 것의 동시성'이 얼마나 심각한지를 적나라하게 드러내는 증거다. 〈레미제라블〉과 〈스칼렛 핌퍼넬〉은 한 나라에 두 국민이 살고 있다고 말할 정도로 분열돼 있는 우리 현실을 비춰 주는 거울이다. 그렇다면 이 두 거울에 비친 우리의 서로 다른 자아는 무엇인가?

뮤지컬 영화 〈레미제라블〉 포스터

뮤지컬 영화 〈레미제라블〉(톰 후퍼 감독, 2012)은 2012년 대선일인 12월 19일에 개봉해서 누적 관객 수 400만 명을 넘겼다. 이는 한국 뮤지컬 영화사상 신기록이다. 뮤지컬과 영화의 장점을 잘 융합해 시너지 효과를 거뒀다는 점이 성공 요인으로 언급됐다. 하지만 그보다도 더 중요한 것이 타이밍이다. 영화 〈관상〉의 유명한 대사처럼 파도를 일으키는 것은 바람이므로 작품은 바람을 타야 대박이 날 수 있다. 대선에서 진보 진영의 패배가 바람을 일으켰다. 대선 패배로 '멘붕' 상태에 빠진 야권 후보 지지자들에게 영화는 아픔을 치유해 주고 상실감을 보상받는 희망의 메시지가 됐다. 혁명은 실패했고 민중의 영웅은 처절하게 죽었다. 하지만 영화 엔딩은 희망을 노래했다. 죽은

뮤지컬 〈스칼렛 핌퍼넬〉 포스터

자와 산 자가 함께 부르는 "오늘 우리가 죽으면 다른 이들이 일어서리. 이 땅에 자유가 찾아올 때까지"라는 〈민중의 노랫소리가 들리는가(Do You Hear the People Sing)〉는 바로 과거이면서 미래인 역사의 합창이었다.

　〈레미제라블〉에서 혁명의 메시지가 미래의 희망이었다면, 〈스칼렛 핌퍼넬〉(데이비드 스완 연출, 2013)은 당시 프랑스 현실의 절망을 상기시켰다. 후자는 프랑스혁명의 모순과 비극을 같은 시대 다른 세계인 영국과의 대조를 통해 부각시켰다. 대륙의 프랑스에서는 로베스피에르의 공포정치로 테러와 살상이 난무하는 데 반해, 바다 건너 영국인들은 사치와 안락함을 향유했다. 프랑스혁명은 역사의 주인공을 시민으로 바꿨지만, 영국은 여전히 왕과 귀족이 지배하는 나라였다. 〈스칼렛 핌퍼넬〉은 전자보다는 후자를 더 인간적이고 행복한 체제로 묘사했다. 그리고 여주인공 '미그리트'로 대표되는 프랑스 시민의 불행을 구원하는 백기사로 영국 귀족 '퍼

시'를 등장시켰다. 과연 이것이 역사의 진실이었을까?

2막 2장에서 '퍼시'는 혁명으로 공화국이 된 프랑스를 이렇게 조롱했다. "또 시민이군요. 세상에는 온통 시민뿐이죠. 개나 소도 곧 시민이 되겠죠. 대단한 일이에요." 여기서 개나 소는 누구인가? 귀족이 아닌 민중을 지칭하는 말이 아닌가? 전형적인 귀족의 관점과 시선이다. 그는 혁명 프랑스에 대한 도전은 '인류를 위한 전쟁'이라고 선언했다. 참을 수 없는 혁명의 무거움에 대항하는 그의 전략은 조롱과 풍자의 가벼움이었다. 그는 바보의 가면을 쓰고 영웅 행동을 하는 낭만주의자였다. 실제로 역사에서 낭만주의는 계몽주의의 안티테제로 나왔다.

한국사회도 혁명을 꿈꾼 시대가 있었다. 1980년대다. 이제는 혁명이 '희미한 옛사랑의 그림자'가 된 시대에서 우리는 어떻게 살아야 하는가? 혁명은 가도 사람은 남는다. 〈레미제라블〉은 장발장과 자베르라는 두 사람을 남겼다. 자베르는 이성과 질서, 곧 프랑스혁명의 화신이었다. 하지만 그는 인생의 패배자가 됐다. 이에 비해 장발장은 사랑과 용서로 제2의 인생을 살았다. 그를 부활시킨 것은 두 가지, 신부와 혁명이었다.

시대는 변해도 인간은 변하지 않기에 역사는 반복한다. 그렇다면 혁명으로 인류역사가 바뀔 수 있을까? 영화 〈설국열차〉에서처럼 인간의 의지와 노력은 계속해서 혁명의 불가능성에 도전한다. 이런 인간이기에 역사의 수레바퀴는 순환하면서 앞으로 나아간다. 결국 역사의 진보라는 희극은 인간 삶의 비극을 반복하면서 상연된다는 것을 두 뮤지컬은 프랑스혁명의 두 얼굴로 보여 주었다.

〈미스 사이공〉, 전쟁·사랑 그리고 역사

미국의 역사가 찰스 틸리는 "전쟁이 국가를 만든다"라고 말했다. 왕조 국가시대에서 전쟁은 왕들의 전쟁이었다. 원칙적으로 전쟁은 왕이나 주 군에 속한 병사들끼리의 싸움이었다. 영화 〈황산벌〉이 잘 보여 줬듯이, 전쟁은 '거시기'와 같은 민초가 아닌 김유신, 계백, 김춘추, 의자왕 등 그들 만의 리그였다. 이 시대에는 "국가가 전쟁을 만든다"라고 말할 수 있었다.

하지만 근대 국민국가 시대에 오면 전쟁의 양상은 달라진다. 1789년 일어난 프랑스혁명은 왕정을 타도하고 공화국을 세웠다. 이 공화국이 바로 프랑스 민족이었다. 민중혁명을 두려워한 유럽의 왕조들은 프랑스에 구체제를 복원시킬 목적으로 연합해 대對 프랑스전쟁을 벌였다. 그러자 프랑스 민족 전체가 조국을 수호하려는 전쟁에 참여함으로써, 모든 성인 남자가 군대에 동원되는 국민개병 제가 생겨났다. 이 과정에서 "나가 자 조국의 아들딸들아 / 영광의 날 이 왔다! / 압제에 맞서 피 묻은 깃 발을 올려라"로 시작하는 프랑스 국가 〈라 마르세이즈〉가 창작됐다. 외세와 맞서는 전쟁을 통해 프랑스 라는 국가는 굳건한 초석 위에 세 워질 수 있었다.

거의 모든 국민국가가 전쟁을 통해 건국됐다. 독일이 그러하고,

세계를 울린 뮤지컬
미스 사이공

뮤지컬 〈미스 사이공〉 포스터

미국도 마찬가지다. 영국만이 예외적으로 '무혈혁명'을 통해 입헌공화정을 만들어 냈다. 하지만 영국은 그 이전에 크롬웰에 의한 피비린내 나는 내전이 벌어졌다. 제2차 세계대전 이후 식민지에서 해방된 이른바 '제3세계' 나라들에서도 거의 예외 없이 전쟁이 국가를 만들었다. 이 전쟁을 '민족해방전쟁'이라고 부른다. 베트남전쟁은 가장 전형적인 '민족해방전쟁'이다.

베트남인은 세계 최강인 미군과 싸워 이겼다. 기적을 이룩한 베트남인들은 이 전쟁을 위대한 민족서사로 만듦으로써, 피와 땀으로 성취한 조국의 영광을 후손에게 길이 전하고자 한다. 하지만 베트남전쟁을 오직 민족해방전쟁 서사로만 이야기할 때, 실제 그 역사를 만든 인간은 설 자리를 상실한다. 예컨대 한국의 국사교과서에 나와 있는, 신라에 의한 삼국통일전쟁이나 임진왜란의 기술을 보라. 오직 왕조와 민족 관점으로만 서술되어 있을 뿐이다. 이에 반해 영화 〈황산벌〉에는 '거시기'와 같은 민중의 삶과 계백장군 아내의 목소리가 있다.

모든 역서서사의 주인공은, 스위스의 역사가 야코프 부르크하르트의 말대로, "인내하고, 노력하며, 행동하는 인간"이 돼야 한다. 당연하지만 오늘날 대부분의 역사가가 망각하고 있는 이 같은 역사의 진실을 역사뮤지컬 〈미스 사이공〉이 상기시켰다. 세계 4대 뮤지컬 가운데 하나로 꼽히는 이 작품은 과거의 사실은 아니지만 역사의 진실을 이야기했다. 이는 역사가들이 말하는 베트남전쟁과 다른 이야기다. 민족과 국가 또는 사상과 이념이 아니라 인간 삶을 위해 베트남전쟁이 무슨 의미가 있는지 노래했다. 도대체 무엇을 위한 전쟁이었는가?

전쟁이란 적군이라는 이유만으로 개인적으로는 아무런 원한이 없는 타자를 죽이는 것을 합법적으로 승인하고 적군을 많이 죽이면 죽일수록 애국자로 영웅 대접을 받는 가장 비인간적인 상황이다. 전쟁을 수행하는 힘이 증오와 복수라면, 그것과 정반대되는 감정이 사랑이다. 인간은 가장 더러운 곳에 있으면 있을수록 가장 깨끗한 것을 더욱더 갈망하는 존재다. 그래서 진흙탕 속에서 연꽃이 피어나듯이, 인간은 전쟁의 한가운데서도 사랑을 한다. 인간은 전쟁의 지옥 속에서도 사랑하는 존재이기 때문에 인간성을 잃지 않을 수 있었다.

〈미스 사이공〉은 전쟁에서 꽃 핀 사랑 속에서 인간을 발견하고 인간성을 노래하는 뮤지컬이다. 하지만 뮤지컬의 결말, 곧 현실은 냉혹하고 비극적이다. 전쟁 속에서 꽃핀 사랑이란 것도 결국 현실이 더럽고 추하면 추할수록 깨끗함과 아름다움을 추구하는 인간이 만든 허상임을 보여 주었다. 그래서 사랑은 슬프고 인생은 허무하다.

모든 인간의 이야기는 인류학자 말리노프스키의 말대로, "그들은 태어나서, 사랑하다, 죽었다"로 요약할 수 있다. 이 '그들' 가운데 〈미스 사이공〉은 전쟁의 최대 피해자이며 역사의 가장 변두리에 있던 사람들을 위한 헌사다. 생존을 위해 몸을 팔아야 했던 베트남 여인과, 프랑스인 아버지와 베트남 여인 사이에서 혼혈로 태어난 '엔지니어'라는 포주, 그리고 베트남전쟁에서 미군과 베트남 여인 사이에서 태어나 버려진 혼혈아 '부이도이Bui Doi'가 바로 '그들'이다. 민족해방전쟁으로서 베트남전쟁은 마침내 외세를 몰아내고 민족국가를 세움으로써 '엔지니어'에서 '부이도이'까지 이어지는 비극적 역사의 고리를 끊었다. 하지만 베트남전쟁을 민족해방전쟁으로만 이야기하면 전쟁이 국가를 만드는 과정에서 희생시킨 '그들' 삶은 망각된다. 오늘날 역사학이 망각한 사람들의 삶을 발굴하여 이야기한다는 것이 연극, 뮤지컬, 영화의 힘이다.

그렇다면 역사에 희생당한 '그들' 삶을 발굴해 이야기한다는 것이 지금 우리에게 무슨 의미가 있는가? 그것은 어제가 아닌 오늘의 문제고 그들이 아닌 우리의 역사가 될 수 있기 때문이다. 아직 전쟁이 끝난 것이 아니라 휴전 상태에 있는 한반도에서 또 다시 전쟁이 일어난다면 남북한 대다수 주민의 인생이 불행해질 뿐만 아니라 그동안 피땀으로 이룩한 모든 성과가 한순간에 수포로 돌아갈 수 있다.

이 같은 위기 상황을 타개하기 위해서 우리는 분단체제를 해소하고 평화체제를 구축하려는 노력부터 최우선적으로 해야 한다. 핵전쟁의 위협 속에서는 민족통일보다는 한반도 평화체제 구축이 더 시급한 과제다. 이 같은 시대적 요청에 직면해서 국가와 민족이 아니라 인간 삶을 위한 역사를 이야기하는 탈근대 역사극이 연극, 뮤지컬, 영화의 장르로 더 많이 나오면 나올수록 미래 후손들을 위해 좋으며, 현재의 우리를 행복하고 즐겁게 만든다.

참고문헌

간디, 릴라, 이영욱 옮김, 《포스트식민주의란 무엇인가》, 현실문화연구 2000

강성호, 《마르크스주의 역사학의 새로운 시작을 위하여》, 책세상, 2003

강영안, 《타인의 얼굴 : 레비나스의 철학》, 문학과지성사, 2009

고병익, 《아시아의 역사상》, 서울대학교출판부, 1969

곽차섭 엮음, 《미시사란 무엇인가》, 푸른역사, 2000

곽차섭, 〈뮤즈들에 둘러싸인 클리오 : 세기말 서양 역사학과 문학의 라프로쉬망〉, 《문학과사
　　회》 69호, 문학과지성사, 2005

그로네마이어, 안드레아, 권세훈 옮김, 《연극 : 한 눈으로 보는 흥미로운 연극이야기》, 예경,
　　2005

그루트, 제롬 드, 이윤정 옮김, 《역사를 소비하다 : 역사와 대중문화》, 한울아카데미, 2014

기어츠, 클리퍼드, 문옥표 옮김, 《문화의 해석》, 까치, 1998

김경현, 〈서양고대의 역사서술과 수사학〉, 《한국사학사학보》 제13집, 한국사학사학회, 2006

김경현, 〈헤로도토스를 위한 변명〉, 《서양고전학연구》 제24집, 한국서양고전학회, 2005

김근, 《한자는 중국을 어떻게 지배했는가 : 한대 경학의 해부》, 민음사, 1999

김기봉, 《역사들이 속삭인다 : 팩션 열풍과 스토리텔링의 역사》, 프로네시스, 2009

김기봉, 《팩션시대, 영화와 역사를 중매하다》, 프로네시스, 2006

김기봉 외, 《포스트모더니즘과 역사학》, 푸른역사, 2002

김기봉, 〈팩션(faction)으로서 역사서술〉, 《역사와 경계》 제63집, 부산경남사학회, 2007

김기봉, 〈한국 근대 역사개념의 성립 : '국사'의 탄생과 신채호의 민족사학〉, 《한국사학사학보》
　　제12집, 한국사학사학회, 2005

김기봉, 〈한국고대사의 계보학〉, 《한국고대사연구》 제52집, 서경문화사, 2008

김기봉, 《'역사란 무엇인가'를 넘어서》, 푸른역사, 2000

김문식, 〈18세기 후반 정암 안정복의 기자 인식〉, 《한국실학연구》 2권, 한국실학학회, 2000

김문식, 〈성호 이익의 기자 인식〉, 《퇴계학과 한국문화》 제33호, 경북대학교퇴계연구소, 2003

김병민, 《신채호문학유고선집》, 연변대학출판사, 1994

김봉철, 〈지중해 세계 최초의 역사서, 헤로도토스의 《역사》〉, 《서양사론》 제109호, 한국서양사학회, 2011

김부식, 고전연구실 옮김, 《신편 삼국사기》 하, 신서원, 2004

김열규, 《한국문학사》, 탐구당, 1983.

김용수, 〈역사극의 이론적 관점에서 본 한국 역사극의 특성〉, 《한국연극학》 제35호, 한국연극학회, 2008

김유철, 〈고대 중국에서 매체의 변화와 정보·지식·학술의 전통〉, 《한국사시민강좌》 제37집, 일조각, 2005

김응종, 《아날학파의 역사세계》, 아르케, 2001

김일철·유지희, 《스토리두잉》, 컬처그라퍼, 2014

김정탁, 〈라스웰과 맥루한을 넘어서 : 효과·미디어 패러다임에서 상징적 교환 패러다임으로〉, 《한국언론학보》 43~45, 한국언론학회, 1999

김진경 외, 《서양고대사 강의》, 한울아카데미, 1996

김탁환, 《방각본 살인 사건 : 백탑파 그 첫 번째 이야기》 하, 황금가지, 2004

김태영, 《조선성리학의 역사상》, 경희대학교출판문화원, 2006

김택현, 《서발턴과 역사학 비판》, 박종철출판사, 2003

김한규, 《천하국가 : 전통시대 동아시아 세계질서》, 소나무, 2005

김한종 외, 《역사교육과 역사인식》, 책과함께, 2005

김현식, 〈포스트모던 시대의 역사가 : 사실과 허구의 틈새에 선 '절름발이'〉, 《역사와 문화》 1호, 문화사학회, 2000

김현식, 《포스트모던 시대의 '역사란 무엇인가' : E. H. 카와 역사의 벗에게 띄우는 15통의 편지》, 휴머니스트, 2006

노라, 피에르 엮음, 이성엽·배성진·이창실·백영숙 옮김, 《나는 왜 역사가가 되었나》, 에코리브르, 2001

니체, 프리드리히, 이진우 옮김, 《니체 전집 2 : 비극의 탄생·반시대적 고찰》, 책세상, 2005

다나카, 스테판, 박영재·함동주 옮김, 《일본 동양학의 구조》, 문학과지성사, 2004

단재신채호선생기념사업회, 《단재신채호전집》 중, 형설출판사, 1972

단턴, 로버트, 조한욱 옮김,《고양이 대학살 : 프랑스 문화사 속의 다른 이야기들》, 문학과지성
　　사, 1996

단턴, 로버트, 주명철 옮김,《책과 혁명》, 길, 2003

도면회·윤해동 엮음,《역사학의 세기 : 20세기 한국과 일본의 역사학》, 휴머니스트, 2009

들뢰즈, 질, 김상환 옮김,《차이와 반복》, 민음사, 2004

들뢰즈, 질, 이정우 옮김,《의미의 논리》, 한길사, 1999

라파이유, 클로테르, 김상철·김정수 옮김,《컬처 코드》, 리더스북, 2009

레빈, 데이비드 마이클 엮음, 정성철·백문임 옮김,《모더니티와 시각의 헤게모니》, 시각과언어,
　　2004

로젠스톤, 로버트 A. 엮음, 김지혜 옮김,《영화, 역사 : 영화와 새로운 과거의 만남》, 소나무,
　　2002

루샤오펑, 조미원·박계화·손수영 옮김,《역사에서 허구로: 중국의 서사학》, 도서출판길, 2001

루카치, 게오르그, 이영욱 옮김,《역사소설론》, 거름, 1987

류준경,〈서민들의 상업출판, 방각본〉,《한국사시민강좌》제37집, 일조각, 2005

리오타르, 장 프랑수아, 유정완 외 옮김,《포스트모던의 조건》, 민음사, 1992

리쾨르, 폴, 김한식 옮김,《시간과 이야기 3 : 이야기된 시간》, 문학과지성사, 2004

리프킨, 제러미, 이경남 옮김,《공감의 시대》, 민음사, 2010

매클루언, 마셜, 김진홍 옮김,《미디어는 마사지다》, 커뮤니케이션북스, 2001

매클루언, 마셜, 박정규 옮김,《미디어의 이해 : 인간의 확장》, 커뮤니케이션북스, 1999

매클루언, 마셜, 임상원 옮김,《구텐베르크 은하계》, 커뮤니케이션북스, 2001

맥닐, J. R., 홍욱희 옮김,《20세기 환경의 역사》, 에코리브르, 2008

맥닐, 존·윌리엄, 유정희·김우영 옮김,《휴먼 웹 : 세계화의 세계사 》, 이산, 2007

머천트, 캐롤린, 전규찬·전우경·이윤숙 옮김,《자연의 죽음 : 여성과 생태학, 그리고 과학 혁
　　명》, 미토, 2005

박상현·김기환·박정은·연승준·정지선,《교양인을 위한 미디어 세미나》, 커뮤니케이션북스,
　　2008

박영규,《한권으로 읽는 조선왕조실록》, 웅진지식하우스, 2004

박지원,〈태학유관록〉,《열하일기》,《연암집》권12

박찬승, 〈고려·조선시대의 역사인식과 문화정체성〉, 《한국사학사학보》 제10집, 한국사학사학회, 2004

박찬승, 《마을로 간 한국전쟁 : 한국전쟁기 마을에서 벌어진 작은 전쟁들》, 돌베개, 2010

백승종, 《한국의 예언 문화사》, 푸른역사, 2006

베레비, 데이비드, 정준형 옮김, 《우리와 그들 : 무리짓기에 대한 착각》, 에코리브르, 2007

벡, 울리히, 홍성태 옮김, 《위험사회 : 새로운 근대(성)을 향하여 》, 새물결, 2006

보드리야르, 장, 하태환 옮김, 《시뮬라시옹》, 민음사, 2001

사마천, 연변대학 고적연구소 엮어옮김, 《사기열전》, 서해문집, 2006

생크, 로저, 신현정 옮김, 《역동적 기억 : 학습과 교육에 주는 함의》, 시그마프레스, 2002

샤르티에, 로제, 백인호 옮김, 《프랑스혁명의 문화적 기원》, 일월서각, 1999

스즈키, 테사 모리스, 김경원 옮김, 《우리 안의 과거》, 휴머니스트, 2006

신기욱·로빈슨, 마이클 엮음, 도면회 옮김, 《한국의 식민지 근대성 : 내재적 발전론과 식민지 근대화론을 넘어서》, 삼인, 2006

신혜경, 〈미장아빔(mise en abyme)에 관한 소고〉, 《미학·예술학 연구》 제16호, 한국미학예술학회, 2002

아리스토텔레스, 천병희 옮김, 《시학》, 문예출판사, 2006

안병직 외, 《오늘의 역사학》, 한겨레출판, 1998

앤더슨, 베네딕트, 윤형숙 옮김, 《상상의 공동체 : 민족주의의 기원과 전파에 대한 성찰》, 나남출판, 2003

양승국, 〈역사극의 가능성과 존재 형식에 대한 소고 : 역사를 무대 위에 소환·재현하는 방식을 통하여〉, 《한국극예술연구》 제25집, 한국극예술학회, 2007

양승국, 〈한국 근대 역사극의 몇 가지 유형〉, 《한국극예술연구》 제1집, 한국극예술학회, 1995

에이든, 에레즈·미셸, 장바티스트, 김재중 옮김, 《빅데이터 인문학 : 진격의 서막》, 사계절, 2015

에플, 안젤리카, 〈새로운 지구사와 서발턴 연구의 도전 : 아래로부터의 지구사를 위한 변호〉, 《로컬리티 인문학》 제3호, 부산대학교 한국민족문화연구소, 2010

역사비평 편집위원회 엮음, 《역사용어 바로쓰기》, 역사비평사, 2006

옹, 월터 J., 이기우·임명진 옮김, 《구술문화와 문자문화》, 문예출판사, 1995

요사, 마리오 바르가스, 김현철 옮김, 《천국은 다른 곳에》, 새물결, 2010

유봉학, 《개혁과 갈등의 시대 : 정조와 19세기》, 신구문화사, 2009

유치진, 〈역사극과 풍자극〉, 《조선일보》 1935. 8. 27

육영수, 〈책과 독서는 역사를 움직이는가 : '단턴 테제'와 '단턴 논쟁'을 중심으로〉, 《서양사론》
　　　제79호, 한국서양사학회, 2003

육영수, 〈책과 독서의 문화사와 근대서양의 재발견〉, 《한국사시민강좌》 제37집, 일조각, 2005

육영수, 《책과 독서의 문화사 : 활자 인간의 탄생과 근대의 재발견》, 책세상, 2010

윤선태, 〈고대의 문자세계〉, 《한국사시민강좌》 제37집, 일조각, 2005

윤택림, 《인류학자의 과거 여행 : 한 빨갱이 마을의 역사를 찾아서》, 역사비평사, 2003

이강래, 《《삼국유사》의 사서적 성격〉, 《한국고대사연구》 제40집, 서경문화사, 2005

이거스, 게오르그 G., 임상우·김기봉 옮김, 《20세기 사학사 : 포스트모더니즘의 도전, 역사학
　　　은 끝났는가?》, 푸른역사, 1998

이상우, 〈1930년대 유치진 역사극의 구조와 의미 : 〈춘향전〉과 〈개골산〉의 텍스트 연구를 중심
　　　으로〉, 《어문논집》 34, 고려대학교국어국문학연구회, 2001

이상우, 〈표상으로서의 망국사 이야기 : 식민지 후반기 역사극에 나타난 민족담론과 식민담론
　　　의 문제〉, 《한국극예술연구》 제25집, 한국극예술학회, 2007

이시우, 《비무장지대에서의 사색》, 인간사랑, 2007

이영석, 《다시 돌아본 자본의 시대 : 근대 영국 사회 경제사 연구》, 소나무 1999

이재범, 〈역사와 설화 사이 : 철원 지역설화로 본 궁예왕〉, 《강원민속학》 제20집, 강원도민속학
　　　회, 2006

이재범, 〈후삼국시대 궁예정권의 연구 : 지명설화로 본 궁예정권의 최후〉, 《군사》 제62호, 국방
　　　부군사편찬연구소, 2007

이종욱, 《춘추 : 위대한 정치 지배자, 김춘추》, 효형출판, 2009

이한구, 《역사학의 철학 : 과거를 어떻게 재현할 것인가》, 민음사, 2007

일연, 이가원·허경진 옮김, 《삼국유사》, 한길사, 2006

임지현, 《민족주의는 반역이다 : 신화와 허무의 민족주의 담론을 넘어서》, 소나무, 1999

임지현·이성시 엮음, 《국사의 신화를 넘어서》, 휴머니스트, 2004

임형택, 《문명의식과 실학》, 돌베개, 2009

장영주, 〈KBS의 역사다큐멘터리 제작〉, 《역사문화콘텐츠 산업화의 현실과 전망》(2008년 4월 30
일 목포대학교가 주최한 〈문화산업 포럼〉 발표문).

전진성, 《역사가 기억을 말하다 : 이론과 실천을 위한 기억의 문화사》, 휴머니스트, 2005

정구복, 《삼국사기의 현대적 이해》, 서울대학교출판부, 2004

정기철, 〈역사 이야기 이론을 위한 해석학적 고찰〉, 《철학과 현상학 연구》 제7집, 한국현상학회,
1993

정민, 《18세기 조선 지식인의 발견 : 조선 후기 지식 패러다임의 변화와 문화 변동》, 휴머니스
트, 2007

정병설, 〈조선후기의 한글소설 바람〉, 《한국사시민강좌》 제37집, 일조각, 2005

정옥자, 《정조의 문예사상과 규장각》, 효형출판, 2001

《조선왕조실록》

조지형, 《E. H. 카가 들려주는 역사 이야기》, 자음과모음, 2008

조지형, 《랑케 & 카 : 역사의 진실을 찾아서》, 김영사, 2006

조지형·강선주 외, 《지구화 시대의 새로운 세계사》, 혜안, 2008

조지형·김용우 엮음, 《지구사의 도전 : 어떻게 유럽중심주의를 넘어설 것인가》, 서해문집,
2010

조한욱, 《문화로 보면 역사가 달라진다》, 책세상, 2000

주보돈, 〈百濟 七支刀의 의미〉, 《한국고대사연구》 제62집, 한국고대사학회, 2011

차하순, 《역사의 본질과 인식》, 학연사, 1998

천퉁성, 장성철 옮김, 《사기의 탄생 그 3천년의 역사》, 청계, 2004

최인철, 《프레임 : 나를 바꾸는 심리학의 지혜》, 21세기 북스, 2007

추아, 에이미, 이순희 옮김, 《제국의 미래》, 비아북, 2008

카, E. H., 김택현 옮김, 《역사란 무엇인가》, 까치, 1997

코젤렉, 라인하르트, 한철 옮김, 《지나간 미래》, 문학동네, 1998

크리스천, 데이비드, 김서형·김용우 옮김, 《거대사 : 세계사의 새로운 대안》, 서해문집, 2009

토플러, 앨빈·하이디, 김중웅 옮김, 《부의 미래》, 청림출판, 2006

트루요, 미셸-롤프, 김명혜 옮김, 《과거 침묵시키기 : 권력과 역사의 생산》, 그린비, 2011

파울슈티히, 베르너, 황대현 옮김, 《근대초기 매체의 역사 : 매체로 본 지배와 반란의 사회 문화

사》, 지식의풍경, 2007

페브르, 뤼시앵, 김웅종 옮김, 《16세기의 무신앙 문제 : 라블레의 종교》, 문학과지성사, 1996

푸코, 미셸, 김현 옮김, 《이것은 파이프가 아니다》, 민음사, 1995

하이데거, 마르틴, 권순홍 옮김, 《사유란 무엇인가》, 길, 2005

한국고대사회연구소 엮음, 《강좌 한국고대사 5 : 문자생활과 역사서의 편찬》, 가락국사적개발
    연구원, 2003

한국구술사학회 엮음, 《구술사로 읽는 한국전쟁 : 서울 토박이와 민통선 사람들, 전쟁미망인과
    월북가족, 그들이 말하는 아래로부터의 한국전쟁》, 휴머니스트, 2011

한국사학사학회 엮음, 《21세기 역사학 길잡이》, 경인문화사, 2008

허승일, 《다시 역사란 무엇인가?》, 서울대학교출판문화원, 2009

헌트, 린·애플비, 조이스·제이컵, 마거릿, 김병화 옮김, 《역사가 사라져 갈 때 : 왜 우리에게 역
    사적 진실이 필요한가》, 산책자, 2013

헤로도토스, 천병희 옮김, 《역사》, 도서출판 숲, 2009

홉스봄, 에릭, 이용우 옮김, 《극단의 시대 : 20세기 역사》 상·하, 까치, 1997

화이트, 헤이든, 천형균 옮김, 《19세기 유럽의 역사적 상상력 : 메타역사》, 문학과지성사, 1991

황대현, 〈종교개혁 공공영역과 독일 종교개혁 초기의 소통상황〉, 《서양사론》 제97호, 한국서양
    사학회, 2008

히데히로, 오카다, 강유원·임경준 옮김, 《중국의 역사와 역사가들》, 이론과실천, 2010

Appleby, J., Hunt, L. & Jacob, M., *Telling the Truth about History*, W. W. Norton &
    Company, New York, 1994

Assman, Jan, *Cultural Memory and Early Civilization*: *Writing, Remembrance, and
    Political Imagination*, Cambridge University Press, 2011

Barthes, Roland, "Introduction to the Structual Analysis of Narratives", *Image-Music-
    Text*, (ed.) S. Heath, London: Fontana, 1977

Bentley, Michael, *Companion to Historiography*, London, 1997

Bentley, Michael, *Modern Historiography*, London, 1999

Bentley, Michael, *Modernizing England's Past. English Historiography in the Age of Modernism* (Cambridge, 2005)

Bonnell, Victoria and Hunt, Lynn, eds., *Beyond the Cultural Turn: New Directions in the Study of Society and Culture*, Berkeley, 1999

Breisach, Ernst, *On the Future of History: The Postmodernist Challenge and Its Aftermath*(Chicago, 2003)

Burke, Edmund, *Reflections on the Revolutions in France*: A Critical Edition, ed. J. C. D. Clark, Cambridge, 2001

Burke, Peter · Briggs, Asa, *A Social History of the Media: From Gutenberg to the Internet*, Polity Press, 2005

Burke, Peter, ed., *New Perspectives on Historical Writing*, University Park, PA, 2001

Burke, Peter, *What is Cultural History?* Cambridge 2004

Crutzen, Paul, "The Geology of Mankind," *Nature*, Vol. 415(3 January 2002)

Dirlik, Arif, "Is There History after Eurocentrism?: Globalism, Postcolonialism, and the Disavowal of History", *Cultural Critique*, no. 42(Spring 1999), pp. 1~34

Droysen, John Gustav, *Historik*, Textausgabe von Peter Leyh, Stuttgart-Bad Cannstatt: frommann-holzboog, 1977

Evans, Richard, *The Defence of History*, London, 1997

Fairbank, John K., "A Preliminary Framework", in John K. Faribank, ed., *The Chinese World Order: Traditional China's Foreign Relations*, Cambridge, M. A.: Harvard University Press, 1968

Fleishman, A., *The English Historical Novel*, Baltimore and London: The Johns Hopkins Press, 1971

Foucault, M., "Nietzsche, die Genealogie, die Historie", *Von der Subversion des Wissens*, Frankfurt/M., 1987, S.69~90

Gay, P., *Style in History*, New York and London, W. W. Norton and Co, 1974

Goethe, Johann Wolfgang von, *Goethe's Fairy Tale of the Green Snake and the Beautiful Lily*, D. Maclean, trans. Grand Rapids, MI: Phanes Press, 1993

Goff, J. Le, *History and Memory*, Columbia University Press, New York, 1992

Heinrich, C., *Ranke und die Geschichtstheologie der Göthezeit*, Göttingen, 1954

Jenkins, K. ed., *The Postmodern History Reader*, London, 1997

Jenkins, K. On *'What is History?'*, *From Carr and Elton to Rorty and White*, London
    and New York: Routledge, 1995

Jenkins, K., *Refiguring History*, London: Routledge, 2003

Jenkins, K., *Rethinking History*, London and New York: Routledge, 2003

Kant, I., *Was ist Aufklärung? Aufsätze zur Geschichte und Philosophie*, Vandenhoeck
    & Ruprecht in Göttingen, 1985, S.40~54

Kelly, Boyd. ed., *Encyclopedia of Historians and Historical Writing*, London, 1999

Koselleck, R., *Zeitschichten*, Frankfurt am Main: Suhrkamp, 2000

Kramer, Lloyd and Maza, Sara, *A Companion to Western Historical Thought*, Chapel
    Hill, 2003

Lessing, Theodor, *Geschihte als Sinngebung des Sinnlosen*, München, 1983

Lingelbach, Gabriele, *Klio macht Karriere*, Göttingen, 2003

Moeller, Bernd, Die frühe Reformation als Kommunikationsprozeß, hg. v. H.
    Bookmann, *Kirche und Gesellschaft in Heiligen Römischen Reich des 15. und
    16. Jahrhundert*, Göttingen, 1994

Munslow, Alun, *Deconstructing History*, London: Routledge, 1997

Nietzsche, F., "Unzeitgemäße Betrachtungen. Zweites Stück. Vom Nutzen und Nachteil
    der Historie für das Leben (1874)", Nietzsche *Werke. Kritische Gesamtausgabe*,
    Giorgio Colli/ Mazzino Montinari (ed.), Bd.3(1), Berlin/New York, 1972,
    S.239~330

Ranke, "Über die Verwadtschaft und den Unterschied der Historie und Politik. Eine
    Rede zum Antritt der ordentlichen Professur an der Universität zu Berlin im
    Jahre 1836", in: W. Hardtwig, *Über das Studium der Geschichte*, München,
    1990, S.47~50

Ranke, Leopold von, "Idee der Universalhistorie", hg. v. v. Dotterweich u. W. P.

Fuchs, *Aus Werk und Nachlaß, Bd. 4*, München, 1975

Ranke, *Sämtliche Werke 33/34*, Ⅶ, Leipzig, 1867~1990

Ranke, *Über die Epoche der Neueren Geschichte*, Stuttgart, 1954

Rüsen, Jörn, "Die vier Typen des historischen Erzählens", *Zeit und Sinn. Strategien historischen Denkens*, Frankfurt/M., 1990

Rüsen, Jörn, ed., *Conceptions of Western History: An Intercultural Debate*, New York, 2002

Scott, J. W., "History in Crisis: The Others' Side of the History", *The American Historical Review* 94(3), 1989

Spiegel, Gabrielle M., ed., *Practicing History: New Directions in Historical Writing after the Linguistic Turn* (New York, 2005)

Stone, L., "The Revival of Narrative: Reflection on a New Old History", *Past and Present* 85(November, 1979)

Troup, Kathleen, eds., *The Houses of History: A Critical Reader in Twentieth-Century History and Theory*, New York, 1999

Tucker, Aviezer, *Our Knowledge of the West. A Philosophy of Historiography*, Cambridge, 2004

Völkel, Markus, *Geschichtsschreibung: Eine Einführung in globaler Perspektive*, Köln, 2006

Wang, Edward and Iggers, Georg G., *Turning Points in Historiography*, Rochester, 2002

Weber, M., "Wissenschaft als Beruf", *Gesammelte Aufsätze zur Wissenschaftslehre*, Tübingen: Mohr, 1988